2025
개정판

박문각 자격증

핵심이론 +
실전문제 +
모의고사
수록

서비스 사례로
실무능력
UP

SMAT

Module ⓒ
서비스 운영전략

제12판

김화연 편저

MAT
Management Ability Test
경영능력시험
공식교재

유튜브
동영상 제공
저자 직강 핵심강의

박문각

Preface
이 책의 **머리말**

기업은 고객을 '대체 불가능한 기업의 자산'으로 인식하고 고객 중심 경영을 도입하여 서비스 품질을 높이기 위한 노력에 집중하고 있다. 하지만 현재 기업들이 수행하는 고객 만족 경영은 새로운 전환이 필요하다. 직원의 희생과 헌신을 기반으로 하여 기업과 고객의 혜택과 만족이 증가되는 고객 만족 경영은 절대 지속 가능하지 못하다. 올바른 고객 만족 경영은 '기업 – 고객 – 종업원' 모두가 본질적인 목표를 달성할 수 있는 구조를 만들어 지속적으로 진정한 성장을 유도하는 것이다. 올바른 고객 만족 경영으로의 새로운 전환을 위해서는 서비스 혁신이 필요하다.

현대의 거대 서비스 기업은 더 이상 소규모 점포의 운영 방식이나 한두 명의 영웅적인 서비스 수행자에 의한 서비스 향상을 기대할 수 없다. 이들은 서비스의 대량 생산 시스템을 통해 규모의 경제를 추구해야 한다. 이를 달성하기 위해서는 고객 만족 경영에 대한 올바른 방향을 인식하고 목표를 달성할 수 있는 지속 가능형 고객 만족 경영 체계와 전략을 수립해야 한다. 또한 서비스에 대한 과학적 접근 방법들을 이해하고 활용하여 서비스를 개선하고 지속적으로 혁신해야 한다.

SMAT(서비스경영자격)는 이러한 환경 변화에 대처하고, 고객 만족 경영에 대한 올바른 인식과 전문성을 가진 체계적인 서비스를 구축할 수 있도록 서비스 직무의 현업 지식 및 역량을 평가하는 서비스 실무형 자격시험이다. 서비스 현장에서 실무 경력과 직무에 걸맞은 역량을 측정하기 위하여 모듈 A 비즈니스 커뮤니케이션, 모듈 B 서비스 마케팅·세일즈, 모듈 C 서비스 운영전략으로 구분하여 시험을 실시한다.

모듈 A의 목표는 고객 접점에서 올바른 비즈니스 매너와 이미지를 바탕으로, 고객 심리를 이해하고 소통할 수 있는 현장 커뮤니케이션 실무자를 양성하는 것이다. 모듈 B는 서비스 현장에서 CRM 및 상담 역량을 바탕으로 서비스 유통 관리 및 코칭, 멘토링을 통해 세일즈를 높일 수 있는 서비스 마케팅 관리자를 양성하는 것이다. 모듈 C의 목표는 서비스 현장에서 CSM 및 HRM에 대한 이해를 바탕으로, 우수한 서비스 프로세스를 설계하고 공급·수요를 관리할 수 있는 서비스 운영전략 관리자를 양성하는 것이다.

자격은 1급(컨설턴트), 2급(관리자), 3급(실무자)으로 구분되어 있는데, 1급은 A, B, C 3개 모듈을 모두 취득하여야 하고, 2급은 A와 B 또는 A와 C 2개 모듈을 취득하여야 하며, 3급은 A 1개 모듈만 취득하면 된다. 1급은 전문가 수준의 서비스 경영 능력을 가지고 있으며, 고객 만족 및 서비스 경영 전략 책임자로서 필요한 능력을 갖춘 최고급 수준의 서비스 운영전략 관리자이다. 2급은 준전문가 수준의 서비스 경영 능력을 가지고 있으며, 각 사업 부문 및 사업장의 실무 책임자로서 필요한 능력을 갖춘 고급 수준의 서비스 마케팅 관리자이다. 3급은 해당 산업 종사자 수준의 서비스 경영 능력을 가지고 있으며, 실무자 범위 내에서 대고객 서비스 업무를 수행할 기본 능력을 갖춘 중상급 수준의 서비스 실무자이다.

본서는 SMAT(서비스경영자격) 시험을 주관하는 한국생산성본부의 인증을 받은 공식 교재로 가장 신뢰도 높은 교재이다. SMAT의 자격 종목별 출제 범위에 맞춰 수험생들의 이해를 높일 수 있도록 시험과 관련된 중요 내용을 명료하게 정리하였다. 또한 체계적인 서비스 전문가의 양성이라는 목적을 달성하기 위하여 서비스의 이론 체계와 실무를 함께 구성하였다. 이와 함께 다양한 예상 문제와 모의고사도 수록하여 수험생들의 실력을 객관적으로 평가하고 합격을 앞당길 수 있도록 하였다. SMAT 시험은 일반형, O/X형, 연결형, 사례형, 통합형의 다양한 유형이 출제된다. 따라서 이러한 출제 유형에 대비하기 위하여 여러 유형의 예상 문제를 수록하였다. 특히 사례형, 통합형 문제는 서비스 사례를 바탕으로 출제되어 현장에 적용할 수 있는 다양한 실무 능력을 검증할 수 있도록 하였다.

저자는 본 교재가 서비스경영자격시험을 준비하는 수험생에게 실질적인 학습의 길잡이가 될 수 있기를 기대하며, 고객 만족에 대한 새로운 인식을 갖고 저마다의 목표를 향해 발전해 나갈 수 있기를 기대한다. 끝으로 본 교재의 출판을 위하여 많은 도움을 주신 모든 분들께 감사의 마음을 전하며, 완성도 높은 교재가 될 수 있도록 도와주신 박문각과 한국생산성본부에 진심으로 감사드린다.

저자 김화연 드림

Guide
SMAT 시험 ①

 서비스 산업의 전문가를 양성하는
실무형 국가공인 자격시험입니다

국내 '최초' 서비스 경영 분야 **국가공인 자격**	국내 '최대' 자격 주관기관인 **한국생산성본부** 시행	국내 '최다' 서비스 자격분야 **응시인원**

- 산업계 및 교육계에서 서비스 산업의 핵심 인재 역량을 위한 실무형 국가공인 자격
- 학점 인정 및 고교생활기록부 등재 가능
- NCS에 의거하여 개발된 자격시험으로, 직무분야 중심의 출제를 통한 높은 실무 활용성

시험 안내

구분	정기 시험	상시 시험
접수 방법	KPC자격 홈페이지(https://license.kpc.or.kr)	전국의 각 지역센터(28개)
시행	연 8회 (짝수달 둘째 주 토요일 및 5월/11월 넷째 주 토요일)	월 1회
인원	개인 및 단체(2인 이상)	기관 및 학교 단위 단체(30인 이상)
응시료	1개 Module 20,000원 2개 Module 36,000원 3개 Module 50,000원 (인터넷 결제 수수료 1,000원 별도)	
시험 시간	• 모듈별 70분간 진행 • Module A: 09:00~10:10(70분) Module B: 10:30~11:40(70분) Module C: 12:00~13:10(70분)	
문제 형식	• PBT 방식 • 모듈별 50문항으로 5개 유형(일반형, O/X유형, 연결형, 사례형, 통합형)으로 객관식 • 각 문항당 2점	
합격 기준	100점 만점 총 70점 이상 합격	

2025년 정기 시험 일정

회차	시험일	온라인 원서 접수	방문 접수	수험표 공고	합격자공고
제1회	2. 8.	1. 2. ~ 1. 8.	1. 8. ~ 1. 8.	1. 24. ~ 2. 8.	2. 27. ~ 3. 6.
제2회	4. 12.	3. 6. ~ 3. 12.	3. 12. ~ 3. 12.	4. 2. ~ 4. 12.	5. 1. ~ 5. 8.
제3회	5. 24.	4. 17. ~ 4. 23.	4. 23. ~ 4. 23.	5. 14. ~ 5. 24.	6. 13. ~ 6. 20.
제4회	6. 14.	5. 8. ~ 5. 14.	5. 14. ~ 5. 14.	6. 3. ~ 6. 14.	7. 3. ~ 7. 10.
제5회	8. 9.	7. 3. ~ 7. 9.	7. 9. ~ 7. 9.	7. 30. ~ 8. 9.	8. 28. ~ 9. 4.
제6회	10. 18.	9. 11. ~ 9. 17.	9. 17. ~ 9. 17.	9. 30. ~ 10. 18.	11. 6. ~ 11. 13.
제7회	11. 22.	10. 16. ~ 10. 22.	10. 22. ~ 10. 22.	11. 12. ~ 11. 22.	12. 12. ~ 12. 19.
제8회	12. 13.	11. 6. ~ 11. 12.	11. 12. ~ 11. 12.	12. 3. ~ 12. 13.	26. 1. 1. ~ 26. 1. 8.

◼ 위 일정은 사정에 따라 변경될 수 있으니, 사전에 반드시 KPC자격 홈페이지(https://license.kpc.or.kr/)에서 확인하시기 바랍니다.
◼ 방문 접수는 온라인 원서 접수 기간 내 해당 지역센터에 문의 바랍니다.

학점 인정 및 고교생활기록부 등재

등급	학점	전공필수 학점으로 인정되는 전공	
		전문학사	학사
1급(컨설턴트)	10학점	경영, 관광경영	경영학, 관광경영학, 호텔경영학
2급(관리자)	6학점	경영, 관광경영	–
위에 언급된 전공 외에는 일반선택 학점으로 인정			

* 고등학교 재학 중 자격 취득 시, 고교생활기록부에 등재 가능

Guide
SMAT 시험 ②

시험 구조

Module A
비즈니스 커뮤니케이션

고객 접점에서 올바른 비즈니스 매너와 이미지를 바탕으로, 고객심리를 이해하고 고객과 소통할 수 있는 현장 커뮤니케이션 실무자 양성

Module B
서비스 마케팅·세일즈

서비스 현장에서 CRM 및 상담 역량을 바탕으로, 서비스 유통관리 및 코칭·멘토링을 통해 세일즈를 높일 수 있는 서비스 마케팅 관리자 양성

Module C
서비스 운영전략

서비스 현장에서 CSM 및 HRM에 대한 이해를 바탕으로, 우수한 서비스 프로세스를 설계하고 공급·수요를 관리할 수 있는 서비스 운영전략 관리자 양성

자격 등급 기준

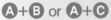

3급 실무자
Ⓐ
1개 Module 취득
"서비스 산업 신입사원"

2급 관리자
Ⓐ+Ⓑ or Ⓐ+Ⓒ
2개 Module 취득
"직무별 특성화 인재"

1급 컨설턴트
Ⓐ+Ⓑ+Ⓒ
3개 Module 취득
"프로페셔널, 전문가"

출제 범위

모듈	과목	출제 범위
Module A 비즈니스 커뮤니케이션	**비즈니스 매너/에티켓★★★**	매너와 에티켓의 이해, 비즈니스 응대, 전화 응대 매너, 글로벌 매너 등
	이미지 메이킹★★★	이미지의 개념, 이미지 메이킹 주요 이론, 상황별 이미지 메이킹, 인상/표정 및 상황별 제스처, Voice 이미지 등
	고객 심리의 이해	고객에 대한 이해, 고객 분류 및 계층론, 고객 심리의 이해, 고객의 성격 유형에 대한 이해, 고객의 구매 의사 결정 과정 등
	고객 커뮤니케이션	커뮤니케이션의 이해, 효과적인 커뮤니케이션 기법/스킬, 감성 커뮤니케이션, 설득과 협상 등
	회의 기획/의전 실무	회의 운영 기획/실무, 의전 운영 기획/실무, 프레젠테이션, MICE의 이해 등
Module B 서비스 마케팅· 세일즈	**서비스 세일즈 및 고객 상담★★★**	서비스 세일즈의 이해, 서비스 세일즈 전략 분석, 고객 상담 전략, 고객 유형별 상담 기법, MOT 분석 및 관리 등
	고객관계관리(CRM)	고객 관계 이해, 고객 획득-유지-충성-이탈-회복 프로세스, CRM 시스템, 고객 접점 및 고객 경험 관리, 고객 포트폴리오 관리 등
	VOC 분석/관리 및 컴플레인 처리★★★	VOC 관리 시스템 이해, VOC 분석/관리법 습득, 컴플레인 개념 이해, 컴플레인 대응 원칙 숙지, 컴플레인 해결 방법 익히기 등
	서비스 유통 관리	서비스 구매 과정의 물리적 환경, 서비스 유통 채널 유형, 서비스 유통 시간/장소 관리, 전자적 유통 경로 관리, 서비스 채널 관리 전략 등
	코칭/교육 훈련 및 멘토링/동기 부여	성인 학습의 이해, 교육 훈련의 종류 및 방법, 서비스 코칭의 이해/실행, 정서적 노동의 이해 및 동기 부여, 서비스 멘토링 실행 등
Module C 서비스 운영전략	서비스 산업 개론	유형별 서비스의 이해, 서비스업의 특성 이해, 서비스 경제 시대 이해, 서비스 패러독스, 서비스 비즈니스 모델 이해 등
	서비스 프로세스 설계 및 품질 관리★★★	서비스 품질 측정 모형 이해, 서비스 GAP 진단, 서비스 R&D 분석, 서비스 프로세스 모델링, 서비스 프로세스 개선 방안 수립 등
	서비스 공급 및 수요 관리	서비스 수요 예측 기법 이해, 대기 행렬 모형, 서비스 가격/수율 관리, 서비스 고객 기대 관리, 서비스 공급 능력 계획 수립 등
	서비스 인적자원관리	인적자원관리의 이해, 서비스 인력 선발, 직무 분석/평가 및 보상, 노사 관계 관리, 서비스 인력 노동 생산성 제고 등
	고객만족경영 전략★★★	경영 전략 주요 이론, 서비스 지향 조직 이해, 고객 만족의 평가 지표 분석, 고객만족도 향상 전략 수립 등

* ★★★: 각 모듈별로 중요도가 높은 과목
* 과목별 10문항(10% 이내에서 변동 가능)으로 총 50문항

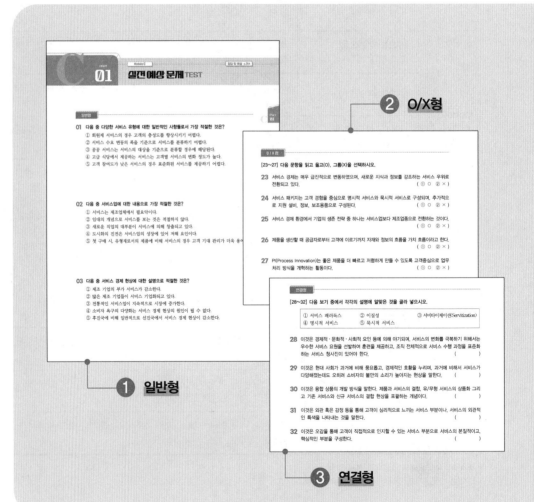

Guide
SMAT 시험 ③

문제 유형

5가지 유형

과목별 10문항
(±10% 내외 변동 가능)

총 50문항

② O/X형

③ 연결형

① 일반형

❶ **일반형** 5지선다 객관식 유형

❷ **O/X형** 주어진 문장의 옳고 그름을 판단하는 유형

❸ **연결형** 각 설명에 적절한 용어를 보기에서 찾는 유형

❹ **사례형** 제시된 비즈니스 사례를 바탕으로 1개의 문제를 푸는 5지선다 객관식 유형

❺ **통합형** 제시된 비즈니스 사례를 바탕으로 2개의 문제를 푸는 5지선다 객관식 유형

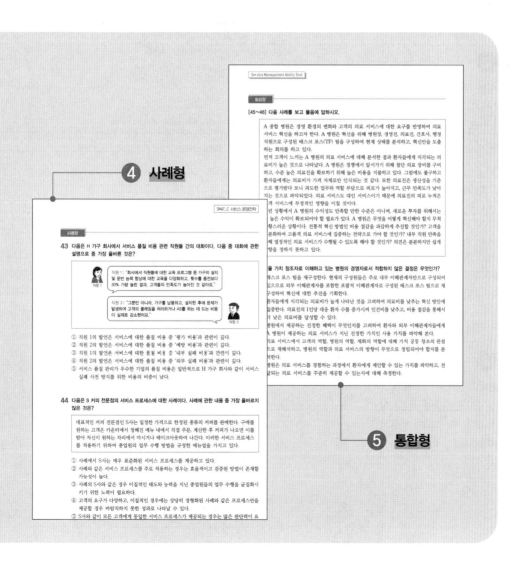

❹ 사례형

❺ 통합형

How to use
이 책의 **구성과 특징**

1

본격적인 학습에 앞서 수험
의 강약을 조절하고 전략적
인 학습을 할 수 있도록 하
였습니다.

2

실제 시험에 빈번히 출제되
는 내용을 분석하여 ★, ★★,
★★★로 중요도를 표시하였
습니다.

3

본문과 관련된 내용을 알아
두기로 정리하여 배경지식
을 넓힐 수 있도록 구성하
였습니다.

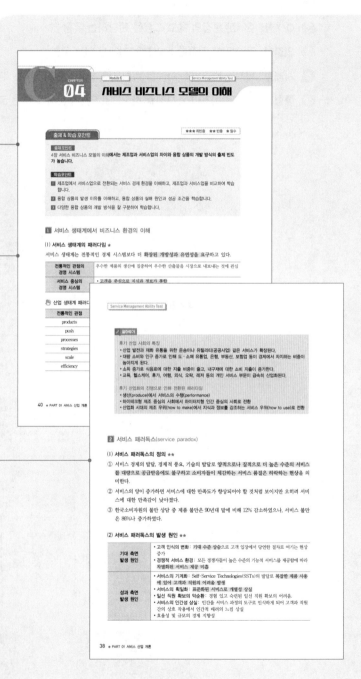

CHAPTER **04** 서비스 비즈니스 모델의 이해

| Module C | | Service Management Ability Test |

출제 & 학습 포인트 ★★★ 회빈출 ★★ 빈출 ★ 필수

출제포인트

4장 서비스 비즈니스 모델의 이해에서는 제조업과 서비스업의 차이와 융합 상품의 개발 방식의 출제 빈도
가 높습니다.

학습포인트

1 제조업에서 서비스업으로 전환되는 서비스 경제 환경을 이해하고, 제조업과 서비스업을 비교하여 학습
합니다.
2 융합 상품의 발생 이유를 이해하고, 융합 상품의 실패 원인과 성공 조건을 학습합니다.
3 다양한 융합 상품의 개발 방식을 잘 구분하여 학습합니다.

1 서비스 생태계에서 비즈니스 환경의 이해

(1) 서비스 생태의 패러다임 ★

서비스 생태계는 전통적인 경제 시스템보다 더 확장된 개방성과 유연성을 요구하고 있다.

전통적인 관점의 경영 시스템	우수한 제품의 생산에 집중하여 우수한 산출물을 시장으로 내보내는 것에 관심
서비스 중심의 경영 시스템	고객을 중심으로 지식과 정보가 풍부

산업 생태계 패러...

전통적인 관점
products
push
processes
strategies
scale
efficiency

Service Management Ability Test

알아두기

후기 산업 사회의 특징
· 산업 발전과 재화 유통을 위한 운송이나 유틸리티(공공사업) 같은 서비스가 확장된다.
· 대량 소비와 인구 증가로 인해 도·소매 유통업, 은행, 부동산, 보험업 등이 경제에서 차지하는 비중이
높아지게 된다.
· 소득 증가로 식음료에 대한 지출 비중이 줄고, 내구재에 대한 소비 지출이 증가한다.
· 교육, 헬스케어, 휴가, 여행, 외식, 오락, 레저 등의 개인 서비스 부문이 급속히 산업화된다.

후기 산업화의 진행으로 인해 전환된 패러다임
· 생산(produce)에서 서비스의 수행(performance)
· 하이테크형 제조 중심의 사회에서 하이터치형 인간 중심의 사회로 전환
· 산업화 시대의 제조 우위(how to make)에서 지식과 정보를 강조하는 서비스 우위(how to use)로 전환

40 · PART 01 서비스 산업 개론

2 서비스 패러독스(service paradox)

(1) 서비스 패러독스의 정의 ★★

① 서비스 경제의 발달, 경제적 풍요, 기술의 발달로 양적으로나 질적으로 더 높은 수준의 서비스
를 대량으로 공급받음에도 불구하고 소비자들이 체감하는 서비스 품질은 하락하는 현상을 의
미한다.
② 서비스의 양이 증가하면 서비스에 대한 만족도가 향상되어야 할 것처럼 보이지만 오히려 서비
스에 대한 만족감이 낮아졌다.
③ 한국소비자원의 불만 상담 중 제품 불만은 90년대 말에 비해 12% 감소하였으나, 서비스 불만
은 86%나 증가하였다.

(2) 서비스 패러독스의 발생 원인 ★★

기대 측면 발생 원인	· 고객 인식의 변화: 기대 수준 상승으로 고객 입장에서 당연한 절차로 여기는 현상 증가 · 경쟁적 서비스 환경: 모든 경쟁자들이 높은 수준의 기능적 서비스를 제공함에 따라 차별화된 서비스 제공 미흡
성과 측면 발생 원인	· 서비스의 기계화: Self-Service Technologies(SSTs)의 발달로 복잡한 제품 사용에 있어 고객과 직원의 어려움 발생 · 서비스의 획일화: 표준화된 서비스로 개별성 상실 · 일선 직원 확보의 악순환: 경험 있고 숙련된 일선 직원 확보의 어려움 · 서비스의 인간성 상실: 인간을 서비스 과정의 도구로 인식하게 되어 고객과 직원 간의 상호 작용에서 인간적 배려의 느낌 상실 · 효율성 및 규모의 경제 지향성

38 · PART 01 서비스 산업 개론

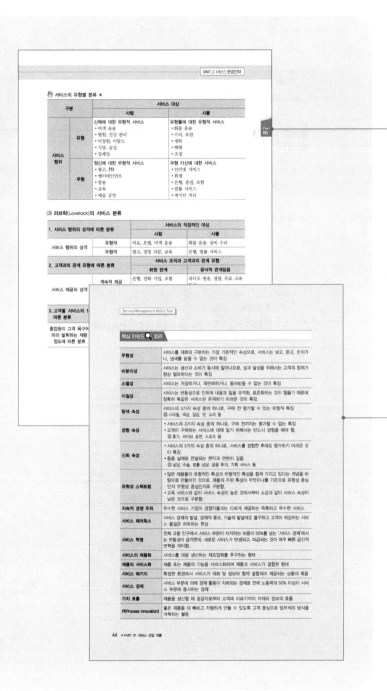

4

본문의 내용을 단순히 줄글로만 나열하지 않고 표로 정리하여 명료하게 정리할 수 있도록 하였습니다.

5

출제 빈도가 높은 핵심 키워드를 다시 한 번 정리하고 주요 내용을 점검할 수 있도록 구성하였습니다.

How to use
이 책의 **구성과 특징**

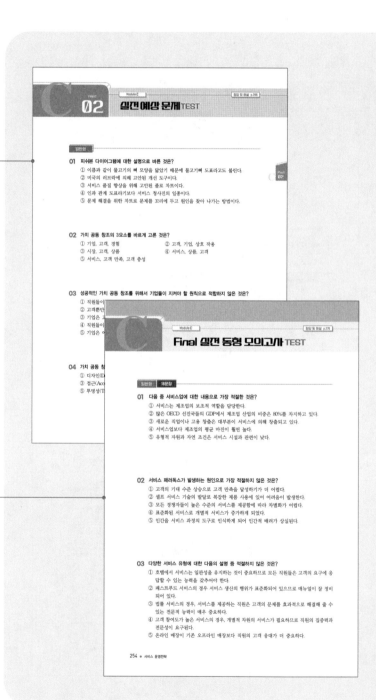

6

핵심 내용을 제대로 이해했는지 스스로 점검할 수 있도록 파트별로 실제 시험과 동일하게 일반형, O/X형, 연결형, 사례형, 통합형 예상 문제를 수록하였습니다.

7

실전에 완벽 대비할 수 있도록 출제 가능성이 높은 문제들로 전 범위 모의고사를 구성하였습니다.

PART
02 **실전 예상 문제**TEST

정답 및 해설 p.256

일반형

01 피쉬본 다이어그램에 대한 설명으로 바른 것은?
① 이름과 같이 물고기의 뼈 모양을 닮았기 때문에 물고기뼈 도표라고도 불린다.
② 미국의 러브락에 의해 고안된 개선 도구이다.
③ 서비스 품질 향상을 위해 고안된 플로 차트이다.
④ 인과 관계 도표기보다 서비스 청사진의 일종이다.
⑤ 문제 해결을 위한 차트로 문제를 꼬리에 두고 원인을 찾아 나가는 방법이다.

02 가치 공동 창조의 3요소를 바르게 고른 것은?
① 기업, 고객, 경험   ② 고객, 기업, 상호 작용
③ 시장, 고객, 상품   ④ 서비스, 상품, 고객
⑤ 서비스, 고객 만족, 고객 충성

03 성공적인 가치 공동 창조를 위해서 기업들이 지켜야 할 원칙으로 적합하지 않은 것은?
① 직원들이
② 고객뿐만
③ 기업은
④ 직원들이
⑤ 기업은

04 가치 공동 창
① 디자인(D
② 접근(Acc
⑤ 투명성(T

Module C

Final **실전 동형 모의고사**TEST

정답 및 해설 p.??

일반형 **18문항**

01 다음 중 서비스업에 대한 내용으로 가장 적절한 것은?
① 서비스는 제조업의 보조적 역할을 담당한다.
② 많은 OECD 선진국들의 GDP에서 제조업 산업의 비중은 80%를 차지하고 있다.
③ 새로운 직업이나 고용 창출은 대부분이 서비스에 의해 창출되고 있다.
④ 서비스업보다 제조업의 평균 마진이 훨씬 높다.
⑤ 유형적 자원과 자연 조건은 서비스 시설과 관련이 낮다.

02 서비스 패러독스가 발생하는 원인으로 가장 적절하지 않은 것은?
① 고객의 기대 수준 상승으로 고객 만족을 달성하기가 더 어렵다.
② 셀프 서비스 기술의 발달로 복잡한 제품 사용에 있어 어려움이 발생한다.
③ 모든 경쟁자들이 높은 수준의 서비스를 제공함에 따라 차별화가 어렵다.
④ 표준화된 서비스로 개별적 서비스가 증가하게 되었다.
⑤ 인간을 서비스 과정의 도구로 인식하게 되어 인간적 배려가 상실된다.

03 다양한 서비스 유형에 대한 다음의 설명 중 적절하지 않은 것은?
① 호텔에서 서비스는 일관성을 유지하는 것이 중요하므로 모든 직원들은 고객의 요구에 응답할 수 있는 능력을 갖추어야 한다.
② 패스트푸드 서비스의 경우 서비스 생산의 행위가 표준화되어 있으므로 매뉴얼이 잘 정비되어 있다.
③ 법률 서비스의 경우, 서비스를 제공하는 직원은 고객의 문제를 효과적으로 해결해 줄 수 있는 전문적 능력이 매우 중요하다.
④ 고객 참여도가 높은 서비스의 경우, 개별적 자원의 서비스가 필요하므로 직원의 집중력과 전문성이 요구된다.
⑤ 온라인 매장이 기존 오프라인 매장보다 직원의 고객 응대가 더 중요하다.

254 ● 서비스 운영전략

Module C   SMAT_C 서비스 운영전략

정답 및 해설

PART 01 | 실전 예상 문제 | p.47 |

01 ④	02 ③	03 ③	04 ⑤	05 ⑤	06 ⑤	07 ①	08 ①	09 ⑤	10 ③
11 ④	12 ①	13 ②	14 ③	15 ②	16 ②	17 ①	18 ①	19 ①	20 ①
21 ③	22 ⑤	23 ①	24 ①	25 ②	26 ①	27 ①	28 ②	29 ①	30 ③
31 ⑤	32 ④	33 ②	34 ①	35 ②					

01 ① 회원제 서비스의 경우, 고객에 대한 파악이 쉽고, 계속적인 관계가 유지되기 때문에 충성도를 향상시키기 용이하다.
② 서비스 수요 변동의 폭을 기준으로 서비스를 분류할 수 있으며, 이때 수요가 공급을 초과하는 정도도 함께 고려한다.
③ 공공 서비스는 서비스의 경제 주체를 기준으로 분류할 경우에 해당된다.
⑤ 고객 참여도가 낮은 경우 표준화된 서비스를 제공하기 용이하다.

02 ① 서비스 산업과 제조업의 구분이 필요하며, 특히 최근 제조업의 산출물이 제품의 차별화를 위해 서비스가 활용되고 있다.
③ 서비스의 경우 임대의 개념으로 보는 것이 적절하다. 예를 들어 의료 서비스의 경우 병원의 시설과 의사의 전문 지식을 빌리는 것으로 이해할 수 있다.
④ 도시화가 진행됨에 따라 서비스 산업이 성장하게 된다.
⑤ 서비스는 무형재이기에 첫 구매 시 기대 형성이 어렵다.

03 ① 소비자가 제품 자체가 아닌 여러 가지 부수적인 서비스가 포함된 제품 패키지를 구매하는 경향이 커지고 있다.
② 정보 통신 기술로 인해 다양한 신종 서비스가 등장하고 있다.
④ 소비자 욕구가 다양해짐에 따라 제품으로 이를 충족시키기 어렵게 되어 서비스의 중요성이 더욱 커졌다.
⑤ 일반적으로 선진국의 국내 총생산 중 서비스 산업이 차지하는 비중이 높다.

04 ⑤ 호로비츠의 서비스 분류 및 운영은 일반화된 서비스, 안정된 서비스, 개인화된 서비스, 사려 깊은 서비스, 서비스 유형별 서비스 자원 관리 전략과 선택이다.

05 ① 공업화의 폐해로 인한 것이며, 공업화가 직접적인 원인은 아니다.
② 기술이 발전하였으나, 소비자와 직원이 이를 따라가지 못할 경우 서비스 패러독스 현상이 발생할 수 있다.
③ 서비스 표준화가 지나치게 강조될 경우 서비스가 획일화되어 서비스 패러독스 현상이 발생할 수 있다.
④ 효율성 지향성, 규모의 경제 지향성이 서비스 패러독스의 원인으로 제시되고 있다.

06 ⑤ 서비스 생산 과정에 고객의 개입으로 불확실성이 높아질 수 있기 때문에 적정 수준으로 조절해야 한다. 그러나 고객의 참여를 제한하면 서비스하기 어렵다.
① 미리 서비스를 생산하여 검사할 수 없으므로 품질 관리가 어렵다.
② 서비스 활동의 가시적 부분을 고객은 자세히 평가한다.
④ 서비스는 재고로 저장이 어렵기 때문에 수요 변화에 대응하기 어렵다.

07 ① 서비스 패러독스가 발생하게 된 원인으로는 서비스 표준화, 기술 기반의 비인간적 서비스 증가, 숙련되지 않은 일선 근무자의 서비스 제공, 셀프서비스 증가, 일부 기업의 좋은 서비스로 인한 고객의 기대 증가, 약속한 양질의 서비스 미제공 등이 있다.

08 ① 저접촉 시스템은 안정적 서비스 생산이 가능하다.
② 고접촉 시스템은 저접촉 시스템보다 제어하기 어렵다.

SMAT_C 서비스 운영전략

... 자본 투자가 이루어지 ... 비수가로 전환하는 수 ...

...은 서비스업은 서비스 ... 수명적 상하 관계 관 ...

...은 서비스업은 표준화 ... 관계 관리가 필요하다.
...스업의 업무 효율성 제 ... 부문은 접촉 강화 전략, ...소 전략을 활용하는 것 ... 이 어렵기 때문에 고객에게 균일한 서비스를 제공하기 어렵다.

15 ① 오프라인 서점은 고객과 가까운 곳에 위치해야 하지만, 온라인 서점은 집중화된 입지를 선정해도 된다.
③ 오프라인 서점은 고객 접촉 시간이 많지만, 온라인 서점은 고객 접촉 시간이 적다.
④ 오프라인 서점의 직원은 고객 응대가 중요하지만, 온라인 서점의 직원은 정보 통신 기술 능력이 중요하다.
⑤ 오프라인 서점과 온라인 서점 모두 시간당 최대 수요에 맞춰 수용 능력을 계획해야 한다.

16 ① 서비스 패키지란 특정 환경에서 제공되는 재화와 서비스의 묶음이다.
③ 보조 용품이란 서비스 이용 시 고객들에 의해 소비되거나, 구매되는 물품 또는 고객에 의해 제공되는 물건이다.
④ 명시적 서비스란 서비스를 받은 후 감각에 의해 직접적으로 알 수 있는 것으로 서비스의 본질적이고 핵심적 특색이다.
⑤ 묵시적 서비스란 고객이 심리적으로 느끼는 혜택이나 서비스의 외관적 특색을 의미한다.

17 ① 기술 발전으로 경제적 풍요와 다양하고 편리한 서비스가 제공됨에 서비스 경제 시대가 도래했음에도 불구하고, 고객들의 서비스에 대한 만족도는 오히려 떨어지는 역설적 현상을 서비스 패러독스라고 한다. 서비스 패러독스가 발생하게 된 원인으로는 서비스 표준화 및 인간성 상실, 기술의 복잡화 등이 있다.

18 ① 제조업의 고용창출과 부가가치는 점점 낮아지는 추세이다.

동일한 제품 생산이 가능하다. 그러나 서비스업은 서비스 제공자의 상태 및 고객의 요구 사항 등에 따라 서비스가 달라진다. 즉, 동일한 서비스 제공자가, 동일한 고객에게 같은 서비스를 제공하더라도 서비스가 달라진다.

11 ④ 서비스 프로세스에 따른 투입 요소별 분류는 모리와 손스턴의 일차원적 분류법에 의한 분류이다.

12 서비스의 기본적 특성에 따른 관리적 이슈들

특성	관리적 이슈들
무형성	• 서비스는 저장할 수 없다. • 서비스는 특허를 낼 수 없다. • 서비스는 전시하거나 전달하는 것이 쉽지 않다.
이질성	• 서비스 제공과 고객 만족은 종업원 행위에 영향을 받는다. • 서비스 품질은 통제 불가능한 많은 요인에 영향을 받는다. • 제공된 서비스가 계획된 것과 일치하는지를 확신하기 어렵다.
비분리성	• 고객이 서비스의 생산과 전달에 존재하거나 참여하여 역할을 수행한다. • 고객은 서로에게 영향을 미친다. • 종업원이 서비스 성과에 영향을 미친다. • 집중화보다는 분권화를 해야 할 상황이 많다. • 대량 생산이 어렵다.
소멸성	• 수요와 공급을 맞추기가 어렵다. • 서비스는 교환, 반품, 환불에서 어려움이 발생한다.

---

8 빠르게 정답을 확인할 수 있도록 정답을 한데 모았습니다.

9 각 문항이 정답이 되는 이유에 대해 간단명료하게 정리하여 쉽게 이해할 수 있도록 하였습니다.

How to use

이 책의 **학습 방법**

PART 01
서비스 산업 개론

① 서비스 패러독스 발생 원인
② 서비스 속성과 관리 방안
③ 융합 상품의 개발 방식
④ 서비스 유형의 분류 방법
⑤ 서비스 패키지의 구성 요소
⑥ 서비스 사회와 제조 사회의 차이

'Part 1 서비스 산업 개론'에서는 서비스 산업에 대한 새로운 인식을 바탕으로 서비스의 속성과 관리 방안을 학습하여 새로운 경제 환경에 요구되는 서비스 사고를 익힙니다. 하지만 서비스 경제는 기업 환경 및 경제 환경에 많은 영향을 미치고, 서비스 패러독스의 발생 원인이 되는 만큼 이를 해결할 수 있는 방안을 학습해야 하고, 서비스 생태계에서도 비즈니스 환경은 변화하고 있으므로 기업들의 생존과 성장을 위한 새로운 비즈니스 모델을 숙지해야 합니다. 또한 서비스 경영 방식으로 전환되는 경영의 패러다임을 이해하고, 고객 혜택을 중심으로 하는 융합 상품의 개발에 대해 학습합니다.

PART 02
서비스 프로세스 설계 및 품질 관리

① 갭(Gap) 모형의 내용과 해결 방안
② 품질 비용과 불량 품질 비용
③ 서비스 프로세스의 설계
④ 서비스 프로세스 매트릭스
⑤ 서비스 품질 측정의 필요성과 측정의 어려움
⑥ 서비스 품질의 서브퀄 모형
⑦ 서비스 프로세스 재설계 과정

'Part 2 서비스 프로세스 설계 및 품질 관리'에서는 서비스 품질의 측정과 개선을 위해서 서비스 품질 측정에 관한 다양한 모형과 방법들에 대한 포괄적인 이해가 필요합니다. 이와 함께 고객 만족을 위해서는 서비스가 전달되는 프로세스와 설계에 대한 이해 및 서비스 프로세스의 부적합성으로 발생되는 다양한 문제를 파악하고 개선해 나가는 서비스 프로세스 재설계를 위한 다양한 접근법과 도구를 학습해야 합니다. 또한 기업은 지속적으로 새로운 서비스를 제시해야 고객의 관심과 지지를 받게 되므로 신서비스 개발을 위해 가치 공동 창조와 같은 다양한 방법을 활용함을 이해해야 합니다.

PART 03
서비스 공급 및 수요 관리

1. 서비스 수요 – 공급 관리 기법
2. 서비스 수요 예측 기법
3. 서비스 공급 모형
4. 서비스 대기 행렬의 분석 목적과 모형
5. 서비스 수요 관리의 특성
6. 대기 관리 보완 전략
7. 수율 관리 시스템의 기본 요소

'Part 3 서비스 공급 및 수요 관리'에서는 서비스의 수요와 공급의 불일치 시 발생하는 문제를 이해하고 이를 해결하기 위한 수요와 공급 관리의 방안을 학습해야 합니다. 따라서 서비스 수요의 특성을 바탕으로 서비스 수요 예측의 방법을 활용하고, 수요를 충족시킬 수 있는 공급 능력을 확보하는 것이 필요하므로 공급 능력 확보를 위한 다양한 방법을 숙지합니다. 서비스 공급 능력의 문제로 발생하는 수요의 대기는 서비스질에 부정적인 영향을 미치게 되므로 대기 관리에 필요한 이론과 대기 행렬 모델도 학습해야 합니다.

PART 04
서비스 인적 자원 관리

1. 내부·외부 모집의 장단점
2. 직무 평가의 목표와 방법
3. 면접 유형
4. 인적 자원 관리의 중요성
5. 인사 고과의 유형과 방법
6. 서비스 인력 갈등의 순기능과 역기능

'Part 4 서비스 인적 자원 관리'에서는 서비스의 성공에 중요한 영향을 미치는 인적 자원 관리에 대해 이해하고, 인적 자원의 모집부터 평가에 이르는 인적 자원 관리의 내용을 학습해야 합니다. 구체적으로 인적 자원 모집의 방법과 장단점, 공정한 평가를 위한 직무의 상대적 가치 평가 및 인사 고과의 유형과 방법을 공부해야 합니다. 이와 함께 원만하고 협력적인 노사 관계는 서비스 조직의 성공에 필수적인 요소가 되므로 노사 상생을 위한 방안을 바탕으로 단체 교섭과 노사 협의 제도의 목적과 기능을 학습해야 합니다. 또한 서비스 인력의 노동 생산성 향상을 위한 복리 후생, 갈등 관리 등 실무적 활용 방안을 모색해야 합니다.

PART 05
고객 만족 경영 전략

1. 경쟁 우위 전략
2. 제품 – 서비스 통합 전략
3. 고객 만족 경영의 개념과 효과
4. 고객 충성도 향상 전략
5. 일반 환경 분석 모형
6. SWOT 분석 전략 방향

'Part 5 고객 만족 경영 전략'에서는 고객 만족 경영 전략 수립을 위한 경영 전략의 이론을 먼저 이해해야 하므로 거시적 분석과 미시적 분석을 통한 고객 만족 경영 환경을 분석하고, 경쟁 우위를 위한 전략과 브랜드 이미지를 높이고 명성을 쌓기 위해 필요한 서비스 마케팅 전략을 학습해야 합니다. 기업의 생존을 위한 경쟁 우위 전략은 방향 설정과 함께 지속적으로 동태적 전략을 수립해야 경쟁력을 유지할 수 있습니다. 고로 지속적 경쟁 전략과 제품 – 서비스 통합 전략은 물론 고객 만족 경영은 고객 만족도 향상을 통해 달성될 수 있으므로 고객 만족 경영의 문제와 한계점, 성공 요인을 활용하고 고객 충성도를 향상시킬 수 있는 고객 가치 창조와 같은 탁월한 서비스 제공 방법을 학습해야 합니다.

Contents
이 책의 **차례**

서비스 인적 자원 관리

고객 만족 경영 전략

실전 동형 모의고사

Part

01

서비스 산업 개론

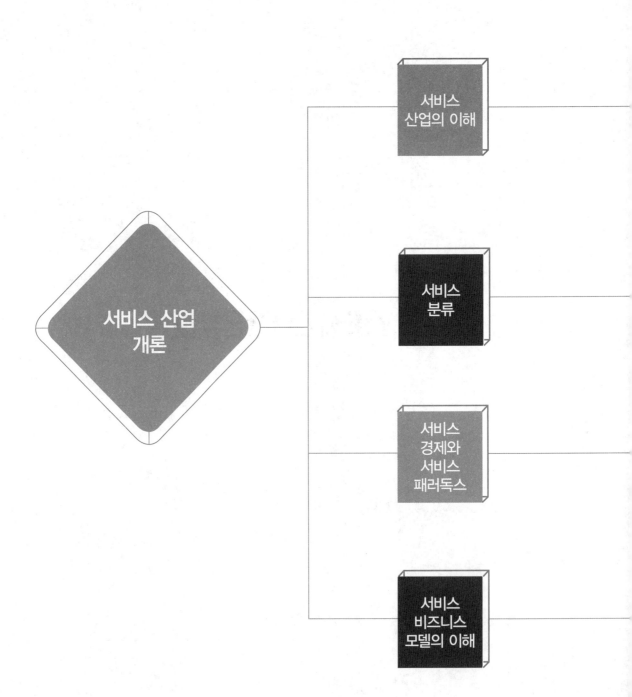

- 서비스 정의와 속성
  - 서비스의 기본적 특성 ★★★
  - 서비스의 기본적 특성에 따른 문제점과 대응 전략 ★★★
- 서비스 산업의 개념
  - 서비스 산업의 환경 변화 ★
- 서비스 산업의 변화
  - 서비스 기업의 거대화를 촉진시킨 요인 ★
- 서비스 패키지
  - 서비스 패키지의 개념 ★
  - 서비스 패키지의 구성 요소 ★
- 필립 코틀러의 서비스 마케팅 삼각형 ★★

- 서비스 유형의 분류
  - 서비스의 유형별 분류 ★
  - 호로비츠의 서비스 유형 분류표 ★★★
  - 호로비츠의 서비스 유형의 특성 ★★
  - 호로비츠의 서비스 유형별 서비스 자원 관리 전략과 선택 ★
  - 크리스토퍼의 거래 프로세스별 서비스 분류 ★
- 서비스 유형별 분류 매트릭스 작성 및 활용
  - 고객 참여 수준과 서비스 표준화의 관계 ★★
  - 고객 접촉도에 따른 접점 관리 ★★

- 서비스 경제
  - 서비스 경제의 의미 ★
  - 다니엘 벨의 주장 ★
- 서비스 패러독스
  - 서비스 패러독스의 정의 ★★
  - 서비스 패러독스의 발생 원인 ★★
  - 발생 원인에 대한 극복 방안 ★★
  - 서비스 패러독스 해결을 위한 서비스에 대한 재인식 ★
- 서비스 생태계에서 비즈니스 환경의 이해
  - 서비스 생태계의 패러다임 ★
  - 바람직한 서비스 비즈니스 모델 ★
- 서비스 경제 환경에서의 기업 생존 전략
  - 제조업에서 서비스업으로 전환 ★★
  - 제조업과 서비스업의 비교 ★★
  - 융합 상품의 형태 ★★★
  - 서비타이제이션 ★
  - 융합 상품의 성공 조건 ★

서비스 산업의 이해

출제 & 학습 포인트

출제포인트
1장 서비스 산업의 이해에서는 서비스의 기본적 특성과 서비스 패키지의 출제 빈도가 높습니다.

학습포인트
1 서비스 산업 발전에 대한 전망을 제조업과 비교하여 학습합니다.

2 제품과 다른 서비스의 4가지 특성의 개념을 정확히 이해하고, 문제점에 대한 대응 전략을 학습합니다.

3 필립 코틀러의 서비스 마케팅 삼각형의 3요소의 마케팅 활동에 대해 학습합니다.

4 서비스 패키지의 개념을 이해하고, 서비스 패키지의 구성 요소를 학습합니다.

1 서비스의 정의와 속성

(1) 서비스의 중요성

① 서비스(service)는 물질적 재화 이외의 생산이나 소비에 관련한 모든 경제활동을 말하며, 사람이나 조직이 제공하는 무형의 혜택, 활동, 성과 등을 의미한다.

② 사회·문화의 변화로 새로운 직업 대부분은 서비스 산업에서 창출되고 있다.

③ 현대의 소비자들은 유형적 제품의 기능뿐만 아니라 제품과 연결된 경험과 무형적 서비스를 기대하고, 그 가치도 중요하게 생각한다.

④ 현대인의 삶에서 서비스가 차지하는 비중은 증가하고 있으며, 서비스 없이 생활하는 것이 어려워졌다.

⑤ 기업은 고품질의 서비스를 통해 고객 만족도를 높이고, 경쟁력을 강화할 수 있다.

(2) 서비스의 기본적 특성 ★★★

무형성 (Intangibility)	서비스는 보고, 듣고, 만지고 평가할 수 있는 객체가 아니라 행위, 수행, 노력으로 유형화되지 않는 무형성을 가진다.
이질성 (Heterogeneity)	• 서비스는 대부분 행위에 의해 생산되는 성과이기 때문에 정확히 똑같은 서비스란 존재하기 어렵다. • 생산과 분배 과정에서 사람이 개입하기 때문에 유형 제품처럼 품질이 동일할 수 없다.

비분리성 (Inseparability)	• 비분리성으로 생산이 일어나는 동시에 고객에 의해 소비되는 속성이 있다. • 제품의 생산 과정과 달리 서비스는 생산 과정에 고객의 참여가 절대적인 경우가 많다. • 고객과 종업원이 서비스 성과에 영향을 미친다.
소멸성 (Perishability)	• 서비스는 저장 또는 재판매하거나 돌려받을 수 없다. • 판매되지 못한 서비스는 재고로 보관할 수 없으며 시간이 경과하거나 특정 상황이 지나면 자동적으로 가치가 상실되어 소멸된다.

(3) 서비스의 기본적 특성에 따른 문제점과 대응 전략 ★★★

특성	문제점	대응 전략
무형성	• 서비스 상품의 전시와 설명에 제약 • 특허로 보호받기 어려움. • 가격의 설정 기준이 불명확 • 서비스 결과의 예측이 어려움.	• 서비스를 경험할 수 있는 기회 제공 • 실제적 단서 제공 • 구전 활동을 적극 활용 • 구매 후 커뮤니케이션 활성화
이질성	• 표준화하기 어려움. • 품질 통제가 어려움.	• 표준화된 서비스 제공을 위한 직원 서비스 교육 • 서비스직에 적합한 직원 선발 • 표준화 또는 개별화 전략 시행
비분리성	• 집중화된 대량 생산이 어려움. • 서비스 제공 시 고객 개입	• 철저한 고객 관리 • 다양한 서비스망의 구축 • 고객 참여
소멸성	• 재고로 보관하기 곤란 • 수요와 공급을 맞추기가 어려움. • 교환, 반품, 환불의 어려움.	수요와 공급의 예측

2 서비스 산업의 개념

(1) 서비스 산업의 정의

① 물리적 제품이 아닌 무형의 서비스를 제공하여 가치를 창출하는 산업을 의미한다.
② 고객의 욕구를 충족시키거나 문제를 해결하기 위한 활동을 통해 경제적 부가가치를 창출한다.
③ 서비스는 사람, 제품, 정보를 투입·가공하여 다시 사람, 제품, 정보를 산출하는 과정이며, 이러한 생산 활동을 하는 기업을 의미한다.

(2) 서비스 산업의 특징

① 서비스 산업은 노동집약적 성격으로 인건비의 비중이 높다.
② 서비스 혁신에 대한 특허를 인정받기 어려워 진입장벽이 낮다.
③ 서비스는 생산과 소비가 동시에 이뤄지므로 규모의 경제효과를 창출할 기회가 적다.
④ 서비스는 미리 생산하고 재고화할 수 없기 때문에 계획적인 생산활동이 어렵다.

⑤ 서비스 산업은 수요의 변동이 심하다.
⑥ 내부고객 만족이 외부고객 만족으로 연결되므로 중요하다.

(3) 서비스 산업의 발전배경

① 소비자 욕구의 개성화, 다양화, 전문화 등으로 서비스 요구가 증가하였다.
② 소득증가로 교육수준 향상, 여가활동 증가, 문화적 욕구 상승 등 의식의 변화로 서비스 수요가 증대되었다.
③ 새로운 서비스는 사람, 상품, 기술, 지식, 네트워크로 연결하여 수많은 관련 서비스를 창출한다.
④ 서비스업의 고용 및 부가가치가 증대됨에 따라 경제의 중심축이 서비스 산업으로 이동하였다.
⑤ 기술 혁신과 정보화는 서비스업이 성장하는 데 큰 영향을 미쳤다.
⑥ 산업구조의 고도화로 생산과정의 분화는 더욱 촉진되었고, 기업의 생산활동에서 서비스에 대한 수요가 증가하였다.
⑦ 제조업의 한계로 선진국들은 서비스 산업의 성장을 위해 다양한 정책과 지원을 제공하였다.

(4) 서비스 산업의 환경 변화 ★

인구통계학적 환경	• 출생률과 인구 성장률 둔화 • 남녀의 비율 변화와 자녀의 수 감소 • 생활 주기의 변화와 교육 수준 향상
경제적 환경	• 가계 소득의 증대로 교육, 의료, 여가 활동, 오락, 교통비 등의 지출 증가 • 경제의 선진화, 맞벌이 부부 및 독신 가족의 증가, 정부 정책 등으로 서비스에 대한 지출 증가 • 소득과 생활 수준 향상과 산업 구조의 고도화
사회적 환경	• 출생부터 사망까지 생활 주기에 따른 다양한 서비스 필요 • 복잡 다양한 현대 사회의 문제에 대처할 수 있는 각종 전문적 자문 회사 등장 • 개인 욕구의 다양한 변화와 활동 지향적인 사회로의 변화로 다양한 서비스 출현 • 개인 서비스는 점차 개성화, 전문화, 편의화, 다각화, 고급화되는 경향 • 사회의 핵심적 활동 영역 • 도시화가 진행됨에 따라 서비스 산업 성장
기술적 환경	• 첨단 장비의 발전으로 규칙적인 서비스 제공 가능 • 규칙적인 서비스는 서비스 산출을 높여 생산성 향상 • 정보 통신 기술로 인해 다양한 신종 서비스 등장
법률적 환경	• 최근 법률적 환경은 규제가 완화 또는 해제되는 경향 • 규제의 환경 변화로 마케팅 활동이 적극적으로 변화하여 적자생존의 치열한 경쟁 발생
자연적 환경	서비스 시설이 위치한 곳의 유형적인 자원과 자연 조건은 서비스와 밀접한 관련을 맺고 있는 경우에 매우 중요 예 온천호텔, 스키장, 골프장, 관광호텔 등

3 서비스 산업의 변화

(1) 전통적 서비스업의 특징

① 노동 집약적인 소규모의 점포 형태

② 지역적 범위로 제한된 영역에서 용역(서비스)의 제공

③ 대기업으로 성장하는 데에 많은 제약 요소 존재

④ 특정한 인적 서비스에 한정

⑤ 대규모의 자본이나 투자를 유치하기 어려움.

(2) 현대적 서비스 산업의 특징

① 노동집약적인 서비스가 자동화 서비스로 전환

② 지역적 범위를 넘어서 세계시장을 단일 시장으로, 다양한 종류와 범위의 서비스 제공

③ 서비스기업은 거대화되면서 다양한 간접 부문의 확대와 설비, 장치, 자산 등 증가를 동반

④ 거대화된 서비스 기업은 서비스 제공에 필요한 생산 시스템을 보유

⑤ 거대화된 서비스 기업은 과거에 비해 상당한 하드웨어(기계, 설비, 장치 등) 보유

(3) 서비스 기업의 거대화를 촉진시킨 요인 ★

① 세계화와 글로벌 경영의 등장

② 인적 · 물적 요소의 국가 간 이동 증가

③ 인터넷의 증가로 정보 흐름의 촉진

④ 세계 시장의 확장

⑤ 규제 완화

> **🖉 알아두기**
>
> 레빗(Rabit) 교수의 서비스 이론
> - 하버드 대학의 레빗 교수는 서비스 기업과 제조 기업을 이분법적으로 생각하는 것이 적합하지 못함을 지적하였다.
> - "오늘날 서비스 기업과 제조 기업을 구분하는 것은 의미가 없다. 제조 기업의 구성과 활동을 보면 서비스에 대한 비중이 상당히 높아져 있으며, 서비스 기업도 규모가 커짐에 따라 하드웨어의 보유가 높아져 있다. 현대의 모든 기업은 서비스 활동을 하고 있으며, 기업의 분류도 서비스 비중이 높은 기업과 낮은 기업으로 구분하는 것이 더 적합하다."

4 서비스 패키지

(1) 서비스 패키지의 개념 ★

① 서비스 패키지란 특정한 환경에서 서비스가 재화 및 정보와 함께 결합되어 제공되는 상품의 묶음을 의미한다.

② 서비스의 무형적 특성으로 인해 제공하는 서비스를 명확하게 설명하기 어렵기 때문에 서비스를 개발하게 되었다.

③ 서비스 경영자들은 고객들이 기대하는 서비스 패키지와 일치하는 서비스 경험을 제공할 수 있도록 노력해야 한다.

④ 제품 자체가 아닌 부수적인 서비스가 포함된 제품 패키지를 구매하는 경향이 커지고 있다.

⑤ 서비스패키지는 핵심서비스와 부가서비스로 구분하는데, 핵심서비스는 고객들이 기본적으로 기대하는 서비스, 부가서비스는 핵심서비스를 지원하는 서비스이다.

⑥ 서비스패키지는 각 요소들이 상호의존적이고 보완적임을 고려하여 통합적으로 개발해야 한다.

(2) 서비스 패키지의 구성 요소 ★

서비스 경험	서비스 패키지를 통해 고객이 얻게 되는 경험
명시적 서비스	• 서비스의 본질적 구성 요소로 고객이 오감을 통해 인지할 수 있는 부분 • 서비스 패키지의 핵심적인 부분을 구성
묵시적 서비스	• 서비스의 외관적 특색에 대해 고객이 심리적으로 느끼는 부분 • 서비스 패키지에 대한 외관적 특성을 구성
정보	효율적이고 개인화된 서비스 제공을 위한 고객 정보
지원 설비	서비스 제공에 반드시 필요한 물리적 기본 시설 및 설비
보조용품	서비스 제공 과정에서 고객이 추가적으로 구매하거나 제공받는 물품

5 필립 코틀러의 서비스 마케팅 삼각형(Service Marketing Triangle) ★★

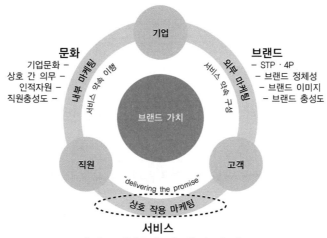

* 출처 : 'Service Marketing Triangle' by Philip Kotler, 1994

내부적 마케팅	• 기업 – 종업원 간에 이루어지는 마케팅 • 내부 마케팅은 외부 마케팅보다 우선적으로 수행 • 서비스 품질 관리를 위해 직원을 교육·훈련하고, 이들에게 동기를 부여하는 내부 직원을 대상으로 하는 마케팅 활동
외부적 마케팅	• 기업 – 고객 간에 이루어지는 마케팅 • 서비스 산업에서도 CEO는 고객을 조사하고, 고객에게 제공할 서비스를 설계·디자인하여 제공하는 서비스 품질을 약속
상호 작용적 마케팅	• 종업원 – 고객 간에 이루어지는 마케팅(고객 접점 마케팅) • 서비스 기업의 직원들이 직접적으로 고객과 접촉하면서 실제 서비스를 제공(고객과의 약속을 전달·제공) • '서비스'는 직원과 고객과의 상호 작용 마케팅을 의미하고, 이를 통해 고객 만족과 서비스 품질 향상

CHAPTER 02 서비스 분류

★★★ 최빈출 ★★ 빈출 ★ 필수

출제 & 학습 포인트

출제포인트

2장 서비스 분류에서는 **호로비츠의 서비스 유형 분류와 특성**의 출제 빈도가 높습니다.

학습포인트

1 서비스 유형을 접점의 빈도와 지속 시간, 상호 작용의 밀도의 정도를 비교하여 분류하고, 각 서비스 유형의 특성을 학습합니다.

2 서비스 유형별 서비스 자원 관리 전략을 선발 기준, 동기 부여, 조직 지원 등 다양한 부분으로 구분하여 각 부분별 관리 전략을 학습합니다.

1 서비스 유형의 분류

(1) 서비스 유형 분류의 필요성

① 유형별 서비스 경영의 방법 차이

② 기업의 효율적 서비스 운영에 필요

③ 서비스 개선과 서비스 개발에 활용

(2) 서비스의 대상과 행위에 따른 분류

👆 서비스의 차원별 분류

일차원적 서비스 분류 체계 (투입 요소에 따른 분류)	모리스(Morris)와 존스턴(Johnston)은 서비스를 프로세스(Process)로 정의하였다. 프로세스는 투입물을 처리하여 산출물로 바꾸게 된다. 이들은 관리적인 관점에서 3가지 유형의 투입 요소를 제시한 뒤, 그에 따라 서비스를 분류하고 있다. • 고객 처리 서비스 • 소유물 처리 서비스 • 정보 처리 서비스
이차원적 서비스 분류 체계 (속성에 따른 분류)	서비스업은 분류 기준에 따라 여러 가지로 구분할 수 있으나, 서비스 제공의 주체와 서비스 행위의 성격에 따른 분류가 일반적이다.

서비스의 유형별 분류 ★

구분		서비스 대상	
		사람	사물
서비스 행위	유형	신체에 대한 유형적 서비스 • 여객 운송 • 병원, 건강 관리 • 미장원, 이발소 • 식당, 술집 • 장례업	유형물에 대한 유형적 서비스 • 화물 운송 • 수리, 보관 • 세탁 • 택배 • 조경
	무형	정신에 대한 무형적 서비스 • 광고, PR • 엔터테인먼트 • 방송 • 교육 • 예술 공연	무형 자산에 대한 서비스 • 인터넷 서비스 • 회계 • 은행, 증권, 보험 • 법률 서비스 • 데이터 처리

Part 01

(3) 러브락(Lovelock)의 서비스 분류

1. 서비스 행위의 성격에 따른 분류		서비스의 직접적인 대상	
		사람	사물
서비스 행위의 성격	유형적	의료, 호텔, 여객 운송	화물 운송, 장비 수리
	무형적	광고, 경영 자문, 교육	은행, 법률 서비스
2. 고객과의 관계 유형에 따른 분류		**서비스 조직과 고객과의 관계 유형**	
		회원 관계	공식적 관계없음
서비스 제공의 성격	계속적 제공	은행, 전화 가입, 보험	라디오 방송, 경찰, 무료 고속도로
	단속적 제공	국제 전화, 정기 승차권, 연극 회원	렌터카, 우편 서비스, 유료 고속도로
3. 고객별 서비스의 변화와 재량의 정도에 따른 분류		**고객에 따라 서비스를 변화시킬 수 있는 정도**	
		높음.	낮음.
종업원이 고객 욕구에 따라 발휘하는 재량 정도에 따른 분류	높음.	법률, 의료, 가정 교사	교육, 예방 의료
	낮음.	전화, 호텔, 은행, 고급 식당	대중 운송, 영화관, 패스트푸드, 레스토랑

4. 수요와 공급의 관계에 따른 분류		시간에 따른 수요의 변동성 정도	
		많음	적음
공급이 제한된 정도	피크 수요를 충족시킬 수 있음.	전기, 전화, 소방	보험, 법률 서비스, 은행, 세탁
	피크 수요에 비해 공급 능력이 작음.	회계, 여객 운송, 호텔 식당 극장	위와 비슷하나 기본적으로 불충분한 설비 능력을 지님.

5. 서비스 제공 방식에 따른 분류		서비스 지점	
		단일 입지	복수 입지
고객과 서비스 기업과의 관계	고객이 서비스 기업으로 감.	극장, 이발소	버스, 패스트푸드, 레스토랑
	서비스 기업이 고객으로 감.	잔디 관리, 택시, 방역	우편 배달, 긴급 자동차 수리
	떨어져서 거래함.	신용 카드, 지역 TV 방송	방송 네트워크, 전화 회사

(4) 호로비츠(Horovitz, J.)의 서비스 분류

① 호로비츠의 서비스 분류 기준

상호 작용의 밀도	서비스에서 종업원과 고객이 상호 작용하고 소통하는 정도
접점의 빈도와 지속 시간	• 서비스 접점이 발생되는 빈도와 접점의 지속 시간 • 접점의 기간이 길고 빈도가 높을수록 서비스의 일관성을 유지하는 데 문제점 발생

② 호로비츠의 서비스 유형 분류표 ★★★

		접점의 빈도와 지속 시간	
		낮음.	높음.
상호 작용의 밀도	낮음.	**일반화된 서비스(유쾌함과 즐거움)** • 패스트푸드 • 택배 서비스	**안정적인 서비스(거래에서 조언)** • 호텔 • 레스토랑
	높음.	**개인화된 서비스(즉각적 대응과 순발력)** • 유지·보수 • 문제에 대한 상담	**사려 깊은 서비스(관계 능력과 전문성)** • 법률 서비스 • 컨설팅 서비스 • 전문 교육 서비스

③ 호로비츠의 서비스 유형의 특성 ★★

일반화된 서비스	• 일반화된 서비스는 상호 작용이 매우 피상적이며, 기능적이다. • 직원은 고객에 대한 사전 지식이 깊을 필요가 없다. 일반화된 서비스 제공을 위해서 숙련된 직원이 필요한 것은 아니다. 서비스를 요청하는 고객의 요구 사항도 복잡하거나, 이질적이지 않아서 대개의 서비스가 제한되어 있고, 고객의 행동도 예측이 가능하다. • 대개의 경우 서비스 생산의 행위가 표준화되어 있으므로 매뉴얼이 잘 정비되고, 명확한 것이 필요할 것이다. 일반화된 서비스 접점의 분위기는 유쾌하고, 즐거운 캠퍼스의 분위기가 적합할 것이다.
안정적인 서비스	• 안정된 서비스에서 가장 중요한 것은 장소와 시간에 관계없이 직원의 행동에 일관성을 유지하는 것이다. 서비스의 제공 과정이 주로 거래에 대한 조언이므로 접점에 근무하는 모든 직원이 고객의 질문과 요구 사항에 대해 응답할 수 있는 능력을 갖추고 있어야 한다. • 어느 직원에게 물어보더라도 일관된 정보와 행동 및 태도가 유지되는 것이 무엇보다 중요하다. 고객의 의사 결정에 영향을 주는 거래에 대한 조언에 대해 직원들의 제공 정보가 동일하고, 정중하게 제시되어야 한다.
개인화된 서비스	• 개인화된 서비스는 직원과의 접점이 짧거나, 거리 빈도가 낮은 고객들에게 개인화된 서비스를 제공하는 것이다. 개인화된 서비스를 제공하기 위해서는 직원이 고객의 말에 경청을 하고, 적절한 반응을 보일 줄 알아야 한다. • 고객의 질문이 전문적인 경우에는 이에 대해 적절한 문제 해결 능력을 갖춘 전문가가 활용되어야 할 것이다. 개인화된 서비스를 요청하는 고객의 경우 자신의 문제가 독특하고, 개별적인 차원으로 다뤄지기를 원하므로 접점의 빈도가 높지 않더라도 더 높은 집중력과 전문성이 요구된다.
사려 깊은 서비스	• 사려 깊은 서비스를 제공하기 위해서 직원들은 고객과의 인간관계를 유지하는 능력, 문제를 해결할 수 있는 전문적 능력, 고객 관계를 발전시킬 수 있는 대화 능력이 필요하다. • 반복적으로 고객을 접하면서 고객의 문제를 효과적으로 해결해 주는 것과 고객의 상황에 대한 배려를 통해 비즈니스 관계를 확대할 수 있는 숙련자들이 필요한 접점이다. • 수평적 상하 관계 관리가 필요하다.

④ 호로비츠의 서비스 유형별 서비스 자원 관리 전략과 선택 ★

구분	일반화된 서비스	안정적인 서비스	개인화된 서비스	사려 깊은 서비스
접점 분위기	즐겁고 유쾌	정중한 도움	즉각적 대응	사려 깊은 전문성
선발 기준	밝음, 정직, 젊은 계층, 수용적, 첫 직장, 저임금	밝음, 정직, 전문 지식과 기술, 젊은 계층, 첫 직장	유경험자, 숙련된 기술, 순발력과 대응성	전문성, 대화 능력, 인간관계 능력, 비즈니스 마인드
훈련	• 제품, 서비스, 회사에 대해 일선에서 접점 관리자가 역량 훈련을 시킴. • 엄격한 상하 관계 관리 필요	• 회사 문화와 서비스 품질, 전문 지식에 대해서 일선에서 훈련을 시킴. • 접점 관리자는 코치의 역할을 제공	• 목표에 대한 훈련 • 멘토 제도 • 새로운 지식이나 기술에 대한 빠른 업데이트	• 멘토 제도 • 우수한 수행자에 대한 특별 보상 • 회사 문화에 대한 훈련 • 개인적 전문성을 향상시키는 역량 개발
경력개발계획 (CDP)	직원이 한 가지 직무에 머물러 있지 않도록 자주 회전시킴.	내부 승진을 통한 경로 제공	고객 정보 분석을 통해 전문적 경험을 쌓게 함.	내부 승진과 파트너십, 성과 공유
동기 부여	승리하는 분위기 유지, 자유로움과 열정적 분위기	내부 고객 만족과 경력 기회에 대한 제공	개인의 실적에 따른 개인 보상, 인정과 우호성, 전문성 인정	주도적 업무 수행, 독립적 의사 결정, 도전과 지속적인 교육
조직 지원	업무 매뉴얼과 밀접한 지원	처리하기 어려운 문제에 대한 도움과 지원	개인적 면담, 완벽한 지원 시스템	고객과 관련되지 않은 문제까지 적극적인 도움
임파워먼트 (Empowerment)	제한된 범위의 계층에 따른 임파워먼트 리스트	정해진 행동 리스트 범위에서 계층에 따른 차등	직무 관련 완벽한 임파워먼트와 자율권	완전한 임파워먼트

📝 알아두기

21세기 서비스 분류

핵심 경험	본질적 형태	사례
창조적	새로운 아이디어	광고, 공연
지원적	중간 매개	운송, 통신
체험적	고객 참여	대화, 놀이공원
정보적	정보 접근	인터넷 검색 엔진
해결적	전문가적 도움	상담, 컨설팅
생활적	삶의 질 개선	관광, 웰빙

* 출처: Adapted from Bryson, J.R., P.W. Daniels, and B. Warf. Service Worlds: People, Organizations, Technologies. New York : Routledge, 2004, p.33

(5) 싱글맨(J. Singleman)의 서비스 기능에 의한 분류

서비스 기능별 분류를 통해 고용, 국민 소득 등에 서비스가 미치는 영향을 파악한다.

기능별 분류	서비스의 종류
유통 서비스	운송, 통신, 무역 서비스
생산자 서비스	금융, 기업, 부동산 서비스
사회적 서비스	의료, 교육, 우편, 공공 및 비영리 서비스
개인 서비스	숙박, 식음료, 여행, 정비, 가사 및 용역 서비스

(6) 크리스토퍼(Christopher)의 거래 프로세스별 서비스 분류 ★

거래 전 서비스	• 고객에게 사전에 서비스에 대한 소개를 하고, 잠재 고객을 발굴하는 등 거래 전 준비 단계의 서비스이다. • 사전에 고객과 접촉하여 수요를 예측하고, 고객별 맞춤 서비스를 제시한다. • 잠재 고객에 마케팅을 진행하여 새로운 서비스 수요 창출이 가능하다. • 너무 과도한 거래 전 서비스는 고객으로 하여금 서비스에 대한 부담감, 불신을 초래할 수도 있다.
거래 중 서비스 (현장서비스)	• 서비스가 고객에게 제공되고 있는 단계이다. • 서비스 제공자의 역량이 가장 크게 발휘되는 단계이다. • 고객이 서비스 접점에 들어온 순간부터 현장 서비스는 시작된다.
거래 후 서비스	• 현장에서 서비스가 종료된 후 단계의 서비스이다. • 충성 고객 확보를 위해 거래 후 서비스는 중요하다. • 거래 후 서비스는 고객 서비스에 대한 평가를 바꿀 수 있는 기회이다. • 고객과의 지속적 커뮤니케이션을 통해 부족한 부분을 피드백 받고, 보완할 수도 있다.

2 서비스 유형별 분류 매트릭스 작성 및 활용

고객은 서비스에 대해 포괄적인 인식을 하게 되지만 기업은 서비스의 효과성, 성과 증진을 위해 서비스 유형별로 자원의 관리 포인트를 찾아내야 한다. 서비스의 자원 관리를 위한 서비스 유형별 분류 작성 시 고려해야 할 점들은 다음과 같다.

(1) 고객의 참여 정도

① 서비스 유형별 차이는 있으나 고객 참여 정도는 서비스 자원 관리에 중요한 차이점을 준다.

② 고객 참여도가 높을수록 고객의 개별적 요구는 증가하게 된다. 고객 참여는 서비스의 표준화 정도에 영향을 주게 된다.

👆 고객 참여 수준과 서비스 표준화의 관계 ★★

구분	고객 참여 수준		
	낮음	중간	높음
특징	서비스 전달 과정에 고객이 존재	서비스 생산 및 전달 과정에 고객의 개입이 필요	서비스 공동 생산
표준화 정도	표준화된 서비스	표준화 ~ 고객화	개인화된 서비스
서비스 제공 조건	특정 고객의 구매와 무관	고객의 선택 구매	고객의 구매 및 적극적인 참여
사례	• 버스 운행 • 모텔 숙박 • 영화 상영	• 이발 • 건강 검진 • 고급 레스토랑	• 결혼 상담 • 개인 교습 • 다이어트 프로그램

(2) 수요 변동성

① 서비스는 계절성을 지니고 있어 수요가 일정하지 않고, 성수와 비수가 급격한 변동성을 지니는 것이 일반적이다.

② 수요 변동성의 정도는 서비스 제공 능력을 예측하고 설계하는 데에 중요한 이슈가 된다.

③ 서비스는 시간이 지나면 저장되지 않고 소멸하기 때문에 사용 기회를 상실하게 된다.

(3) 정보 기술의 활용 정도

① 정보 커뮤니케이션 기술의 활용 정도는 서비스 유형에 따라 달라진다.

② 일반적으로 고객이 분리될 수 있는 서비스 유형에 활용 정도가 높아지는 경향이 있다.
  예 원격 교육, 원격 진료 등

(4) 부가 서비스 영역의 확장 가능성

① 고객의 요구는 점점 증가하고 경쟁은 심화되고 있다. 기업은 부가 서비스 영역을 확장하여 고객에게 폭넓은 서비스를 제공하기를 원한다.

② 제품 사용상에 발생되는 다양한 분야로의 서비스 확장과 실시간 기술 지원 서비스, 위치 기반 서비스 제공 등과 같이 제공되는 서비스의 영역은 확대되고 있다.

(5) 고객 접촉도에 따른 접점 관리 ★★

① 서비스 접점에서 발생하는 접촉이 많고 적음에 따라 고접촉 서비스와 저접촉 서비스로 구분할 수 있다.

② 접촉도는 접점의 수와 양을 결정하므로 자원 배치에 매우 중요한 이슈가 된다.

③ 서비스업의 업무 효율성 제고를 위해 접촉이 꼭 필요한 부문은 접촉 강화 전략, 그렇지 않은 부문은 접촉 감소 전략을 활용한다.

④ 일반적으로 장기적 관계로 발전될수록 고객 중심으로 전문적 직원이 집중적인 관리를 할 수 있도록 서비스가 진행된다.

⑤ 상호작용과 고객 접촉도가 높은 서비스업은 서비스 제공 인력의 전문성을 높이고, 수평적 상하관계 관리가 필요하다.

⑥ 상호작용과 고객 접촉도가 낮은 서비스업은 표준화된 운영절차와 엄격한 상하관계 관리가 필요하다.

서비스 경제와 서비스 패러독스

출제 & 학습 포인트

출제포인트
3장 서비스 경제와 서비스 패러독스에서는 서비스 패러독스의 개념과 서비스 패러독스 극복 방안이 출제 빈도가 높습니다.

학습포인트
1 서비스 경제의 개념을 정확히 이해하고, 후기 산업화의 진행으로 인해 전환된 패러다임을 학습합니다.

2 서비스 패러독스의 개념을 정확히 이해하고, 서비스 패러독스의 발생 원인을 기대 측면과 성과 측면으로 구분하여 학습합니다.

3 서비스 패러독스의 발생 원인별 극복 방안을 구분하여 학습합니다.

1 서비스 경제(service economy)

(1) 서비스 경제의 의미 ★

① 제조업·농업·광업과 대조적인 서비스 부문에 의해 경제 활동이 지배되는 경제로 전체 노동력의 50% 이상이 서비스 부문에 종사하면 서비스 경제라고 일컫는다.

② OECD의 선진 국가들에서 서비스 부문이 국내 총생산에 차지하는 비중은 80%를 넘고 있다.

③ 국가 경제가 발전하면 할수록 서비스 경제화가 가속화되는 현상은 현재뿐 아니라 미래 사회에서도 지속될 것이다.

④ 서비스 경제의 고도화 현상이 심화되고 있다.

⑤ 서비스 경제의 변동성은 매우 급진적으로 새로운 서비스가 탄생되어 파급되는 것이 매우 빠르다. 이러한 급진적 변혁을 서비스 혁명(service revolution)이라고 한다.

(2) 서비스 경제 현상

① 많은 제조기업들이 서비스 기업화되고 있다.

② 정보통신기술의 발전으로 다양한 신종 서비스가 증가하고 있다.

③ 소비자 욕구가 개성화, 다양화됨에 따라 충족시킬 수 있는 서비스의 중요성이 증가하였다.

④ 선진국들은 서비스 산업의 성장을 위해 다양한 정책과 지원을 제공하고 있으며, 선진국의 국내총생산 중 서비스 산업이 차지하는 비중이 높다.

> **✎ 알아두기**
>
> 서비스 혁명(service revolution)
> • 서비스 경제에서 새로운 서비스가 탄생되어 파급되는 속도와 범위가 산업 혁명보다 더 빠르게 진행되어 사회와 경제가 급진적으로 변혁하는 현상이 발생하는데, 이를 서비스 혁명이라 한다.
> • 산업 혁명으로 물질적 풍요의 시대를 열었다면, 서비스 혁명으로 효용과 만족의 풍요가 급격히 높아지게 되었다.

Part 01

(3) 서비스 경제에 대한 학자들의 주장

① 리들(Riddle)의 주장

ㄱ 『서비스 주도의 경제 성장(service-led growth)』이라는 저서를 통해 서비스는 경제 전반에 걸쳐 유기적으로 연결되어 사회 시스템을 유지하는 기반을 제공한다고 주장했다.

ㄴ 다음과 같이 서비스를 분류하여 이들의 유기적 상호 작용을 설명하며 서비스가 경제 성장에서 주도적 위치에 있음을 주장했다.

✋ 서비스 경제 주체에 따른 분류

사업 서비스(business services)	금융, 보험, 컨설팅, 법률
유통 서비스(trade services)	도·소매업, 창고, 물류
사회 기간 서비스(infrastructure services)	교통, 통신, 철도, 인터넷망
사회 서비스(social services)	의료, 교육, 보건, 복지
개인 서비스(personal services)	외식, 숙박, 육아, 가사 지원
공공 행정 서비스 (public administration services)	정부, 국방, 주민행정

② 다니엘 벨(Bell, D.)의 주장 ★

ㄱ 인류의 사회 발전 단계를 전기 산업 사회, 산업 사회, 후기 산업 사회로 분류하였다.

ㄴ 다니엘 벨은 후기 산업 사회는 서비스 경제의 프레임을 갖춘 사회라고 주장하였다.

구분	전기 산업 사회	산업 사회	후기 산업 사회
경제	1차 산업(농업, 어업, 광업)	2차 산업(제조업)	3차 산업(서비스업)
직업	농부, 어부, 광부, 미숙련 노동자	반숙련 노동자, 엔지니어	전문가, 과학자, 기술 연구자
기술	원료 채집	생산력	지식과 정보
원칙	토지와 자원의 한계	생산성과 효율성	가치 창조

🖊 알아두기

후기 산업 사회의 특징

- 산업 발전과 재화 유통을 위한 운송이나 유틸리티(공공사업) 같은 서비스가 확장된다.
- 대량 소비와 인구 증가로 인해 도·소매 유통업, 은행, 부동산, 보험업 등이 경제에서 차지하는 비중이 높아지게 된다.
- 소득 증가로 식음료에 대한 지출 비중이 줄고, 내구재에 대한 소비 지출이 증가한다.
- 교육, 헬스케어, 휴가, 여행, 외식, 오락, 레저 등의 개인 서비스 부문이 급속히 산업화된다.

후기 산업화의 진행으로 인해 전환된 패러다임

- 생산(produce)에서 서비스의 수행(performance)
- 하이테크형 제조 중심의 사회에서 하이터치형 인간 중심의 사회로 전환
- 산업화 시대의 제조 우위(how to make)에서 지식과 정보를 강조하는 서비스 우위(how to use)로 전환

---

2 서비스 패러독스(service paradox)

(1) 서비스 패러독스의 정의 ★★

① 서비스 경제의 발달, 경제적 풍요, 기술의 발달로 양적으로나 질적으로 더 높은 수준의 서비스를 대량으로 공급받음에도 불구하고 소비자들이 체감하는 서비스 품질은 하락하는 현상을 의미한다.

② 서비스의 양이 증가하면 서비스에 대한 만족도가 향상되어야 할 것처럼 보이지만 오히려 서비스에 대한 만족감이 낮아졌다.

③ 한국소비자원의 불만 상담 중 제품 불만은 90년대 말에 비해 12% 감소하였으나, 서비스 불만은 86%나 증가하였다.

(2) 서비스 패러독스의 발생 원인 ★★

기대 측면 발생 원인	• 고객 인식의 변화 : 기대 수준 상승으로 고객 입장에서 당연한 절차로 여기는 현상 증가 • 경쟁적 서비스 환경 : 모든 경쟁자들이 높은 수준의 기능적 서비스를 제공함에 따라 차별화된 서비스 제공 미흡
성과 측면 발생 원인	• 서비스의 기계화 : Self-Service Technologies(SSTs)의 발달로 복잡한 제품 사용에 있어 고객과 직원의 어려움 발생 • 서비스의 획일화 : 표준화된 서비스로 개별성 상실 • 일선 직원 확보의 악순환 : 경험 있고 숙련된 일선 직원 확보의 어려움. • 서비스의 인간성 상실 : 인간을 서비스 과정의 도구로 인식하게 되어 고객과 직원 간의 상호 작용에서 인간적 배려의 느낌 상실 • 효율성 및 규모의 경제 지향성

(3) 서비스 패러독스의 극복 방안

① 발생 원인에 대한 극복 방안 ★★

기대 수준 관리	고객 기대 수준을 조사하고 파악하여 기대에 맞는 제공을 위해 노력
과대 포장 주의	서비스에 대한 지나친 과대 포장은 잘못된 기대를 형성하므로 가능한 가치만큼만 고객에게 약속
SSTs 도입	• 비용 절감을 위한 SSTs의 도입이 아닌 고객 편의를 중심으로 SSTs 도입을 검토 • 고객 친화적인 UI(사용자 인터페이스), UX(사용자 경험) 개발
고객 학습	• 자동화, 기계화의 도입 시 고객에게 적절한 학습 제공 • 자동화된 서비스를 사용할 때 필요한 지식과 역량을 위한 지원 제공
사회적 기능	서비스 제공 과정의 기능적인 측면과 함께 사회적 편익에 대해 고려
서비스의 인간성 회복	고객과 직원 간 인간적인 배려와 존중 필요

② 서비스 패러독스 해결을 위한 서비스에 대한 재인식 ★

Ⓢ	sincerity, speed, smile	서비스에는 성의, 신속, 미소가 있어야 한다.
Ⓔ	energy	서비스는 활기찬 에너지가 넘쳐야 한다.
Ⓡ	revolutionary	서비스는 혁신적이고, 신선해야 한다.
Ⓥ	value	서비스는 거래하는 양자에 모두 가치가 있어야 한다.
Ⓘ	impressive	고객에게 기쁨과 감동을 제공할 수 있어야 서비스라 할 수 있다.
Ⓒ	communication	서비스는 상호 커뮤니케이션이다.
Ⓔ	entertainment	서비스에서는 진심 어린 환대가 필요하다.

CHAPTER 04 서비스 비즈니스 모델의 이해

출제 & 학습 포인트

출제포인트
4장 서비스 비즈니스 모델의 이해에서는 **제조업과 서비스업의 차이와 융합 상품의 개발 방식**의 출제 빈도가 높습니다.

학습포인트
1. 제조업에서 서비스업으로 전환되는 서비스 경제 환경을 이해하고, 제조업과 서비스업을 비교하여 학습합니다.
2. 융합 상품의 발생 이유를 이해하고, 융합 상품의 실패 원인과 성공 조건을 학습합니다.
3. 다양한 융합 상품의 개발 방식을 잘 구분하여 학습합니다.

1 서비스 생태계에서 비즈니스 환경의 이해

(1) 서비스 생태계의 패러다임 ★

서비스 생태계는 전통적인 경제 시스템보다 더 확장된 개방성과 유연성을 요구하고 있다.

전통적인 관점의 경영 시스템	우수한 제품의 생산에 집중하여 우수한 산출물을 시장으로 내보내는 것에 관심
서비스 중심의 경영 시스템	• 고객을 중심으로 지식과 정보가 통합 • 고객에게 선택받는 제품이 우수한 제품이며, 성공의 기준

👆 산업 생태계 패러다임의 변화

전통적인 관점	패러다임(Paradigm)의 변화	서비스 중심 관점
products	가치 패러다임(value paradigm)	services
push	고객 패러다임(customer paradigm)	pull
processes	기술 패러다임(technology paradigm)	platforms
strategies	역량 패러다임(competence paradigm)	capabilities
scale	수익 패러다임(revenue paradigm)	scope
efficiency	운영 패러다임(operation paradigm)	flexibility

(2) 바람직한 서비스 비즈니스 모델 ★

① 개방된 서비스 생태 환경에 적합해야 한다.

② 고객과 사회에 존재 가치가 있는 서비스를 제공한다.

③ 존재 가치가 있는 서비스로 고객의 경험을 확장시킨다.

④ 서비스 비즈니스를 통해서 사회의 가치를 향상시켜야 한다.

⑤ 상기의 목표와 방향성을 추구하는 비즈니스 모델이 수립되어야 한다.

Part 01

(3) 서비스 비즈니스 모델에서 집중할 주요 요소

제공물 (offerings)	• 제공물은 고객의 문제를 해결할 수 있는 솔루션 • 고객의 라이프 스타일에 서비스가 어떻게 가치를 제공하는지 이해 • 고객이 서비스를 어떻게 사용하여 문제를 해결하는지 이해
자원 (resources)	• 서비스 생산과 전달 과정에서 사용되는 자원들 • 자원은 기업, 고객, 이해관계자의 범위에 관련된 모든 자원이 포함 • 자원 결집은 기업, 고객, 이해관계자가 모두 할 수 있음. • 자원의 종류는 역량, 자산, 프로세스, 지식, 기술, 조직 등
고객관계 (relationships)	• 서비스 비즈니스 모델에서 관계는 수평적이고 자발적 • 관계에는 기업 − 고객 관계, 고객 − 고객 관계, 고객 − 사회 집단, 기업 − 사회 집단 등과 같이 광범위한 관계를 포괄 • 기업은 부서 간의 협력, 부서 간의 의사 결정이 더 중요 • 조직 간의 협업(collaboration) 관계가 증가
수익 모델 (revenue models)	• 가치 산출의 요소는 확장 • 가격 관리, 수익 관리(revenue management), 서비스 묶음(service bundling) 등의 수익 모델이 확장
사고방식 (mindset)	• 서비스 혁신의 동인(key drivers)으로 학습, 가치, 정서, 배려, 인식에 대한 이해가 중요 • 합리적이면서 정서를 이해하는 사고방식과 계획 방법의 활용

(4) 서비스 비즈니스 모델 성과 평가 주요 요소

고객이 원하는 성과를 기반으로 한 가치	• 기업은 고객이 원하는 성과를 중심으로 성과 평가를 해야 한다. • 서비스는 고객 문제의 해결안을 제공해야 한다. • 서비스는 다양한 고객 문제의 해결을 위해 더 정교하게 제공되어야 한다.
효과적인 가치 전달	• 보다 높은 가치를 제공하기 위해서는 다양하고 폭넓은 비즈니스 파트너와 협력을 해야 한다. • 가치 향상을 위해 더 높은 수준의 전문 기술이 요구된다. • 기업은 협업과 전문성을 활용해서 효과적 가치 전달을 해야 한다.
책임과 의무의 전개	• 약속한 서비스 성과를 제공하는 것은 당연한 책무이다. • 서비스 약속을 지키기 위한 서비스 수행과 관련된 다양한 위험에 대해서도 책임과 의무를 다해야 한다. • 서비스에 관련된 위험을 측정하고 관리하는 것은 서비스 제공자의 매우 중요한 책무이다.

2 서비스 경제 환경에서의 기업 생존 전략

(1) 제조업에서 서비스업으로 전환 ★★

① 경제의 패러다임이 바뀜에 따라 산업화 시대에 제조업으로 성장을 해 온 기업들이 성장의 한계를 인식하고 서비스업으로 전환하고 있다.

② 서비스업으로 전환하는 것은 단지 사업의 영역을 바꾸는 것 이상의 노력이 요구된다. 기업의 근본적인 구조부터 시스템, 종업원의 수행 방식과 마인드까지 전환해야 하는 광범위한 전환을 해야 한다.

③ IBM은 컴퓨터와 노트북을 제조하는 기업에서 시스템 컨설팅업으로 전환하였고, 제록스는 복사기 제조 기업에서 문서 관리 시스템 기업으로 전환하였다.

제조업과 서비스업의 비교 ★★

제조 사회의 인식	비교 항목	서비스 사회의 인식
생산 ⇨ 판매	가치의 흐름	판매 ⇨ 생산
우수한 제품의 생산	사업 목표	우수한 고객 가치의 창조
자본과 노동 생산성	수익 원천	서비스 품질
소모적, 대체 가능	고객	장기적, 육성 대상
지시나 명령의 대상	종업원	서비스 품질 관리자, 권한 부여의 대상
주어진 작업의 달성	업무	높은 품질의 결과 산출
작업의 완성	평가	고객 만족
객관적, 물리적, 규정 본위	보상	심리적, 개인적 요소의 추가
업무 감독	관리자	격려자, 지원자
구체적, 사전적 원가	원가의 구성	추상적, 사전적 − 사후적 원가
내부적 요인	품질 평가	외부적 요인
업무 통제형	조직 구조와 시스템	서비스 접점 지원형

(2) 경영 패러다임을 서비스 경영 방식으로 전환

① 가치 흐름(value stream)의 차이 전환

제조업의 가치 흐름	서비스업의 가치 흐름
• 생산 후 판매 방식으로 가치 흐름, product out(PO) 방식이다. • 생산된 제품에 대해 재고 전략을 사용하여 안정적인 공급을 한다. • 공급 중심의 운영 방식이다.	• 요청 후 생산 방식으로 가치 흐름, product in(PI) 방식이다. • 시장에서 요구하는 것을, 요구하는 만큼, 적시에 공급하는 방식으로 재고의 최소화와 생산 자원의 유휴화(idling)를 최소화하는 최적 생산 시스템을 추구한다. • 수요 중심의 운영 방식이다.

② 서비스 운영 방식의 주요 패러다임들

    ㉠ 교환 가치 중심에서 사용 가치 중심으로

    ㉡ 유형적 요소의 제공에서 무형적 요소와 경험의 제공

    ㉢ 자율 성과

    ㉣ 성과 위주의 경영(ROWE, result only work environment)

    ㉤ 유연성과 융통성이 향상된 경영 의사 결정

    ㉥ 부서 간 기능적 경계가 없어지고 시장 지향성과 고객 지향성에 따라 협업

    ㉦ PI(product in)에 적합한 생산 운영 관리 시스템

    ㉧ PI 수행 능력을 지닌 자원(인적, 물적)

    ㉨ 고객 확보 중심에서 고객 육성 중심으로 전환

③ PI(product in) 방식의 활용

JIT(just in time, 적시 공급 시스템)	• 시장이 원하는 것을, 원하는 양을, 원하는 시기에 공급하는 방식 • 적시 공급 시스템을 통해서 안전 재고량을 최소화시키고 비용의 절감 달성
유연 생산 시스템	• 생산 라인의 유연성을 높이는 것 • 하나의 제품에 하나의 라인을 사용하는 것에서, 하나의 라인에서 다양한 제품을 동시에 생산할 수 있도록 생산 시스템의 유연성을 높이는 것 • 유연 생산 시스템은 시장에서 요구하는 제품에 대한 생산을 늘리고 요구가 적은 제품에 대한 생산을 줄일 수 있어 생산 시설의 유휴화(idling) 감소 가능

⑶ 융합 상품(PSS, product – service system, 제품 – 서비스 통합 시스템)

① 융합 상품의 발생 이유

수익을 위한 노력	제품만 제공하는 것으로 기업이 원하는 수익을 달성하기에 제약이 있으므로 융합 상품을 통해 제약을 극복하려고 노력
새로운 상품의 개발	기존의 제품을 융합해서 신상품을 개발
새로운 가치의 창조	몇 개의 제품을 융합함으로써 기존 제품이 지닌 것과 다른 차원의 새로운 가치를 창조
혁신 추구	융합 상품의 개발은 혁신으로 연결 예 스마트폰이 카메라 + 컴퓨터 + 전화기 + 센서의 융합
새로운 가치 사슬 (value chain)의 창조	제조 기업은 기존의 가치 사슬의 제약을 융합 상품을 통해 새로운 가치 사슬로 전환하기 위해서 노력

👆 가치 사슬 비교

기존의 가치 사슬	새로운 가치 사슬
제품	솔루션
산출물	결과물
거래	관계
공급자	파트너
요소	생태 시스템

② 융합 상품의 형태 ★★★

제품 + 제품의 융합	복합기 = 프린터 + 복사기 + 팩스 + 스캐너
서비스 + 서비스 융합	의료관광 = 의료 서비스 + 관광 서비스, 실버타운, 복합문화공간
제품 + 서비스 융합	• 제품 중심의 융합 : 아이팟 + 아이튠스, 비행기 엔진 + 정비 서비스 • 서비스 중심의 융합 : 공연 + CD
제품의 서비스화 (product servitization)	제품 또는 제품의 기능을 서비스화하여 제품과 서비스가 결합된 형태 예 정수기의 렌털 방식, 자동차에 유비쿼터스 환경을 구현, 엘리베이터 유지보수
서비스의 제품화 (service productization)	서비스를 강화하기 위해 제품을 부가하거나 서비스를 자동화하여 서비스를 대량 생산하는 제조업화를 추구하는 형태 예 키오스크, 농촌 체험 마을 관광 상품, 터치패드

> **✎ 알아두기**
>
> 서비타이제이션(servitization) ★
> - 서비타이제이션은 제품과 서비스의 결합(product servitization), 서비스의 상품화(service productization) 그리고 기존 서비스와 신규 서비스의 결합 현상을 포괄하는 개념이다.
> - 단순히 제품의 서비스화를 추구하는 것만을 의미하는 것이 아니라 비즈니스 수행 방식, 복합적인 제공 방식을 통한 토털 솔루션을 지향하기 위함이다.
> - 서비타이제이션은 제조 기업들이 고객 지향성, 서비스 지향성, 시장 지향성을 높이기 위한 수단으로 전략적 전환을 추구하기 위한 노력으로 발생되었다.
> - 서비타이제이션은 기업이 제공할 수 있는 것을 만드는 것이 아니라 시장·고객이 원하는 것을 제공하기 위한 협업의 모습으로 혁신한다.

③ 융합 상품의 실패 원인

  ㉠ 제공자의 목적만을 고려한 개발

  ㉡ 기업의 여유 자원을 기반으로 한 개발 방식

  ㉢ 목적을 상실한 단순한 융합

  ㉣ 비용 절감만의 목적으로 융합 상품 개발

  ㉤ 가치 증가 없이 경쟁적인 목적으로 서비스 제공의 양만을 증가시키는 융합

④ 융합 상품의 성공 조건 ★

  ㉠ 사용 가치에 집중한 개발

  ㉡ 고객 혜택을 증가시키는 융합

  ㉢ 고객 문제 해결을 위한 토털 솔루션의 제공 목적을 둔 결합

  ㉣ 기업의 내부 자원에 한정하지 않고 고객 문제 해결에 대한 토털 솔루션을 개발하기 위해 다양한 업종과 결합을 모색하는 창의적 접근

핵심 키워드 정리

무형성	서비스를 재화와 구분하는 가장 기본적인 속성으로, 서비스는 보고, 듣고, 만지거나, 냄새를 맡을 수 없는 것이 특징
비분리성	서비스는 생산과 소비가 동시에 일어나므로, 성과 달성을 위해서는 고객의 참여가 항상 필요하다는 것이 특징
소멸성	서비스는 저장하거나, 재판매하거나, 돌려받을 수 없는 것이 특징
이질성	서비스는 변동성으로 인하여 내용과 질을 규격화, 표준화하는 것이 힘들기 때문에 정확히 똑같은 서비스란 존재하기 어려운 것이 특징
탐색 속성	서비스의 3가지 속성 중의 하나로, 구매 전 평가할 수 있는 유형적 특징 예 스타일, 색상, 질감, 맛, 소리 등
경험 속성	• 서비스의 3가지 속성 중의 하나로, 구매 전까지는 평가할 수 없는 특징 • 고객이 구매하는 서비스에 대해 알기 위해서는 반드시 경험을 해야 함. 예 휴가, 라이브 공연, 스포츠 등
신뢰 속성	• 서비스의 3가지 속성 중의 하나로, 서비스를 경험한 후에도 평가하기 어려운 것이 특징 • 종종 실제로 전달되는 편익과 관련이 깊음. 예 상담, 수술, 법률 상담, 금융 투자, 기획 서비스 등
유형성 스펙트럼	• 많은 제품들이 유형적인 특성과 무형적인 특성을 함께 가지고 있다는 개념을 바탕으로 만들어진 것으로, 제품의 주된 특성이 무엇이냐를 기준으로 유형성 중심인지 무형성 중심인지로 구분함. • 교육 서비스와 같이 서비스 속성이 높은 것에서부터 소금과 같이 서비스 속성이 낮은 것으로 구분함.
지속적 경쟁 우위	우수한 서비스 기업이 경쟁자들과는 다르게 제공하는 독특하고 우수한 서비스
서비스 패러독스	서비스 경제의 발달, 경제적 풍요, 기술의 발달에도 불구하고 고객이 체감하는 서비스 품질은 하락하는 현상
서비스 혁명	전체 고용 인구에서 서비스 부문이 차지하는 비중이 50%를 넘는 '서비스 경제'에서는 변동성이 급격한데, 새로운 서비스가 탄생되고, 파급되는 것이 매우 빠른 급진적 변혁을 의미함.
서비스의 제품화	서비스를 대량 생산하는 제조업화를 추구하는 형태
제품의 서비스화	제품 또는 제품의 기능을 서비스화하여 제품과 서비스가 결합된 형태
서비스 패키지	특정한 환경에서 서비스가 재화 및 정보와 함께 결합되어 제공되는 상품의 묶음
서비스 경제	서비스 부문에 의해 경제 활동이 지배되는 경제로 전체 노동력의 50% 이상이 서비스 부문에 종사하는 경제
가치 흐름	제품을 생산할 때 공급자로부터 고객에 이르기까지 자재와 정보의 흐름
PI(Process Innovation)	좋은 제품을 더 빠르고 저렴하게 만들 수 있도록 고객 중심으로 업무처리 방식을 개혁하는 활동

C

일반형

01 다음 중 다양한 서비스 유형에 대한 일반적인 사항들로서 가장 적절한 것은?

① 회원제 서비스의 경우 고객의 충성도를 향상시키기 어렵다.
② 서비스 수요 변동의 폭을 기준으로 서비스를 분류하기 어렵다.
③ 공공 서비스는 서비스의 대상을 기준으로 분류할 경우에 해당된다.
④ 고급 식당에서 제공하는 서비스는 고객별 서비스의 변화 정도가 높다.
⑤ 고객 참여도가 낮은 서비스의 경우 표준화된 서비스를 제공하기 어렵다.

02 다음 중 서비스업에 대한 내용으로 가장 적절한 것은?

① 서비스는 제조업체에서 필요악이다.
② 임대의 개념으로 서비스를 보는 것은 적절하지 않다.
③ 새로운 직업의 대부분이 서비스에 의해 창출되고 있다.
④ 도시화의 진전은 서비스업의 성장에 있어 저해 요인이다.
⑤ 첫 구매 시, 유형재로서의 제품에 비해 서비스의 경우 고객 기대 관리가 더욱 용이하다.

03 다음 중 서비스 경제 현상에 대한 설명으로 적절한 것은?

① 제조 기업의 부가 서비스가 감소한다.
② 많은 제조 기업들이 서비스 기업화되고 있다.
③ 전통적인 서비스업이 지속적으로 시장에 증가한다.
④ 소비자 욕구의 다양화는 서비스 경제 현상의 원인이 될 수 없다.
⑤ 후진국에 비해 일반적으로 선진국에서 서비스 경제 현상이 감소한다.

04 호로비츠의 서비스 분류와 운영에 해당하지 않는 항목은?

① 일반화된 서비스
② 안정된 서비스
③ 개인화된 서비스
④ 서비스 유형별 서비스 지원 관리 전략과 선택
⑤ 기대 이상의 서비스

05 다음 중 서비스 패러독스에 대한 설명으로 가장 적절한 것은?

① 공업화는 서비스 패러독스의 중요한 발생 원인이다.
② 기술이 발전함에 따라 서비스 패러독스를 해결할 수 있다.
③ 서비스 패러독스를 해결하기 위해 서비스 표준화를 중시해야 한다.
④ 서비스의 고객 지향성을 서비스 패러독스의 한 요인으로 제시할 수 있다.
⑤ 서비스의 인간성 회복이 서비스 패러독스를 해결할 수 있는 방법으로 지지되고 있다.

06 다음은 생산과 소비의 동시 발생이라는 서비스 특성과 관련된 설명이다. 가장 적절한 것은?

① 서비스 생산 과정에 고객의 참여를 제한해야 한다.
② 미리 서비스를 생산, 검사한 후 고객에게 제공해야 한다.
③ 서비스 활동의 비가시적 부분을 고객은 자세히 평가한다.
④ 서비스는 재고로 저장이 가능하기 때문에 수요 변화에 대응하기 쉽다.
⑤ 고객과 접촉 과정에서 품질이 결정되므로 현장 직원이 조직 성공의 핵심 요인이다.

07 다음 중 서비스 패러독스(service paradox)가 발생하게 된 원인으로 가장 적절한 것은?

① 셀프서비스 증가
② 고객의 기대 감소
③ 숙련된 서비스 제공자 일선 배치
④ 개인의 요구에 맞춘 서비스 개별화
⑤ 서비스 생산 및 제공 과정에서 인간 존중

08 다음 중 고객 접촉과 관련된 설명으로 가장 적절한 것은?

① 고접촉 시스템은 안정적 서비스 생산이 가능하다.

② 고접촉 시스템은 저접촉 시스템보다 제어하기 쉽다.

③ 저접촉 시스템에서 고객의 관여가 많아 서비스 품질에 영향을 미칠 수 있다.

④ 저접촉 시스템은 서비스 설계 시 서비스 자체뿐만 아니라 주변 환경을 중요하게 고려해야 한다.

⑤ 고객 접촉도란 고객에게 서비스가 제공되는 총 시간 중 고객이 시스템에 관여하는 시간의 비율로 정의된다.

09 다음 중 서비스 및 서비스업에 대한 설명으로 가장 적절한 것은?

① 서비스 활동은 산업 사회의 등장과 함께 시작되었다.

② 서비스업은 모든 국가 경제에서 큰 비중을 차지한다.

③ 서비스업은 향후 기술의 급속한 발전에 따라 축소될 것으로 예상된다.

④ 서비스는 제조업에서 파생된 것이므로 제조업의 쇠퇴와 더불어 사라질 것이다.

⑤ 운송과 통신을 포함한 인프라 서비스는 경제 부문을 연계시키는 기본적 연결 고리가 된다.

10 서비스 창출과 제공 과정에서 서비스 제공자와 고객의 상호 작용 등으로 인해 서비스 품질이 일정하지 않고, 변동성이 크게 발생한다. 이러한 서비스 특성을 무엇이라고 하는가?

① 유형성   ② 무형성

③ 이질성   ④ 비분리성

⑤ 소멸성

11 다음 중 러브락의 서비스 분류에 대한 분류 기준으로 적합하지 않은 것은?

① 서비스 행위의 성격에 따른 분류

② 고객과의 관계 유형에 따른 분류

③ 고객별 서비스의 변화와 재량의 정도에 따른 분류

④ 서비스 프로세스에 따른 투입 요소별 분류

⑤ 서비스 제공 방식에 따른 분류

12 다음 중 서비스의 기본적 특성과 관리적 이슈를 적절하게 연결한 것 중 적합도가 가장 높은 것은?

① 무형성 : 서비스는 특허를 낼 수 없다.
② 이질성 : 서비스는 분권화를 해야 할 상황이 많다.
③ 소멸성 : 서비스는 전시하고, 전달하는 것이 쉽지 않다.
④ 비분리성 : 서비스 품질은 통제 불가능한 많은 요인에 영향을 받는다.
⑤ 이질성 : 수요와 공급을 맞추기가 어렵다.

13 다음 중 서비스 유형에 따른 관리 방안으로 가장 적절한 것은?

① 호텔 및 콘도와 같이 많은 자본 투자가 이루어지는 서비스업은 성수기에 수요를 최대화하는 것이 중요하다.
② 시중 은행과 같이 많은 직원이 필요한 서비스업은 교육 및 인력 관리가 중요하다.
③ 상호 작용과 고객화가 높은 서비스업은 직원의 이직률을 낮추기 위해 엄격한 상하 관계 관리가 중요하다.
④ 상호 작용과 고객화가 낮은 서비스업은 서비스 제공 인력의 전문성을 높이고, 수평적 상하 관계 관리가 필요하다.
⑤ 고객 접촉도가 높은 서비스업의 업무 효율성 제고를 위해 모든 부문의 접촉 강화 전략이 필요하다.

14 다음 중 서비스 특성에 따른 관리 문제에 대한 설명이 가장 부적절한 것은?

① 서비스는 유통 경로가 없고, 지역적으로 서비스 범위가 제한됨으로써 규모의 경제 효과를 기대하기 어렵다.
② 서비스는 생산 및 소비 과정을 분리할 수 없어 재고 보유가 어렵기 때문에 피크 수요에 대한 대응이 어렵다.
③ 서비스는 산출 표준 설정이 어렵기 때문에 고객에게 다양한 서비스를 제공하기 어렵다.
④ 서비스는 무형적이기 때문에 고객에게 서비스를 설명하고, 이해시키기 어렵다.
⑤ 서비스는 생산 과정에 고객이 참여하기 때문에 생산 효율성이 낮다.

15 다음 중 온라인 서점과 오프라인 서점의 비교 설명이 가장 적절한 것은?

① 오프라인 서점과 온라인 서점 모두 고객과 가까운 곳에 위치해야 한다.

② 오프라인 서점과 온라인 서점 모두 셀프서비스를 통해 고객 참여를 최대화할 필요가 있다.

③ 오프라인 서점은 고객 접촉 시간이 적지만, 온라인 서점은 고객 접촉 시간이 많다.

④ 오프라인 서점보다 온라인 서점 직원의 고객 응대가 더 중요하다.

⑤ 오프라인 서점은 시간당 최대 수요에 맞춰 수용 능력을 계획해야 하지만, 온라인 서점은 수요 및 수용 능력이 중요하지 않다.

16 다음 중 서비스 패키지와 관련된 설명으로 가장 적절한 것은?

① 서비스 패키지란 서비스의 무형성을 보완하기 위한 촉진 제품을 의미한다.

② 기본 시설이란 서비스 제공 이전에 반드시 갖추어야 하는 스키장 리프트, 항공기 등과 같은 물리적 자원들을 의미한다.

③ 보조 용품이란 서비스 제공자의 업무 효율성을 제고하기 위해 활용되는 물품이다.

④ 명시적 서비스란 고객이 심리적으로 느끼는 혜택이나, 서비스의 외관적 특색을 의미한다.

⑤ 묵시적 서비스란 서비스를 받은 후 감각에 의해 직접적으로 알 수 있는 것으로 서비스의 본질적이고, 핵심적인 특색이다.

17 과거에 비해 서비스 종류가 훨씬 더 다양해지고, 기술의 발전에 따라 보다 편리한 서비스를 제공함에도 불구하고 고객 만족은 떨어지고 불만이 높아지는 현상을 다음 중 무엇이라고 하는가?

① 서비스 패러독스   ② 서비스 융합 개발 방식

③ 서비스 패키지   ④ 서비스 경제 시대

⑤ 서비스 삼각형

18 다음 중 서비스 산업의 발전 배경으로 적절하지 않은 것은?

① 제조 자동화로 제조업의 부가가치는 더욱 상승하여 서비스 산업의 성장을 견인하였다.

② 서비스업의 고용 및 부가가치가 증대됨에 따라 경제의 중심축이 서비스 산업으로 이동하였다.

③ 소득증가로 인한 교육수준 향상, 여가활동 증가 등 의식의 변화로 서비스 수요가 증대되었다.

④ 선진국들은 서비스 산업의 성장을 위해 다양한 정책과 지원을 제공하였다.

⑤ 산업구조의 고도화로 생산과정의 분화는 더욱 촉진되었고, 기업의 생산활동에서 서비스에 대한 수요가 증가하였다.

19 서비스의 유형을 분류하기 위해 매트릭스를 작성 활용하는 이유로 옳지 않은 것은?

① 고객의 관심 유도　　　　② 수요 관리의 중요성

③ 정보 기술의 활용　　　　④ 부가 서비스 영역의 증가

⑤ 고객 접촉도에 따른 접점 관리

20 소규모의 시장에 대한 특화된 상품을 가지고 시장 영역을 만드는 전략으로 시장의 비어 있는 공간을 의미하는 용어는?

① 틈새시장　　　　　　　② 시장 세분화

③ 타깃 마케팅　　　　　　④ 포지셔닝

⑤ 제품 차별화

21 현대적 서비스 산업의 특징으로 적절하지 않은 것은?

① 노동집약적인 서비스가 자동화 서비스로 전환되었다.
② 지역적 범위를 넘어서 다양한 종류와 범위의 서비스 제공한다.
③ 특정한 인적 서비스에 한정되어 대규모의 투자를 유치하기 어렵다.
④ 거대화된 서비스 기업은 서비스 제공에 필요한 생산 시스템을 보유하였다.
⑤ 거대화된 서비스 기업은 과거에 비해 상당한 하드웨어(기계, 설비, 장치 등)를 보유하였다.

22 융합상품 형태의 사례로 맞지 않은 것은?

① 제품의 서비스화 : 정수기의 렌털 방식, 자동차 유비쿼어스 방식
② 제품 + 서비스 융합 : 공연 + CD, 아이팟 + 아이튠스
③ 제품 + 제품 융합 : 프린터 + 복사기 + 팩스
④ 서비스의 제품화 : 키오스크, 터치패드
⑤ 서비스 + 서비스 융합 : 농촌 체험마을 관광 상품

O / X 형

[23~27] 다음 문항을 읽고 옳고(O), 그름(X)을 선택하시오.

23 서비스 경제는 매우 급진적으로 변동하였으며, 새로운 지식과 정보를 강조하는 서비스 우위로 전환되고 있다. (① O ② X)

24 서비스 패키지는 고객 경험을 중심으로 명시적 서비스와 묵시적 서비스로 구성되며, 추가적으로 지원 설비, 정보, 보조용품으로 구성된다. (① O ② X)

25 서비스 경제 환경에서 기업의 생존 전략 중 하나는 서비스업보다 제조업종으로 전환하는 것이다. (① O ② X)

26 제품을 생산할 때 공급자로부터 고객에 이르기까지 자재와 정보의 흐름을 가치 흐름이라고 한다. (① O ② X)

27 PI(Process Innovation)는 좋은 제품을 더 빠르고 저렴하게 만들 수 있도록 고객중심으로 업무 처리 방식을 개혁하는 활동이다. (① O ② X)

[28~32] 다음 보기 중에서 각각의 설명에 알맞은 것을 골라 넣으시오.

> ① 서비스 패러독스　　② 이질성　　③ 서비타이제이션(Servitization)
> ④ 명시적 서비스　　⑤ 묵시적 서비스

28 이것은 경제적·문화적·사회적 요인 등에 의해 야기되며, 서비스의 변화를 극복하기 위해서는 우수한 서비스 요원을 선발하여 훈련을 제공하고, 조직 전체적으로 서비스 수행 과정을 표준화하는 서비스 청사진이 있어야 한다. (　　　)

29 이것은 현대 사회가 과거에 비해 풍요롭고, 경제적인 호황을 누리며, 과거에 비해서 서비스가 다양해졌는데도 오히려 소비자의 불만의 소리가 높아지는 현상을 말한다. (　　　)

30 이것은 융합 상품의 개발 방식을 말한다. 제품과 서비스의 결합, 유/무형 서비스의 상품화 그리고 기존 서비스와 신규 서비스의 결합 현상을 포괄하는 개념이다. (　　　)

31 이것은 외관 혹은 감정 등을 통해 고객이 심리적으로 느끼는 서비스 부분이나, 서비스의 외관적인 특색을 나타내는 것을 말한다. (　　　)

32 이것은 오감을 통해 고객이 직접적으로 인지할 수 있는 서비스 부분으로 서비스의 본질적이고, 핵심적인 부분을 구성한다. (　　　)

33 다음의 기업 서비스 운영 방식을 보고 연상되는 사회 현상은?

> 직원들에게 "고객은 왕이다."라고 고객 만족에 대한 당위성만을 강조하는 것은 근로자 자신에 대한 지나친 비하와 사기 저하로 이어질 수 있어, 오히려 고객들이 불편함과 부담감을 느낄 수 있다고 생각한다. 고객이 원하는 것은 무조건 죄송하다는 태도가 아니라 고객 요구의 본질을 이해하고, 고객과 감성적으로 공감하면서도 실질적으로 문제를 해결해 줄 수 있는 '고객 응대 전문가'를 만나는 것이다. 이를 뒷받침하는 사례로써 큰 금액의 민원을 제기한 고객일수록 문제가 신속히 해결되었다고 느꼈을 때 전체 민원 그룹 중에서 95%의 가장 높은 재구매율을 나타냈다는 연구 결과가 있다.
> － 디지털타임스, '(　　)를 극복하려면', 2010. 12. 15.

① 서비스 경제 현상　　② 서비스 패러독스
③ 서비스 스케이프　　④ 묵시적 서비스
⑤ 서비스 디자인

통합형

[34~35] 다음 사례를 읽고, 물음에 답하시오.

> 국내 굴지의 커피 전문점인 S사에는 고객의 입맛에 맞지 않는 커피가 제공되면 언제든지 고객이 원하는 맛의 커피로 바꾸어 주는 서비스를 제공하고 있다.
>
> 현재 지점에서 다음과 같은 상황이 발생하였다. 조금 전 한 고객이 회원들에게 무료로 제공되는 커피 샷 추가 서비스와 우유 추가 서비스를 통해 작은 사이즈의 커피를 주문하면서 큰 사이즈의 커피와 같게 만들어 달라는 주문을 하였다. 평소 이와 같은 고객의 요구가 못마땅했던 매장 직원은 회사의 정책을 들어 해당 요구를 거절하였는데 고객은 매장 직원에게 강한 불만족을 표현하고 있는 상황이다.
>
> S사에서 제공하는 커피의 사이즈는 다음과 같다.
> • A size – 커피 샷 2잔 + 우유
> • B size – 커피 샷 3잔 + 우유

34 고객은 매장 직원이 거절하였을 때 큰 사이즈의 커피를 먹는 것보다 작은 사이즈의 커피에 샷 추가를 한 후 우유를 넣는 것이 입맛에 맞는다며 자신이 원하는 방법으로 커피를 만들 것을 주문하였다. 다음 중 매장 직원의 응대 방법으로 가장 적절한 것은?

① 모든 고객의 입맛은 상황에 따라 변할 수 있어 고객의 요구를 들어주는 것이 맞다.
② 원하는 맛의 커피로 바꾸어 주는 서비스가 있으므로 고객의 요구를 들어주는 것이 맞다.
③ 회사의 정책에서도 이 사례가 나와 있기 때문에 고객의 요구를 들어주지 않아도 된다.
④ 모든 고객의 입맛을 만족시키는 것은 불가능하므로 고객의 요구를 들어주지 않아도 된다.
⑤ 메뉴에 고객의 요구에 가장 근접하는 제품이 있으므로 고객의 요구를 들어주지 않아도 된다.

35 고객의 요구에 맞게 서비스를 제공하지 못하는 경우 고객이 그 자리에서 강하게 불만족을 표출하여 일선 직원과 마찰이 발생하곤 한다. 위에서 제시한 사례와 같이 동일한 매뉴얼을 사용함에도 불구하고 발생하는 문제는 다음 중 어떤 원인으로 발생하는 것인가?

① 서비스는 제공하는 순간 사라져 버리기 때문에 발생하게 된다.
② 서비스를 제공받는 고객들의 상황이 항상 일정하지 않기 때문에 발생하게 된다.
③ 서비스가 고객과 직접 접촉을 통해 제공되므로 고객의 불만족은 항상 발생하게 된다.
④ 서비스는 눈에 보이지 않아 실제 고객의 요구가 얼마나 충족되는지 알 수 없기 때문이다.
⑤ 서비스는 촉진 제품을 사용하므로 이에 따라 고객의 불만족이 발생할 수 있기 때문이다.

SMAT
Module C
서비스 운영전략

서비스 프로세스 설계
및 품질 관리

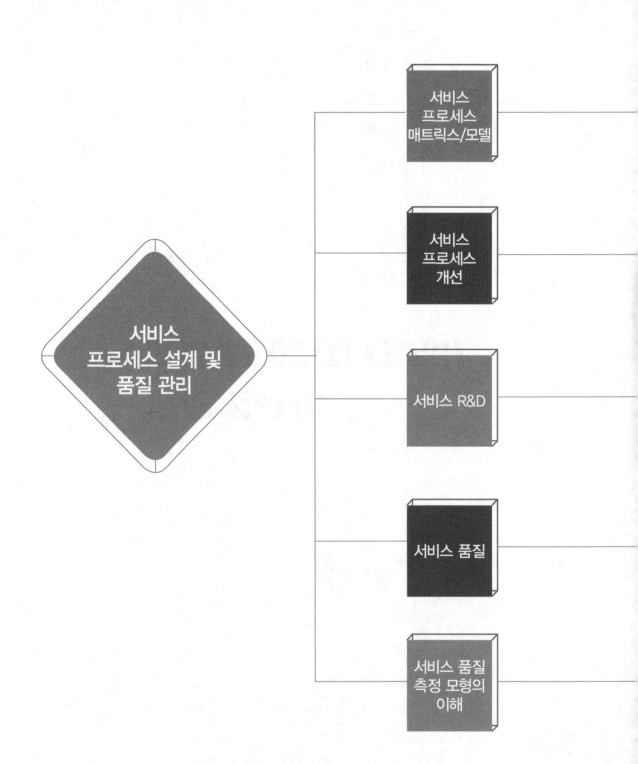

서비스 프로세스
- 서비스 프로세스의 정의 ★★
- 서비스 프로세스의 중요성 ★★

서비스 프로세스 매트릭스
- 기능적 사고에서 프로세스적 사고로 전환 ★
- 슈매너의 서비스 프로세스 매트릭스 ★★★
- 4개 영역의 특징과 고려해야 할 점 ★★★

서비스 디자인
- 서비스 디자인의 개념 ★
- 서비스 디자인 도구들 ★

서비스 청사진을 이용한 서비스 프로세스의 설계
- 서비스 청사진의 개념 ★
- 서비스 청사진의 구성 ★

서비스 프로세스의 재설계
- 서비스 프로세스 재설계의 이해 ★

서비스 프로세스 개선
- 개선의 시작점 ★
- 서비스 프로세스 개선의 6단계 ★

서비스 프로세스 개선을 위한 도구 ★

서비스 R&D의 개념
- 서비스 R&D의 정의 ★
- 서비스 혁신의 수준 ★
- 서비스 R&D의 활동 ★

신서비스의 개발

가치 공동 창조와 신서비스 개발
- 가치 공동 창조의 개념 ★
- 가치 공동 창조의 3요소 ★
- 상호작용 ★★

가치 공동 창조 성과의 경영상 의미
- 서비스 맥락의 유형 ★
- 경영상의 의미 ★

서비스 품질에 대한 이해
- 서비스 품질의 특성 ★★
- 서비스 품질의 개선 방법 ★
- 서비스 품질 속성 ★★

전사적 품질 경영
- 서비스 품질 삼박자 ★★

서비스 품질 비용
- 서비스 품질 비용의 종류 ★★★
- 불량 품질 비용 ★

서비스 품질의 측정 ★★

서비스 품질 측정 모형
- 서브퀄 모형 ★★

서비스 품질의 갭(Gap) 모형
- 서비스 품질 갭 모형의 이해 ★★
- 갭의 유형별 발생 원인과 해결 방안 ★★

서비스 프로세스 매트릭스/모델

★★★ 최빈출 ★★ 빈출 ★ 필수

출제 & 학습 포인트

출제포인트

1장 서비스 프로세스 매트릭스/모델에서는 서비스 프로세스의 개념과 서비스 프로세스 매트릭스의 출제 빈도가 높습니다.

학습포인트

1 서비스 프로세스의 정의를 정확히 이해하고, 그 중요성에 대해 학습합니다.

2 노동 집약도의 정도와 상호 작용 및 고객화의 정도로 구분한 서비스 프로세스 매트릭스를 학습합니다.

3 서비스 프로세스 매트릭스의 4개 영역의 특징과 경영 문제 발생 시 고려해야 할 점을 학습합니다.

4 서비스 디자인의 개념을 이해하고, 서비스 디자인의 도구들을 학습합니다.

5 서비스 청사진의 개념을 이해하고, 서비스 청사진의 구성을 학습합니다.

1 서비스 프로세스

(1) 서비스 프로세스의 정의 ★★

① 서비스 프로세스는 서비스 목적을 달성하기 위해 수행해야 하는 순차적 서비스 단계를 의미한다.

② 서비스 프로세스는 가치의 흐름으로 이해해야 한다.

③ 서비스 프로세스의 대표적인 가치 지향은 고객 만족, 고객 문제 해결, 고객 경험, 가치 창조 등이 있다.

④ 서비스 프로세스의 목적을 달성할 수 있는 적합한 업무 흐름이나 절차를 설계하고, 환경적 변화나 프로세스의 목표 및 수단들의 변경을 반영하여 재설계를 한다.

(2) 서비스 프로세스의 중요성 ★★

① 서비스는 고객과 상호 작용이 필요하므로 서비스 프로세스는 결과 품질뿐만 아니라 과정 품질 및 고객 경험에 영향을 준다.

② 잘못 설계된 서비스 프로세스는 고객 불만을 유발할 가능성이 높다.

③ 서비스 프로세스는 직원의 업무 수행과 생산성에 영향을 준다.

④ 서비스 프로세스 설계는 직원과 고객의 역할을 동시에 고려해야 한다.

⑤ 서비스 프로세스의 각 단계에 고객 요소와 고객 가치가 잘 반영되어야 한다.

⑥ 서비스 프로세스의 순서와 절차의 배열은 고객 경험과 결과에 중요한 영향을 준다.

⑦ 잘못된 서비스 프로세스로 인한 내부직원의 업무수행과 성과의 감소는 외부고객에게 제공되는 서비스 품질 저하로 연결될 수 있다.

(3) 가치 흐름에 따른 서비스 프로세스 설계 단계

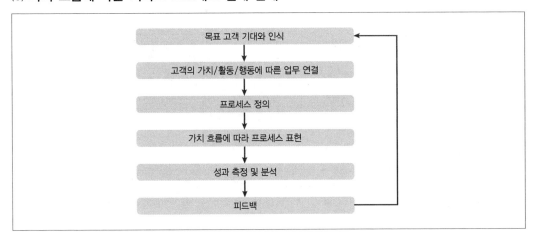

2 서비스 프로세스 매트릭스

(1) 서비스 프로세스 설계를 위한 관점의 전환

👆 기능적 사고에서 프로세스적 사고로 전환 ★

기능적 사고	프로세스적 사고
'나' 중심의 관점	'고객' 중심의 관점
개인적, 기능적 작업에 집중	전체적 성과와 업무의 연결에 집중
분리	연결
부분적 절차	서비스 프로세스에서 업무 흐름
순차적 발생	동시적 발생
누구의 잘못인가?	무엇이 잘못인가?, 어떻게 개선할 것인가?
나의 작업, 원가, 시간 등의 최소화	전체 작업, 원가, 시간 등의 최소화
내부적 갈등 대응	경쟁사와의 경쟁 대응
부분 최적화	전체 최적화

(2) 슈매너(Schmenner)의 서비스 프로세스 매트릭스 ★★★

상호 작용과 고객화의 정도

		낮음.		높음.	
노동 집약도의 정도	낮음.	**서비스 공장** • 항공사　• 트럭 운송 • 호텔		**서비스 숍** • 병원　• 자동차 정비소 • 수리 서비스 센터	
	높음.	**대량 서비스** • 소매업　• 도매업 • 학교　• 은행의 소매 분야		**전문 서비스** • 의사　• 변호사 • 회계사　• 건축가	

(3) 4개 영역의 특징과 고려해야 할 점 ★★★

유형	특징
서비스 공장	상호 작용과 고객화의 정도가 낮고, 노동 집약도도 낮음. 예 항공사, 트럭 운송, 호텔 등
대량 서비스	상호 작용과 고객화의 정도가 낮고, 노동 집약도는 높음. 예 소매업, 도매업, 학교, 은행 등의 소매 분야
서비스 숍	상호 작용과 고객화의 정도가 높고, 노동 집약도는 낮음. 예 병원, 자동차 정비소, 수리 서비스 센터 등
전문 서비스	상호 작용과 고객화의 정도가 높고, 노동 집약도도 높음. 예 의사, 변호사, 회계사, 건축가 등 전문적 서비스 영역

유형	경영 문제	고려해야 할 점
서비스 공장	• 성수기에는 공급 부족으로 기회 상실 • 비수기에는 수요 부족으로 공급 자원의 유휴화 문제가 발생	• 서비스 공급 능력이 비탄력적 • 대규모 시설 투자가 수반되는 업종이므로 서비스 제공 능력을 일정 수준으로 유지
대량 서비스	• 적합한 인력 공급이 중요 • 매뉴얼이나 표준적 운영 절차의 수립이 성공에 중요한 요소	• 높은 노동 집약도와 의존도로 종업원의 역량 중요 • 적합한 종업원을 선발하고, 육성하여 양질의 서비스가 전달될 수 있도록 노력
서비스 숍	• 고객화 서비스는 표준화되기 어려운 특징 • 일선 직원에 대한 임파워먼트의 수준, 매뉴얼의 표준화, 통제 등의 어려움 발생	상호 작용과 고객화의 정도가 높기 때문에 비용 증가와 품질 유지에 노력
전문 서비스	• 전문 서비스 영역에서 고객 문제의 해결 과정은 다양한 접근법이 사용될 수 있으므로 표준화된 서비스 프로세스 수립이 어려움. • 통제 가능성이 낮은 전문가들의 충성도를 높이는 것이 어려움.	표준화된 프로세스와 전문가들의 충성도 향상 방안 모색

⑷ 표준화와 고객화 전략

① 표준화

　㉠ 서비스 표준화는 서비스 전달 과정을 표준화하여 모든 고객들이 동일하고, 일관된 서비스를 받을 수 있도록 설계한 서비스 프로세스이다.

　㉡ 서비스 표준화 전략은 기업의 서비스 생산성증가, 업무의 효율성 및 합리적인 경영을 위한 목적으로 주로 사용된다.

　㉢ 대량의 서비스 생산을 목적으로 하고, 대다수 프랜차이즈 형식의 서비스 사업이 이에 해당한다.

　㉣ 불특정 다수의 고객을 대상으로 하여 서비스 대중화 전략이라고도 한다.

　㉤ 특정 범위의 업무가 반복되고, 검증된 효율적인 방법이 있을 경우 표준화된 서비스 프로세스가 용이하다.

　㉥ 표준화 전략의 사례에는 맥도널드, 스타벅스, 애플리케이션을 활용한 온라인 고객 접점 서비스 등 있다.

② 고객화

　㉠ 고객의 다양한 요구에 효과적으로 응대하기 위하여 고객의 욕구 및 관심 사항을 우선적으로 고려하여 설계하는 것을 말한다.

　㉡ 기업은 고객의 관점에서 서비스 프로세스를 설계하고 고객의 요구와 기대수준을 반영한 고객이 정의한 서비스 표준에 의해 관리해야 한다.

　㉢ 서비스 산업 사회의 많은 영역에서 고객화 서비스 프로세스가 증가될 가능성이 높다.

　㉣ 표준화 프로세스에 비해 직원들에게 더 많은 권한이 주어지므로 고객들의 요청에 신속하고 유연한 대응이 가능하고, 고객들은 개인적이고 차별화된 서비스를 받을 수 있게 된다.

　㉤ 고객화 전략의 사례에는 퍼스널 쇼퍼, 리츠칼튼 호텔(고객 접점에서 근무하는 직원에게 최대한 재량권 부여)

3 서비스 디자인

⑴ 서비스 디자인의 개념 ★

① 서비스는 하나의 프로세스로 좋은 서비스 전달을 위해 전달 과정의 효과적인 디자인이 필요하다.

② 서비스 프로세스를 디자인하기 위해서는 특정 요소, 연결 고리, 업무 흐름표 등과 같은 도구를 이용해 시각화와 모형화한다.

③ 무형적 서비스 프로세스를 모형화하고, 시험 및 시뮬레이션하는 도구들의 활용은 서비스 성과를 사전에 예측하고 효과적인 서비스 프로세스를 개발하게 한다.

(2) 서비스 디자인에 대한 접근법

기계적 접근법	• 서비스를 하나의 제품으로 인식하며, 제품의 완성을 위해 디자인하듯이 접근한다. • 서비스가 전체에서 차지하는 의미나 서비스 간의 연결성에 대한 고려는 하지 않는다.
전체적 접근법	• 서비스를 하나의 큰 서비스에 포함된 개념으로 인식하여 설계한다. • 인적 요소, 물적 요소, 연결 관계 등을 포괄하여 개발하는 접근법이다. • 인적 요소는 소비자, 서비스 제공자, 이해관계자 등이 포함되고, 물적 요소에는 사용 도구, 설비와 장비, 서비스 스케이프 등이 포함된다. • 인적 요소와 물적 요소의 연결 관계도 설계에서 고려되어야 할 요소이다.
통합적 접근법	실무적으로는 기계적 접근법과 전체적 접근법을 통합적으로 사용하는 것이 더 효과적 이다.

(3) 서비스 디자인의 요소

요소	내용
가치 중심성	• 서비스 디자인은 가치를 중심으로 구성 • 서비스 내에서 발생하는 가치 흐름의 결합을 중심으로 구성되고 표현
관계 지향성	• 참여자 및 관련 자원의 관계로서 서비스 네트워크를 따라 형성되는 단계에서 가치가 전달 • 독립적인 서비스를 서로 결합하여 더 복잡한 서비스로 확장 • 하나의 서비스 네트워크는 다른 서비스 네트워크와 결합되어 더 넓은 영역의 서비스 네트워크를 형성 • 관계 네트워크를 통해 서비스의 가치는 범위를 확장
지속성	서비스 디자인의 가치는 단발적으로 발생하고 소멸하는 것이 아니라 서비스의 전체 단 계에서 지속적으로 순환되고 발전

(4) 서비스 디자인 프로세스

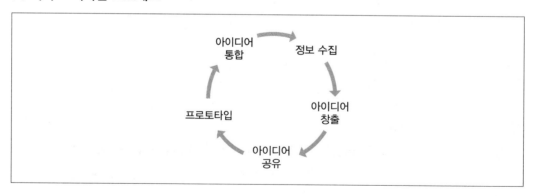

1단계	정보 수집	각 분야의 현장을 직접 관찰 또는 참여 관찰법을 활용하여 정보 수집
2단계	아이디어 창출	• 수집된 정보를 바탕으로 아이디어 창출 • 필요한 서비스와 실행할 주체, 전달 방법 등에 대한 전반적인 아이디어 창출
3단계	아이디어 공유	맵과 여정을 통해 아이디어를 공유하여 이해관계자들의 반응을 확인
4단계	프로토타입	제품이 확정되어 출시되기 전까지 제안된 제품을 시험하고 제품 콘셉트를 개선하는 데 사용
5단계	아이디어 통합	• 프로토타입을 통해 나타난 최종적인 수정을 반영하여 서비스 프로세스 개발 프로젝트 완성 • 출시 후 성공적 수행 관찰

(5) 서비스 디자인 도구들 ★

도구 명칭	내용
이해관계자 지도	• 특정 서비스와 관련된 다양한 이해관계자 그룹을 시각적 또는 물리적으로 표현 • 직원, 고객, 파트너, 이외의 이해관계자들을 표시하고 관계를 도식화해 분석
서비스 사파리	• 조사자가 고객의 입장이 되어 현장을 체험 • 현장의 서비스를 고객 입장에서 체험하면서 좋은 경험과 나쁜 경험을 그대로 기록하며 경험
쉐도윙	• 조사자가 관찰자 입장에서 고객이나 직원이 인지하지 못했던 문제점을 파악 • 관찰의 대상은 고객, 직원, 후방 직원이 모두 포함되고 서비스 프로세스의 전반적인 것을 파악
고객 여정 지도	사용자가 서비스와 상호 작용하는 터치 포인트를 발견하여 이들을 연결해 전체적인 서비스 경험을 시각적으로 설명
맥락 인터뷰	서비스 과정 중에 특정 상황이나 맥락에서 인터뷰를 진행하며, 조사는 질문과 관찰을 동시에 사용
5 Whys?	문제에 대한 근본적인 원인과 동기를 밝히기 위해 사용자 경험을 이용해 질문을 제기하는 것
문화적 조사	사용자들이 포함된 참여자들에게 정해진 기간 동안 일상을 잘 기록해서 정보를 탐색하여 수집
모바일 민족지학	참여자들에게 스마트폰을 제공하고 시간과 장소에 관계없이 사용자 중심의 정보를 수집
일상의 하루	특정 고객의 일상을 폭 넓게 기록하여 '일상의 하루'에 대한 가능한 많은 통찰을 얻기 위해 실시
기대 지도	고객이 서비스에 대해 갖는 기대를 조사하여 도식화
페르소나	고객 집단을 관심사에 따라 분류한 뒤 이를 하나의 '캐릭터'로 발전시키는 방법
아이디어 발상	브레인스토밍(brainstorming)을 체계적으로 운영하여 통찰을 얻는 방법

만약에 ~라면	What if~는 시나리오를 탐구하기 위해 문제를 제기하는 방법
디자인 시나리오	• 서비스가 지닌 현재 문제를 해결하기 위한 시나리오 작성 • 프로토타입 시나리오로 새로운 서비스에 대한 시나리오 작성
스토리보드(storyboard)	어떤 사건의 특정 상황을 시각화한 것
서비스 모형	서비스 상황을 실제처럼 모형화한 것으로 서비스 스케이프를 축소한 입체 모형
서비스 프로토타입	완성된 서비스를 실제 사용자들이 참여하여 시뮬레이션으로 경험하게 하는 것
서비스 시연(staging)	서비스 디자인팀, 서비스 직원, 고객들을 참여시켜 시나리오와 프로토타입을 실제로 경험해 보는 것
Agile 개발	고객 요구의 변화와 사용자 조사를 서비스 디자인에 적용함으로써 프로젝트가 지속적으로 발전할 수 있도록 하는 반복적 방법론
공동 창조	공동 창조의 참여 대상은 직원, 디자이너, 경영진, 고객, 이해관계자 등
스토리텔링(storytelling)	고객의 일상, 직원의 경험, 서비스의 경험 요소 등의 모든 측면을 설득력 있게 이야기로 구성
서비스 청사진	서비스 전달 과정을 상세하게 묘사하는 방법
서비스 역할극	직원들이 서비스를 이해하고, 개선할 수 있도록 지원하기 위해서 롤플레잉(role-playing)을 활용
고객 라이프 사이클맵	고객이 서비스를 처음 접하는 순간에서 최종적으로 이용을 종료하는 시점까지의 여정
비즈니스 모델 캔버스	사업 전략과 서비스 디자인을 일치시키는 도구

4 서비스 청사진을 이용한 서비스 프로세스의 설계

(1) 서비스 청사진의 개념 ★

① 서비스 청사진은 서비스를 생산하고 제공하는 데 필요한 모든 활동과 절차를 구상해 놓은 계획 이다.

② 이 기법은 서비스 과정을 시각화한 것이며 해당 서비스의 모든 단계와 대안들을 제시한다.

③ 가시적 형태로 서비스 전달 프로세스를 묘사하여 서비스 혁신을 수행하기 위한 좋은 도구이다.

④ 서비스 디자인 및 검토과정에서 각 지점의 실패 가능성을 제시하여 실패를 사전에 방지하고 서비스 품질을 높일 수 있다.

⑤ 전 직원이 자신의 업무가 어떻게 고객에게 전달되고 어떤 영향을 미치는지 파악하는 데 효과적인 자료이다.

⑥ 서비스 시스템을 명확히 나타내고 있는 그림 또는 지도로서, 역할이나 관점을 객관화하는 작업이다.

(2) 서비스 청사진의 구성 ★

👆 서비스 청사진

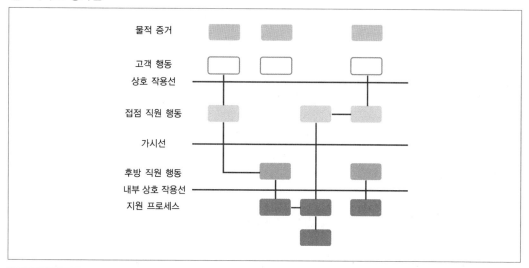

물적 증거	서비스를 받는 동안 고객이 체험하게 되는 다양한 물적 요소
접점 직원 행동	• 고객과 직접 대면하며 서비스를 제공하는 직원 • 접점에서 고객과 상호 작용을 하면서 발생되는 일선 직원의 행위들
후방 직원 행동	• 가시선 밖에서 접점 직원의 수행을 지원하는 직원 • 고객의 요구에 부합되는 서비스 제공에 기여가 되는 지원 부서의 활동
지원 프로세스	• 서비스가 수행되기 위해서는 여러 부서의 기능적 협력이 필요 • 서비스가 수행되기 위해 연결되어 작동되는 기업의 자원과 시스템, 부서들의 지원이 포함됨.
상호 작용선	• 고객과 접점 직원이 만나는 접점을 구분하는 선 • 상호 작용선을 사이에 두고 접점이 형성됨.
가시선	• 고객의 시야 범위를 기준으로 가시와 비가시를 구분 • 가시선 내에서의 활동이 고객에게 관찰됨.
내부 상호 작용선	서비스 현장에서 고객에게 보이지는 않지만 서비스 전달을 위해서 지원 시스템과 후방 직원을 구분
커뮤니케이션 흐름	• 서비스 프로세스에서 정보와 커뮤니케이션의 흐름 • 흐름의 방향에 따라 화살표를 표시
고객 행동	서비스 프로세스에서 발생되는 다양한 고객 행동을 작성

⑶ 서비스 청사진의 작성 순서

1단계	서비스 청사진을 작성할 프로세스를 선정한다.
2단계	프로세스에 참여하는 고객 혹은 고객군을 선택한다.
3단계	고객의 관점에서 고객 행동을 작성한다.
4단계	접점 직원, 후방 직원, 지원 프로세스를 작성한다.
5단계	상호 작용선, 가시선, 내부 상호 작용선을 작성한다.
6단계	정보와 커뮤니케이션의 흐름을 작성한다.
7단계	물적 증거를 작성한다.

🖐 서비스 청사진의 작성 사례 : 호텔

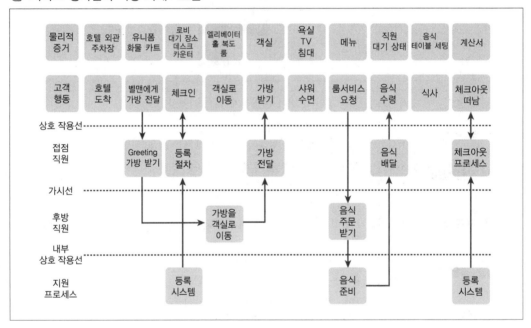

⑷ 서비스 청사진을 활용한 서비스 프로세스 개선 활동

① 서비스 실패가 발생되는 지점을 찾는다.

② 서비스 대기가 발생되는 지점을 찾는다.

③ 서비스 콘셉트의 오해가 발생되는 지점을 찾는다.

④ 고객 가치를 향상시킬 수 있는 지점을 찾는다.

⑤ 서비스 프로세스의 문제점을 발견하고, 개선을 위한 문제 해결 프로세스를 진행한다.

⑥ 실행안을 도출하고, 실행 계획을 수립한다.

서비스 프로세스 개선

출제 & 학습 포인트

★★★ 최빈출 ★★ 빈출 ★ 필수

출제포인트

2장 서비스 프로세스 개선에서는 서비스 프로세스 재설계의 개념과 서비스 프로세스의 개선을 위한 도구의 출제 빈도가 높습니다.

학습포인트

1 서비스 프로세스 재설계의 개념을 이해하고, 재설계의 혜택과 문제점을 학습합니다.

2 서비스 프로세스의 개선의 6단계의 내용을 학습합니다.

3 서비스 프로세스의 개선을 위한 도구의 개념을 이해하고, 각 활용에 대해 학습합니다.

1 서비스 프로세스의 재설계

(1) 서비스 프로세스 재설계의 이해 ★

재설계가 필요한 이유	• 서비스 프로세스가 적합성이 떨어진 경우 • 고객의 기대와 욕구의 변화를 반영해야 할 경우 • 기술적 환경의 변화로 더 나은 프로세스가 필요할 경우 • 새로운 서비스 기능을 추가해야 할 경우 • 새로운 서비스 콘셉트가 필요한 경우
재설계가 추구하는 방향성	• 서비스 실패 원인의 제거 • 서비스 실패의 발생 빈도 감소 • 서비스 생산성 향상 • 서비스 프로세스상의 전체적인 시간 감소 • 고객 만족도 향상

(2) 서비스 프로세스 재설계 방안

가치 창출에 기여하지 않는 단계의 제거	기업 혜택	효율성 증대, 생산성 증대, 고객별 서비스 제공 능력 향상, 차별화
	고객 혜택	효율성과 서비스 속도의 증가, 고객으로부터 기업으로 업무 전가, 고객에 맞춘 서비스 제공
	문제와 도전	효과적이고 원활한 실행을 위해 고객과 직원에 대한 교육이 필요함.
셀프서비스로의 전환	기업 혜택	비용 감소, 품질 유지, 생산성 증가, 기술에 대한 평판의 증대, 차별화
	고객 혜택	서비스 속도의 증가, 접근성 향상, 비용 절약, 통제력 증대
	문제와 도전	고객이 역할을 잘 수행할 수 있도록 충분한 준비를 해야 함, 관계 형성을 위한 대면 기회의 감소, 피드백의 감소

서비스를 고객에게 직접 전달	기업 혜택	위치적 제약성을 극복, 고객 기반의 확장, 차별화
	고객 혜택	편의성 증대, 접근성 증가
	문제와 도전	물류 활동에 대한 부담의 증가, 비용의 증가, 서비스 전달에 대한 신뢰도 구축 요구
묶음 서비스의 제공	기업 혜택	차별화, 고객 유지, 고객당 서비스 이용의 증대
	고객 혜택	편의성 증대, 고객별 차별적 서비스 제공
	문제와 도전	표적 고객에 대한 광범위한 지식 요구, 불필요한 서비스를 제공받는 것으로 인지될 수 있음.
서비스 프로세스의 물적 요소에 대한 재설계	기업 혜택	직원 만족도 증가, 생산성 향상, 차별화
	고객 혜택	편의성 증가, 서비스 전달 기능의 향상, 흥미 유발
	문제와 도전	모방하기 쉬움, 비용이 많이 소요됨, 고객의 기대 수준 증가

2 서비스 프로세스 개선

(1) 개선의 시작점 ★

① 서비스 프로세스를 개선하기 위해서는 고객 관점, 기업 관점, 제도적 관점, 프로세스 관점에 대한 통합적 시각을 갖고 분석을 시작해야 한다.

② 개선의 올바른 방향은 프로세스에 관련된 모든 구성원의 관점을 균형 있게 고려하는 것과 단기적 성과뿐만 아니라 장기적인 성과에도 관심을 두어야 한다.

(2) 분석의 대상

고객 관점	고객의 존재, 고객의 참여, 고객의 요구와 기대 등을 분석
기업 관점	조직 구조, 교육과 훈련, 제도와 운영, 정보화 정도, 표준화 정도
프로세스 관점	• 프로세스가 지닌 존재 목적 • 프로세스의 비전, 성과 표준, 측정과 평가 적합성

(3) 개선할 서비스 프로세스의 선정 방법

① 어떤 서비스가 고객에게 가장 중요한가?

② 서비스를 생산하는 프로세스는 무엇인가?

③ 고객의 눈에 가장 잘 띄는 서비스 프로세스는 무엇인가?

④ 고객이 설정한 성과 기준에 가장 큰 영향을 주는 프로세스는 무엇인가?

⑤ 개선 가능성이 가장 큰 프로세스는 무엇인가?

⑥ 개선의 영향력이 큰 프로세스는 무엇인가?

(4) 서비스 프로세스 개선 과정

① 서비스 프로세스 개선의 6단계 ★

단계	내용
해결 과제 선정	• 개선해야 할 프로세스상의 문제점을 선정한다. • 해결 과제는 다양한 서비스 현상을 근거로 파악해야 한다.
프로세스 Flow chart 작성	• 개선 과제에 대한 현재 상황을 파악하기 위해서 프로세스 흐름도를 작성한다. • 흐름도 작성을 통해 개선 과제의 전후 단계의 연관성을 분석한다. • 전후 단계 연관성 분석을 통해 함께 해결해야 할 문제를 찾는다.
프로세스 As - Is 분석	• 프로세스 흐름도 분석에서 나타난 과제들을 분석한다. • 서비스 프로세스의 현재 상황에 대한 분석을 한다.
Fishbone 원인 분석	• Fishbone 차트를 통해 근본 원인을 찾아낸다. • 원인과 문제의 인과 관계에 대한 분석을 한다.
New Process	• 개선 과제를 해결할 수 있는 새로운 서비스 프로세스를 작성한다.
개선 결과 평가	• 새로운 서비스 프로세스를 실행하고 실행 결과에 대한 평가를 한다. • 실행 결과 평가를 한 결과 원활하게 성과 달성이 되면 서비스 프로세스 개선을 종료한다.

② 데밍(Deming)의 서비스 프로세스 개선(PDCA : plan – do – check – act)

계획 단계 (Plan)	• 서비스 프로세스의 문제점을 파악 • 관련된 도표를 작성 • 브레인스토밍 등의 방식을 사용하여 실행 가능한 문제 해결 방법과 실천 방안을 계획
실행 단계 (Do)	• 계획 단계에서의 실천 방안을 실질적으로 실행해 보는 단계 • 시뮬레이션과 프로토타입을 통해 실행에 대한 분석
확인 단계 (Check)	실행 이후 변화에 대한 성과를 검토하고 평가하여 예상했던 결과와 예상하지 못했던 결과를 구분하여 정리
개선 단계 (Act)	• 실행 결과 성공적이었던 부분은 제도화하여 정착 • 성공적이지 못한 부분에 대해서는 PDCA 순환을 통해 개선

③ 스캠퍼(SCAMPER) 접근법

서비스 프로세스 개선에 스캠퍼 접근법은 유용하게 활용될 수 있다.

접근법	내용
대체 (Substitute)	• 프로세스의 한 부분을 대체하거나 전체 프로세스를 대체하는 방법 • 대체의 대상이 되는 것은 활동, 사람, 공간, 절차, 규정, 정서, 사고방식 등 광범위하게 포함
결합 (Combine)	• 둘 혹은 그 이상의 활동, 과업, 프로세스를 결합하는 방식 • 결합은 목적이 아니며 수단임. • 결합을 통해서 시너지를 낼 수 있는 것을 대상으로 함. • 결합의 대상은 프로세스 내의 활동, 고객 과업, 직원 과업, 공간, 제품, 서비스 등이 포함됨.
적용 (Adapt)	• 한 분야에서 효과적인 활동, 과업, 프로세스를 다른 분야에 적용 • 어떤 원리나 형태를 다른 분야에 적용하는 것이 기본 인식 • 적용의 대상은 분야의 경계를 넘는 범위로 인식해야 함.
수정 (Modify)	• 서비스 프로세스의 경험 요소, 물리적 증거에 변화를 주기 • 서비스 프로세스의 활동이나 과업을 확대하기 • 서비스 프로세스의 과업이나 활동을 축소하기 등과 같은 방법
용도 변경 (Put to other use)	• 서비스 프로세스의 사용 용도를 다른 방법으로 용도 변경 • 조리 도구의 용도 변경으로 난타 공연
제거 (Eliminate)	• 서비스 프로세스의 일부 혹은 전부를 제거하는 것 • 제거의 목적은 비용 절감이 아니라 고객 경험 및 가치 증진에 목적
반대로 (Reverse)	• 서비스 프로세스의 순서나 배열을 반대로 하는 것 • 고객이 찾아오는 서비스를 고객에게 찾아가는 서비스로 전환

3 서비스 프로세스 개선을 위한 도구 ★

(1) 서비스 흐름도(Flow Chart)

① 서비스 프로세스에서 필요한 작업이나 업무 처리의 순서를 통일된 기호와 도형을 사용해서 도식적으로 표시한 것이다.

② 흐름도를 통해 서비스 프로세스를 도식화함으로써 문제의 범위를 정하여 분석하고, 해법을 명확하게 가시적으로 파악할 수 있다.

(2) 피쉬본(Fishbone) 다이어그램

① 개선을 위해 선정된 개선 과제에 대해 근본적인 원인을 발견할 때에 주로 활용된다.

② 개선 과제에 대한 근본 원인은 8Ps로 찾는 것이 바람직하다.(8Ps : service, price, place, promotion, people, process, physical evidence, productivity & quality)

③ 문제가 복잡하거나 많은 데이터가 필요할 경우 특정 문제에 대한 원인을 찾고 문제해결에 집중하여 불필요한 의사결정을 줄여준다.

👆 Fishbone 다이어그램(The 8Ps – used in service industry)

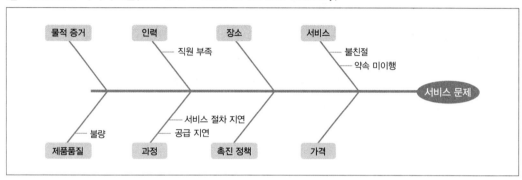

(3) 파레토 차트(Pareto Chart)

① 파레토 차트는 문제 해결에 대한 잠재적 파급 효과나 영향력을 분석하기 위해 사용된다.

② 서비스 프로세스 개선 과제를 발생 빈도, 비용 등의 중요한 속성으로 파악하고, 어떤 것을 우선적으로 해결하는 것이 좋을지를 결정하기 위해 활용할 수 있다.

👆 파레토 곡선(Pareto curve)

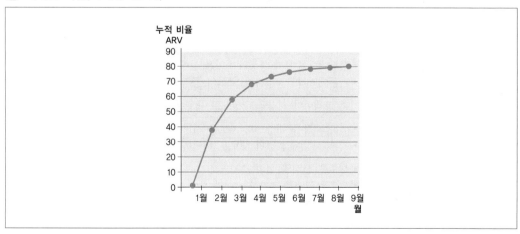

서비스 R&D

출제 & 학습 포인트

출제포인트
3장 서비스 R&D는 파트 2에서 출제 빈도가 높지 않았지만 꾸준하게 출제되는 부분으로 서비스 R&D의 개념과 가치 공동 창조 3요소가 주로 출제됩니다.

학습포인트
1 서비스 R&D의 개념을 이해하고, 다양한 서비스 R&D의 활동을 학습합니다.

2 가치 공동 창조의 개념을 이해하고, 가치 공동 창조 3요소의 특징을 학습합니다.

3 가치 공동 창조 3요소 중 상호 작용에서 기업과 고객 간 효과적인 상호 작용을 위한 DART 모형을 학습합니다.

1 서비스 R&D의 개념

(1) 서비스 R&D의 정의 ★

새롭고 혁신적인 서비스의 개발 또는 서비스 전달 체계의 개선을 목적으로 창의적 지식을 활용하여 수행되는 기술, 문화, 인간, 사회 등의 연구 개발 활동을 말한다.

제품 R&D	요소 기술 개발을 통해 제품 혁신, 공정 혁신을 추구
서비스 R&D	기술 혁신 외에 인문·사회 과학 연구 등을 통해 신서비스 개발, 서비스 전달 체계 혁신을 추구

(2) 서비스 혁신의 수준 ★

급진적 혁신	주요 혁신	• 시장에서 수요가 형성되지 않은 상태에서 새로운 서비스를 출시하는 경우 • 기존에 SNS가 없다가 SNS의 등장으로 SNS 쇼핑몰 등장
	신설 사업	기존 고객이나 시장을 대상으로 새로운 서비스를 비즈니스로 시작하는 것
	기존 시장에 새로운 서비스	• 기존 시장을 대상으로 새로운 서비스를 제공하는 것 • 기존 시장에 없었던 새로운 혜택을 제공
점진적 혁신	서비스 라인 확장	• 새로운 선택 옵션의 추가 • 새로운 코스를 추가하는 것과 같이 기존 서비스 라인에 새로운 기능을 확장하는 것
	서비스 개선	기존 서비스의 특성을 변경하거나 개선하는 것
	스타일 변경	기존 서비스에 대한 고객의 인식, 감정, 태도에 영향을 주는 변화를 시도하는 것

(3) 서비스 혁신의 원동력이 되는 기술들

동력/에너지 기술	모바일 기기에서 배터리 성능의 획기적 향상
물리적 디자인	물리적 환경의 디자인, 서비스 제공 환경의 변화
원자재	친환경, 에너지 절감의 소재 사용
경영 방식	전사적 서비스 품질 관리, PI 방식의 서비스 경영
정보 통신 기술	ICT, 가상 현실 기술, 증강 현실 기술, 사물 인터넷, 빅데이터 분석 등

(4) 서비스 R&D의 활동 ★

교육/훈련 활동	인적 자원의 향상을 위한 연구 활동
서비스 혁신 활동	서비스 개선이나 신서비스 개발을 위한 활동
산업적 활동	기술 확보, 도구의 향상, 디자인, 자본 획득, 마케팅 개선
제품과 기술에 관련된 활동	서비스 유통, 연관 기술의 연구, 융합 서비스의 개발, 제품과 서비스의 융합 연구

2 신서비스 개발

신서비스 개발 과정

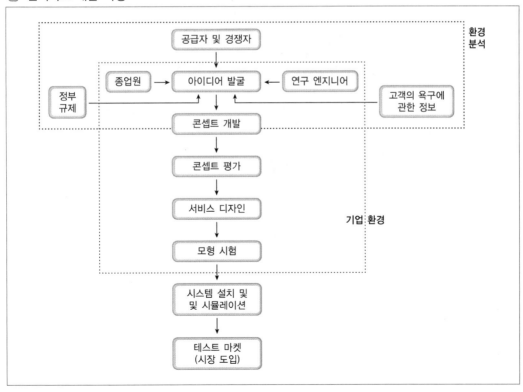

3 가치 공동 창조(value co-creation)와 신서비스 개발

(1) 가치 공동 창조의 개념과 환경

① 가치 공동 창조의 개념 ★

ㄱ 가치 공동 창조는 고객을 경영에 적극적으로 참여시켜 새로운 가치를 창출해 내는 것이다.

ㄴ 고객이 소비 경험 과정에서 발굴한 새로운 가치를 기업이 상품에 제안하고, 고객이 개선된 상품을 재선택함으로써 기업과 고객이 새로운 가치를 실현하는 협력 과정이다.

ㄷ 가치에 대한 인식은 교환 가치에서 사용 가치로 중요도가 전환되었다.

ㄹ 기업(제공자)만이 가치 창조의 역할자가 아니라, 기업, 협력자, 고객 등 모든 이해관계자가 가치 창조의 역할을 수행한다.

ㅁ 가치 흐름은 '생산자에서 소비자'만 존재하는 것이 아니라, '소비자에서 소비자', '생산자에서 생산자', '소비자에서 생산자' 등과 같이 필요에 따라 서비스 생태의 필요에 맞게 전환될 수 있다.

② 가치 흐름의 전환

To Market	• 1950년 이전까지의 가치 흐름 • 시장을 대상으로 다양한 제품이나 서비스가 제공된 후 시장의 반응을 살피고, 시장 반응에 대한 행동을 취하는 경향이 지배적 • 어느 정도의 양을 공급하는 것이 적당한지를 파악하는 것에 관심
Market To	• 1950년 이후부터 2010년 이전까지의 가치 흐름 • 시장과 소비자를 조사·분석하여 시장이 원하는 제품과 서비스를 제공하는 교환 가치의 개념이 지배적 • 시장과 소비자가 원하는 것을 생산자가 창조하여 제공한다는 가치 인식
With Market	• 2010년 이후에 발생된 현상 • 소비자는 생산자와 분리되지 않고, 공동생산자의 역할을 하며 공동 노력을 하는 파트너로 인식되기 시작 • 가치 창조는 지속적 창조 개념으로 교환 이후에도 사용 가치의 증가를 위해 모든 이해관계자들이 협업

(2) 가치 공동 창조의 3요소 ★

Ramaswamy & Gouillart(2010)는 "가치 공동 창조는 기업과 고객 간의 상호 작용에 포커스를 둔 경험 지향적 개념이다."라고 했다.

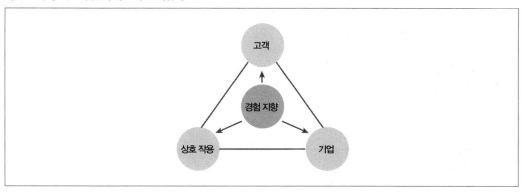

① 고객
  ㉠ 고객은 서비스의 생산과 전달 과정에서 다양한 역할을 수행하게 된다. ICT의 발달은 고객 과 기업, 고객과 고객 간의 연결 확장으로 가치 공동 창조의 가능성을 높였다.
  ㉡ 가치 공동 창조에서 고객이 지닌 의미는 고객의 지식, 기술적 능력과 임무의 복잡성, 참여 비용 등이 영향을 주는 것으로 나타났다.
  ㉢ 고객의 특성에 따라 서로 다른 역할을 하며, 가치 공동 창조 유형도 차이가 난다. 이에 따라 서비스 결과도 달라지며, 고객 경험의 질에도 영향을 주게 된다.

고객 참여의 5단계

1단계	고객 존재
2단계	참여의 동기 부여 판단
3단계	고객 참여에 대한 비용 대비 혜택 평가
4단계	물리적 행동의 참여
5단계	고객 참여의 결과 평가

고객의 가치 공동 창조 참여에 대한 연구들

Etgar	고객의 참여에 대한 분석 프레임과 고객 참여에 영향을 주는 요소 제시
Xie 외	• 고객이 가치 공동 창조에 관여하려는 경향에 대한 연구 • 가치 공동 창조에 동기: 고객의 태도, 자기 효능감, 공동 창조에 지속적인 관여 태도
Blazevic & Lievens	• 인터넷 서비스에서 고객은 지식의 공동 생산자로 역할을 수행 • 고객은 혁신적 임무에서 지식 공동 생산자로서의 다양한 역할 수행 • 수동적 사용자, 적극적 정보 제공자, 양방향적 창조자로 구분된 역할 수행
Gurau	고객의 기술적 능력 보유, 보유한 정보, 참여 비용 등이 고객 참여에 영향

② 기업

㉠ 기업은 고객과 직원이 상호 작용할 수 있는 플랫폼(platform)을 제공할 필요가 있다.

㉡ 사람들 간의 상호 작용이 발생하는 곳이 바로 가치 창조의 장소이다. 상호 작용이 일어나는 곳을 중심으로 기업은 구조화되어야 한다.

㉢ 기업은 공동 창조에서 직원의 역할과 공동 창조 촉진을 위한 환경에 대한 준비를 한다.

기업이 제시해야 할 플랫폼에 포함될 것	• 숙련된 직원 • 정보 인프라 • 장소적 지원
직원의 가치 공동 창조 촉진 역할	• 고객 채택 • 고객 지원 • 제품 개발 시 고객 요소의 투입 및 활용 • 고객 정보의 수집 • 타당한 이해관계자의 활용 • 개인화 서비스 제공
성공적 가치 공동 창조를 위해 기업이 지켜야 할 원칙	• 직원에게 가치 공동 창조에 참여할 만한 가치를 인식 • 고객뿐만 아니라 모든 이해관계자들에게 미치는 경험의 영향을 파악 • 상호 간에 직접 소통을 할 수 있는 직원의 역량 • 기업은 이해관계자들 간의 상호 작용과 공유를 할 수 있는 기반을 제공

③ 상호 작용 ★★

✋ Prahalad & Ramaswamy(2004)의 기업과 고객 간 효과적인 상호 작용을 위한 DART 모형

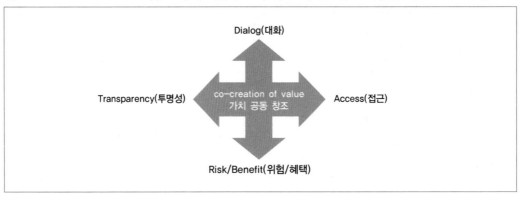

대화 (Dialog)	• 시장은 고객과 기업의 지속적인 대화로 비유될 수 있다. • 고객 간의 대화도 존재하지만 기업 – 고객의 대화가 중요하다. • 기업과 고객은 생산과 제공 과정, 문제 해결을 위한 구매와 사용 과정에서 지속적으로 기업과 타 고객들과 대화하고, 관심을 파악한다. • 가치 공동 창조에서 시장은 거래가 중심이었던 모습에서 대화가 중심이 된 포럼의 형태를 추구한다.
접근 (Access)	• 가치 공동 창조를 위해 정보는 개방되어 자유롭게 이용할 수 있어야 한다. • 기업은 고객에게 정보에 대한 접근성과 자유로운 이용을 지원하는 물리적 지원과 조직적 지원을 제공해야 한다. • 성과를 달성할 수 있도록 도구, 구조, 활동이 적합하게 제공되어야 한다.

투명 (Transparency)	• 가치 공동 창조를 위해 정확하고 명확한 정보를 보장한다. • 편향되거나 조작되지 않은 정보의 투명성과 신뢰성을 보장해야 한다.
위험/혜택 (Risk/Benefit)	• 기업과 고객 모두 가치 공동 창조에 대한 위험과 혜택의 균형이 이루어져야 한다. • 위험과 혜택에 대한 평가는 다양한 방법, 자료, 대화, 행동 등으로 고객과 기업에 의해 평가 − 쌍방이 위험과 혜택에 균형을 달성 • 고객과 기업은 상호 간에 감수해야 하는 위험이 있다. 예 소비자의 개인 정보 노출, 기업의 기밀 정보 노출 등

4 가치 공동 창조 성과의 경영상 의미

(1) 가치 공동 창조와 서비스 맥락(service context)

서비스 맥락에 따라 고객과 기업은 가치 공동 창조 과정에 참여와 투입을 다르게 선택하게 된다. 서비스 맥락에 따라 양자의 투입 선택이 구분되고, 이에 따라 4가지 유형으로 서비스 맥락이 구분된다.

🖑 서비스 맥락의 유형 ★

고객 투입
낮음. ⟷ 높음.

서비스 제공자 투입
높음. ↕ 낮음.

SVC Provider − Dominated SVC Context
• 콘서트 참여
• SPA
• 여행사의 대인 창구를 통한 항공권 구입

Relational SVC Context
• 성형 수술
• MBA 교육
• 부동산 대리인을 통한 주택의 구매나 판매

Discrete SVC Context
• 패스트푸드의 구매
• 신문의 구매
• 주유소에서 소다 구매

Customer Dominated SVC Context
• 자동차의 온라인 구매
• 온라인을 통한 항공권 구매
• 자동차의 자가 수리

유형	내용
제공자 주도 서비스 맥락	• 고객은 투입이 높지 않은 반면, 서비스 제공자는 높은 투입을 하는 유형 • 서비스에서 고객의 정보 제공, 의도, 태도, 행동적 참여 등이 중요 • 주도권이 서비스 제공자에게 있으며, 고객은 즐거움이나 목적을 달성하기 위해 적극적인 참여 의지와 행동을 보여 줌. 예 콘서트, 스파, 대면 서비스를 통한 항공권 구입 등
고객 주도 서비스 맥락	• 서비스 제공자의 투입이 낮고 고객은 투입이 높은 유형 • 고객은 주도권을 쥐고 서비스 맥락을 유지하고, 서비스 제공자는 가치 공동 창조 과정에 적극적 예 온라인 구매, 자가 수리
분산 유형 서비스 맥락	• 주로 기능적으로 단순하고 짧은 시간의 서비스 접점을 형성 • 가치 공동 창조의 영향을 덜 받는 유형 • 단순한 거래의 교환이나 정형화된 서비스의 교환 과정이라 주도권 형성이 필요치 않으며, 빠르고 단순하게 처리되는 서비스 예 패스트푸드에서 구매, 신문 구매
관계 유형 서비스 맥락	• 서비스는 비교적 장기적인 서비스 접점 • 모두 적극적인 참여와 투입을 해야 서비스 성공 가능 예 성형 수술, 교육 등

(2) 가치 공동 창조의 성과

① 가치 공동 창조의 영향

충성도	• 의료 서비스나 재무 서비스 영역에서 공동 창조는 공동 생산과 고객 충성도에 영향 (Auh et al., 2007) • 공동 창조가 발생되는 장소에서 상호 작용은 정서적 애착감과 신뢰, 지속적인 관심 및 구매에 영향
서비스 회복	공동 창조에 투입이 높은 고객은 서비스 회복 과정에서 더 높은 관용도와 더 적극적인 참여를 하는 경향
지불 의도	관광 산업에서 공동 창조는 고객 만족, 고객 충성 행동, 고객 지출에 영향

② 가치 공동 창조의 혜택

기업	고객
• 고객의 통찰력 • 매출 증대 • 시장 위험 감소 • 고객 충성도 증가 • 고객 서비스 비용의 감소	• 더 높은 만족 • 시간 절약, 더 높은 생산성 • 재무적 인센티브 • 자부심과 안정감 • 커뮤니티의 일원이라는 느낌

⑶ 가치 공동 창조가 지닌 경영상의 의미

① 경영상의 의미 ★

ㄱ 가치 공동 창조는 차세대의 경쟁 우위이다.

ㄴ 가치 공동 창조는 혁신의 도구이다.

ㄷ 시장과 고객이 원하는 것을 정확하게 제시할 가능성을 높일 수 있다.

ㄹ 개인화 서비스를 제공할 수 있다.

ㅁ 고객 투입을 사용함으로써 더 가치 있는 제안을 할 수 있다.

ㅂ 고객 커뮤니티를 조장하고 활성화시켜 제품 혁신과 사용 경험에 대한 정보를 수집하거나, 공동 창조의 가치에 대해 고객에게 전달할 수 있는 기회가 증가한다.

ㅅ 고객 충성도를 높일 수 있다.

② 가치 공동 창조의 경영 관리상 장애 요인

ㄱ 고객 참여의 증가는 통제 가능성을 낮추어 결과에 대한 불확실성과 위험을 높게 한다.

ㄴ 고객이 투입 요소인 지식과 스킬은 검증되지 못했고, 일부 영역은 고객 참여가 제한받을 수 있다.

ㄷ 고객이 보유한 자원을 사용하는 경우 가격 결정에 문제가 될 수 있다.

ㄹ 준직원 역할을 하는 고객 노동으로 창조적 파괴가 발생할 수 있으며, 기업과 고객 간의 권력 관계에 대한 재해석이 이루어져야 한다.

ㅁ 대규모의 접점에서 공동 창조가 시행되기 위해서 경영의 범위가 확대되어야 하며, 내부와 외부의 경계에 대한 문화적 변혁을 달성해야 한다.

서비스 품질

★★★ 최빈출 ★★ 빈출 ★ 필수

출제 & 학습 포인트

출제포인트
4장 서비스 품질에서는 서비스 품질의 특성과 서비스 품질 비용의 종류가 주로 출제됩니다.

학습포인트
1 서비스 품질의 다양한 특성을 정확히 이해하고, 서비스 품질 개선 방법을 학습합니다.

2 서비스 품질의 삼박자의 구성 내용을 학습합니다.

3 다양한 서비스 품질 비용의 종류를 잘 구분하여 학습합니다.

1 서비스 품질에 대한 이해

(1) 서비스 품질의 특성 ★★

① 서비스 품질은 고객의 지각과 관련된 고객 지향적인 개념이다.

  ㉠ 서비스 품질을 평가하는 적절한 방법은 고객의 지각을 측정하는 것이다.

  ㉡ 서비스 활동은 그 자체가 고객 지향적인 활동으로 고객에 의한 평가가 가장 중요하다.

② 서비스 품질은 탐색적 품질보다 경험적 품질이 더욱 강하다.

  ㉠ 서비스는 경험하기 전에 탐색과 평가가 어렵고, 제품 구매나 소비 과정에서 평가를 하게 된다.

  ㉡ 서비스의 평가는 서비스 제공 시점에서 서비스 직원과의 상호 작용 과정 또는 서비스를 구매한 후 평가할 수 있는 인지적 품질이다.

③ 서비스 품질은 기대와 성과를 비교하는 것이다.

  ㉠ 서비스 품질은 제공된 서비스 수준이 고객의 기대와 일치하는지를 측정하는 것이다.

  ㉡ 좋은 서비스 품질은 제공된 서비스 품질이 일관성 있게 고객의 기대에 부응하는 것이다.

④ 서비스 품질은 서비스의 결과뿐만 아니라 과정에 대한 평가이다.

  ㉠ 서비스 성취는 재료, 시설, 종업원의 수준에 따라 달라지며, 서비스 품질은 서비스 결과만을 포함하는 것이 아닌 제공된 서비스의 과정도 중요하다.

  ㉡ 과정적 품질은 소비자가 어떻게 그것을 얻을 것인가에 관한 것으로 편익의 제공이라는 활동 그 자체가 아니라 제공의 방법을 소비자가 서비스로 파악하는 것이다.

⑤ 서비스 품질은 고객의 선택 태도와 유사한 개념이다.

　㉠ 서비스 품질은 서비스에 대한 전반적인 우월성과 우수성을 나타내는 개념으로 만족과 다른 개념이지만 선택 태도와 유사한 개념으로 구체적인 속성이라기보다는 추상적이고 다차원적인 개념이다.

　㉡ 선택 태도와 유사한 개념이므로 서비스 품질은 만족이라는 개념보다는 지속적이고 장기적인 상태로 대상에 대한 전반적인 판단이며 시간이 지남에 따라 동적으로 변화하는 누적적 구성 개념이다.

⑥ 서비스 품질은 다양한 요소의 상호 작용에 의해 형성된다.

　㉠ 서비스 품질은 상황, 분위기, 환경 등과 같이 복합적인 요소의 상호 작용에 의해서 결정된다.

　㉡ 서비스 품질은 재화나 용역과 같은 경제적 요소뿐만 아니라 비경제적 요소에 의해서도 영향을 받는다. 비경제적 요소에는 사회적 요소와 공헌적 요소 등이 있다.

(2) 서비스 품질의 범위

내용	• 고객에 따른 기본 내용 • 표준적 업무 절차 준수 • 규범 준수에 관계되는 것
구조	프로세스 진행상 제공되는 서비스의 구조적 요소, 물적 요소, 자원의 배분, 조직 구조적인 배분, 적합성의 상태
과정	고객에게 수행 과정이 합리적이며 쌍방향의 원활한 커뮤니케이션의 유용성 필요
결과	• 고객 사용으로 얻어진 결과로 고객 만족 여부 • 고객에 의해 측정된 척도
영향력	• 기업의 대고객 관계에서 서비스 영향력 • 기업의 이미지, 공헌도, 경쟁력에 영향

(3) 서비스 품질의 개선 방법 ★

기대 관리	• 서비스 품질은 기대와 인식의 불일치로 평가 • 과잉 약속은 고객 기대에 영향 • 약속을 지키지 못하는 기업에 대해 부정적 이미지
정보 제공	• 고객에게 정확한 정보를 제공 • 제공받는 서비스에 대한 구체적이고 명확한 정보 제공
고객 기대 변화에 대응	• 고객 기대는 지속적으로 변화하거나 진화함. • 기업은 변화하는 고객 기대에 맞추어 서비스 수준이나 방법을 변화
서비스의 관리	• 서비스 품질을 개선하기 위해서 기업은 제공하는 서비스에 대해 분석 • 고객에게 효과적인 서비스와 그렇지 못한 서비스를 조사
전사적 관점 접근	• 서비스 품질은 전사적 관점에서 접근 • 기업 문화에서 서비스 품질의 중요성이 체화되어야 함. • 적절한 교육과 보상으로 서비스 품질에 대한 개선

(4) 서비스 품질 속성 ★★

탐색 속성	구매 이전 단계에서 평가되는 품질 속성 예 인테리어, 직원 외모, 의류·장신구·자동차 등
경험 속성	소비·사용함으로써 즉시 평가할 수 있는 품질 속성 예 휴가, 미용, 여행, 외식 등
신뢰 속성	소비·사용 후 어느 정도 시간이 지나서 평가할 수 있는 품질 속성 예 건강 진단, 금융 투자, 법률서비스, 상담 등

2 전사적 품질 경영(TSQM : Total Service Quality Management)

(1) 전사적 품질 경영(TQM)의 개념

① 전사적 품질 경영(TQM)의 정의

    ㉠ TQM은 기업 활동의 전반적인 부분의 품질을 높여 고객 만족을 달성하기 위하여 품질중심 기업문화를 창출하고 고객만족을 지향하는 경영활동이다.

    ㉡ TQM은 경영·기술 차원에서 실천되던 고객지향 품질관리 활동을 품질관리 책임자뿐 아니라 마케팅, 엔지니어링, 생산, 노사관계 등 기업의 모든 분야에 확대하여, 생산 부문의 품질관리만으로는 기업이 성공할 수 없고 기업의 조직 및 구성원 모두가 품질관리의 실천자가 되어야 한다는 것을 전제한다.

② 전사적 품질 경영(TQM)의 성과

    ㉠ 고객 만족 증가

    ㉡ 운영효율과 수익성 증대

    ㉢ 기업문화와 구성원 행동의 변화로 고객중심적 가치관 정립

    ㉣ 품질, 제품안전, 신뢰성 향상으로 경쟁력 확보

    ㉤ 부가가치를 창출하지 않는 업무를 제거하여 비용 절감

(2) **전사적 서비스 품질 경영**(TSQM : Total Service Quality Management)**의 구성 요소**

Sureshchandar(2002)는 전사적 서비스 품질 경영의 12가지 구성 요소를 제시했다.

구성 요소의 특징	TSQM	TQM
서비스에 적용 가능한 TQM의 구성 요소	최고 경영자의 의지와 비전, 리더십	최고 경영자의 리더십
	• 인적 자원 관리 • 종업원 만족	• 종업원 개발 및 교육 • 종업원 참여
	기술적 시스템	• 상품/서비스 설계 관리 • 프로세스 관리
	고객 중시	고객 중심적 사고
	정보 및 분석 시스템	품질 자료의 수집과 활용
	• 지속적 개선 • 벤치마킹	지속적 개선
서비스 – 제조에 중요한 새로운 TQM 구성 요소	• 노조 개입 • 사회적 책임	
서비스 고유의 구성 요소	• 서비스 스케이프 • 서비스 문화	

👆 전사적 서비스 품질 경영과 전사적 품질 경영의 비교

전사적 서비스 품질 경영 (TSQM : Total Service Quality Management)	서비스 경제 환경과 서비스의 속성을 고려한 모형
전사적 품질 경영 (TQM : Total Quality Management)	제조업을 중심으로 설계된 모형

👆 서비스 접점의 품질 결정

서비스 접점 품질 결정 구성 요소	• 서비스 과업 • 과업에 대한 표준 • 서비스 생산 시스템(인적 · 물적)
서비스 품질 향상 요소	• 고객 지향적 서비스 과업의 생성 • 올바른 서비스 표준의 설계 • 적합한 서비스 생산 시스템 배치의 유기적인 작동 • 서비스 생산 시스템의 포괄적 인식

(3) 서비스 품질 삼박자(Service Quality Trilogy) ★★

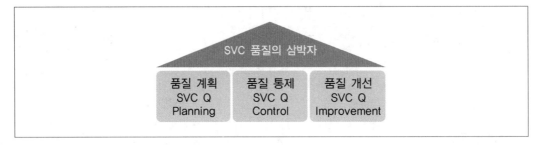

🖐 서비스 품질 삼박자(Service Quality Trilogy)의 구성 내용

서비스 품질 계획(SQP)	서비스 품질 통제(SQC)	서비스 품질 개선(SQI)
• 고객 정의 • 고객 욕구 결정 • 상품/서비스의 콘셉트 개발 • 서비스 품질 목표 설정 • 서비스 프로세스 개발 • 서비스 프로세스 자원/역량 • 서비스 프로세스 역량 입증	• 통제 대상 선정 • 측정 단위 선정 • 측정 방법 설정 • 성과 표준 설정 • 실제 성과 측정 활동 • 차이 분석 • 차이에 대한 대응책 개발 • 대응책의 실행	• 개선 필요성 입증 • 개선을 위한 특정 프로젝트 규명 • 프로젝트 진행 절차 구성 • 원인 규명과 진단 절차 마련 • 원인 규명을 위한 진단 실시 • 해결 방안 제시 • 해결 방안의 유효성 입증 • 개선 성과 유지 • 통제 방안 개발

3 서비스 품질 비용

(1) 품질 비용의 개념

① 좋은 품질의 제품을 보다 경제적으로 만들기 위한 방법을 도모하고, 품질관리 활동의 효과와 경제성을 평가하기 위한 방법을 말한다.

② 품질을 유지하기 위한 가시적, 직접적 측정이 가능한 비용에 초점을 둔다.

③ 예방 비용과 평가 비용은 품질관리를 위한 비용으로 품질 개선을 위한 비용이고, 실패비용은 품질관리 실패로 발생되는 비용으로 품질저하로 인해 발생되는 비용이다.

(2) 서비스 품질 비용의 종류 ★★★

비용	정의
예방 비용	평가 및 실패 비용을 최소화하기 위한 사전적인 품질 정책 수립, 교육 등 활동과 관련된 비용
평가 비용	서비스 품질이 기준을 충족하는지 확인하는 데 관련된 비용
내부 실패 비용	서비스 품질의 문제가 고객에게 전달되기 전에 발견되어 수정하는 비용
외부 실패 비용	고객에게 전달된 후 서비스 품질 문제가 발견되어 고객 불만을 관리하는 데에 관련된 비용
유형 비용	실패 비용과 비슷하지만 제품에 뚜렷하게 보이는 결함(스크래치나 페인트 벗겨짐)이 있을 때 추가적으로 발생하는 비용
무형 비용	무형 비용은 부품 재고가 도둑맞는 것 혹은 내부 생산 단계가 효율적이지 못해 추가적으로 사용되어야 할 비용

(3) 불량 품질 비용(PQC : Poor – Quality Cost) ★

① 서비스 품질 관리 실패에 따른 비용

② 품질 불량으로 발생하는 다양한 가시적, 비가시적 비용에 초점

직접적 불량 품질 비용	직접적이고 가시적 비용으로, 기업의 회계 장부에 기록되는 비용 예 평가비용, 예방비용, 실패비용
간접적 불량 품질 비용	측정이 어려운 비가시적 비용으로, 회계장부에 직접적으로 기록되지 않는 비용 예 고객 상실 비용, 명성 상실 비용, 기회 상실 비용

서비스 품질 측정 모형의 이해

출제 & 학습 포인트

출제포인트

5장 서비스 품질 측정 모형의 이해는 파트 2에서 출제 빈도가 높은 부분이므로 전체적으로 학습하되, 특히 서비스 품질 측정의 개념과 다양한 서비스 품질 측정 모형의 출제 빈도가 높습니다.

학습포인트

1 서비스 품질 측정의 필요성을 이해하고, 서비스 품질 측정의 어려움을 학습합니다.

2 서브퀄 모형의 5가지 측정 차원의 개념을 구분하여 정확히 이해하고, 측정 내용을 함께 학습합니다.

3 서비스 품질 갭 모형의 개념을 정확히 이해하고, 발생 원인과 해결 방안을 서비스 사례와 함께 학습합니다.

1 서비스 품질의 측정 ★★

(1) 서비스 품질 측정의 필요성

① 서비스 품질 개선, 향상, 재설계의 출발점은 측정에서 시작한다.

② 서비스 품질 측정을 통해 현재 상황과 문제점을 파악할 수 있다.

③ 측정 없이 개선은 없고, 평가가 목적이 아니라 개선이 목적이다.

④ 경쟁 우위 확보를 위해 서비스 품질 측정을 통한 경쟁력을 파악한다.

(2) 서비스 품질 측정의 어려움

① 서비스 품질은 고객의 주관적인 평가이다. 모든 경우에 적용하는 일반화와 객관화가 어렵다.

② 서비스 품질은 고객이 인식하기 이전에 검증하기 어렵다.

③ 서비스 품질 측정은 고객으로부터 데이터를 수집하는 데에 시간과 비용이 많이 소모된다.

④ 서비스 전달 과정에 존재하는 고객은 서비스 품질 측정의 객관성을 저해한다.

⑤ 고객은 서비스 프로세스의 일부이며, 생산의 요소로 인식할 수 있다.

(3) 서비스 품질 측정의 차원

👆 서비스 품질 측정 차원에 대한 다양한 연구들

연구자	측정 차원	
쥬란 (Juran)	• 내부적 품질 • 물리적 품질 • 정신적 품질	• 시간 단축 • 적시성 품질 • 심리적 품질
알브레히 & 젬케 (Albrecht & Zemke)	• 헌신적인 돌봄과 관심 • 적극적인 의지와 자발성	• 조직적인 문제 해결 능력 • 서비스 회복성
가빈 (Garvin)	• 성능 • 특징 • 신뢰성 • 적합성	• 내구성 • 서비스 유용성 • 심미성 • 명성
그뢴루스 (Gronroos)	• 전문성과 기술 • 대고객 태도와 행동 • 접근성과 유연성	• 신뢰성과 믿음 • 서비스 회복 • 평판과 신용
파라슈라만, 제이다믈 & 베리 (Parasuraman, Zeithaml & Berry)	• 유형성(tangibility) • 신뢰성(reliability) • 반응성(responsiveness)	• 공감성(empathy) • 확신성(assurance)
알버트 (Albert)	• 수행성(performance) • 적합성(adaptability) • 비용성(cost)	• 신뢰성(reliability) • 반응성(responsiveness) • 유연성(flexibility)

2 서비스 품질 측정 모형

(1) 그뢴루스(Gronroos)의 서비스 품질 모형

① 서비스 품질의 구성

기술적 품질	기능적 품질
• 결과 품질 • 서비스 생산 과정의 산출물에 대한 품질	• 과정 품질 • 서비스 제공 과정의 전달 과정에 대한 품질

② 서비스 품질의 평가 방법

ㄱ 기술적 품질과 기능적 품질에 대한 고객의 인식으로 이미지가 형성된다.

ㄴ 이미지는 기업에 대한 고객의 포괄적인 인식의 결과이다.

ㄷ 고객은 무엇을, 어떻게 제공받는지와 기업에 대해 어떤 이미지를 형성하고 있는지를 통해 서비스 품질을 평가한다.

(2) 카노(Kano)의 서비스 품질 모형

① 카노 모형은 동기 – 위생 이론을 바탕으로 서비스 품질 요소를 주요 요소와 잠재 요소로 구분하였다.

② 만족과 불만족의 상태를 파악하는 이상으로 만족 요소와 불만족 요소를 파악할 수 있다.

③ 고객 만족 극대화를 위해 어떤 서비스 품질 요소가 중요한지를 파악할 수 있다.

④ 여러 서비스 품질 요소 중에 어느 것을 우선적으로 충족시켜야 하는지에 대한 판단을 할 수 있다.

주요 요인	잠재 요인
당연적 품질, 일원적 품질, 매력적 품질	무관심 품질, 역품질

⑤ 고객 요구의 분류

기대 심리	내가 전달받기 원하는 서비스의 상태
의사 표현	내가 알고 있는 것에 대해 '좋다', '나쁘다'로 표시
잠재 의사	불만이지만 밖으로 표출하지 않은 상태
열광 심리	어떤 브랜드에 대해 집착하는 상태

⑥ 서비스 품질의 구성

주요 요소	당연적 품질	기본적인 품질 요소로 충족이 당연하다고 여겨지기 때문에 만족을 주지는 못하지만 불충족 시에는 불만족을 일으킨다.
	일원적 품질	고객이 직접 요구한 사항으로 고객 만족과 직접적 관련이 있다.
	매력적 품질	고객의 기대를 초과하여 충족 시에 큰 만족을 주며 불충족되어도 불만족을 일으키지는 않는다.
잠재 요소	무관심 품질	충족 여부와 관계없이 고객 만족과 관련이 없는 요소이다.
	역 품질	충족이 오히려 불만족을 초래하는 요소로, 불충족 시 만족을 주는 요소이다.

(3) 서브퀄(SERVQUAL) 모형 ★★

① 서비스 품질의 10가지 변수

결정 요인	정의	내용
유형성	서비스의 외형적 증거	물적 시설, 직원 외모, 서비스 제공에 사용되는 장비와 도구, 서비스의 유형적 표현, 서비스 시설 내의 다른 고객
신뢰성	성과와 믿음의 일관성	서비스 수행 철저, 청구서 정확도, 정확한 기록, 약속된 서비스 시간 엄수 등
반응성	직원의 서비스 제공에 대한 태도와 준비성	서비스의 시의성, 고객의 요구에 즉각적인 반응, 전화나 우편의 응답 속도, 신속한 서비스 제공 등
능력	서비스 수행을 위해 필요한 기능과 지식의 보유	접점 직원과 지원 인력의 지식과 기술, 조직의 연구 개발 능력
신용성	서비스 제공자의 진실성, 정직, 고객에 최대의 이익 제공	기업명, 기업 평판도, 담당 직원의 개인적 특성, 고객과 접촉 시 강매의 정도

안전성	위험으로부터의 자유	물리적 안전, 금전적 안전, 비밀 보장
의사소통	고객이 알 수 있는 방법으로 정보를 제공하며, 경청	서비스를 설명, 서비스 비용 설명, 비용 간의 관계 설명, 문제 해결 보증
예의	고객 담당 직원의 정중, 존경, 사려, 친근감	고객 재산에 대한 배려, 담당 직원의 청결하고 정숙한 외모
고객 이해	고객을 이해하려는 노력	고객의 구체적 요구 사항을 학습, 개별적인 관심을 제공, 상용 고객을 인지
접근성	서비스에 접근 가능성과 접촉 용이성	전화로 접근 가능, 납득할 만한 대기 시간, 서비스 제공 시간 및 장소의 편리성

② 서비스 품질의 구성(측정 차원)

결정 요인	측정 차원	내용
유형성	유형성	물리적 시설 및 장치, 종업원의 외모
신뢰성	신뢰성	약속된 서비스를 일관되게 신뢰할 수 있는 정도
반응성	반응성	고객 우선의 의지와 신속한 서비스 제공
능력	확신성	• 고객의 문제를 해결할 수 있는 정도의 인지 • 종업원의 전문성, 문제 해결 능력, 인간관계 능력
신용성		
안전성		
의사소통		
예의		
고객 이해	공감성	• 고객에게 제공되는 개별적 주의와 배려 • 고객의 문제와 어려움에 대한 공감 정도
접근성		

③ 모델의 적용과 한계점

적용	• 서비스 품질을 구성하는 차원의 수는 서비스의 특성에 따라 달라질 수 있다. • 높은 신용 품질을 지닌 순수 서비스업에 높은 적합도를 보이는 모형이다. • 높은 경험 품질을 지닌 소매 서비스업에 대한 연구에서는 적합도가 높지 않게 나타났다. • 어느 업종인지에 따라 적합도가 다르게 나타나는 것으로 볼 때 측정 대상에 따라 측정 차원을 조정할 필요가 있다.
한계점	• 범용성의 한계를 보인다. • '인식 − 기대'의 차감 프레임에 대한 이론적 타당성이 부족하다. • 기대 수준에 대한 측정 타당도에 한계점이 있다. • 서브퀄 모형은 '과정 품질'과 '물리적 환경 품질'에 중점을 두고 있다. • 서비스 품질 척도로 가격이나 비용에 관련된 부분이 빠져 있다.

⑷ e-SERVQUAL 모형

① 인터넷 서비스의 증가로 e-SERVQUAL 모형이 제시되었다.

② e-SERVQUAL 모형은 시스템의 안정성이나 개인 정보 보호 중시 등의 요소가 추가되었다.

👆 e-SERVQUAL 모형의 척도

평가 차원	해당 항목	세부 설명
정보	상품 및 정보	• 상품과 서비스의 구색 • 상품 정보의 최신성, 정확성
거래	• 거래 과정 • 배송 • 사후 서비스	• 주문 단계의 적절성 • 주문용이성 • 상품과 서비스의 가격 • 배송의 적절성 • 문제 해결의 용이성
디자인	• 사이트의 상호 작용 • 사이트 디자인	• 사이트 구조의 이해 용이성 • 정황 정보 제공 여부 • 메뉴 구조의 편리성 • 전체 화면의 조화 • 그림과 글의 미적 아름다움 • 정보 제공 형식의 일관성
의사소통	이용자 간의 의사소통	• 기업 – 이용자, 이용자 – 이용자 소통 • 개인화 서비스
안전성	• 시스템 안전성 • 소비자 보호 • 신뢰 및 보안	• 시스템 안전성, 이용 속도, 화면 전송 시간 • 개인 정보 보호 • 거래 안전 장치의 유무 • 거래 신뢰감

3 서비스 품질의 갭(Gap) 모형

⑴ 서비스 품질의 갭 모형

① 서비스 품질 갭(Gap) 모형은 기대된 서비스와 실제 지각된 서비스의 차이에 따른 서비스 품질의 결정 요인 모형이다.

② 서비스 경험과 기대 사이에 발생 가능한 5가지 격차를 밝히는 것으로, 격차가 적을수록 서비스 품질이 우수하다.

③ 고객이 기대한 서비스와 인식된 서비스의 차이를 줄이기 위해서 고객 기대를 정확하게 품질 명세화할 수 있는 계획 과정의 확립을 바탕으로 좋은 품질의 서비스를 제공해야 한다.

서비스 품질 GAP 모형

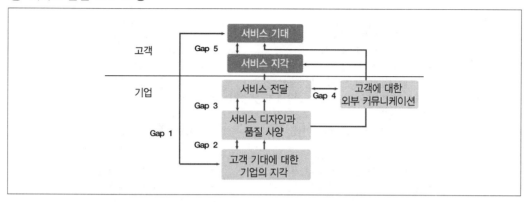

(2) 서비스 품질 갭(Gap) 모형의 이해 ★★

Gap 1 시장 조사 갭	• 기업이 고객 기대를 올바로 파악하지 못해서 발생하는 갭 • 고객 기대 파악에 대한 시장 조사를 실시하지 않거나 올바르게 하지 못해서 발생되는 갭 • 고객 기대에 대한 경영자 인식 차이로 인한 경영자 인지 격차
Gap 2 디자인 갭	• 고객 기대를 올바르게 파악하였지만 고객 기대를 충족할 수 있도록 서비스 설계(디자인)를 하지 못해서 발생되는 갭 • 경영자 인식의 품질 명세서와 고객 기대에 대한 인식 차이로 인한 경영자 품질 명세 격차
Gap 3 적합성 갭	• 서비스 설계를 올바르게 작성하더라도, 일선 직원이 제대로 수행하지 못하여 발생되는 갭 • 서비스 전달과 경영진 인지의 품질 명세화의 차이로 인한 서비스 전달 격차
Gap 4 커뮤니케이션 갭	고객에게 제시된 다양한 약속(구전, 광고, 설명서 등)들을 지키지 못해서 발생되는 갭
Gap 5 서비스 품질 갭	• GAP 5 = GAP 1 + GAP 2 + GAP 3 + GAP 4 • GAP 1 ~ 4의 복합적 요인으로 인해 고객 기대를 충족시키지 못해서 발생되는 전체적인 갭 • 기대한 서비스와 경험(인지)한 서비스의 차이로 인한 경험한 서비스 격차

(3) 갭의 유형별 발생 원인과 해결 방안 ★★

구분	발생 원인	해결 방안
Gap 1	• 시장 조사를 하지 않음. • 잘못된 시장 조사 • 조사 결과에 대한 잘못된 해석 • 조사 결과가 경영층까지 도달하지 못하거나 왜곡됨. • VOC에 대한 피드백과 이해 부족	• 시장 조사를 실시 • 시장 조사의 방법을 개선 • 경영층과의 소통 채널 개선 • 경영층과 고객 간의 접촉 기회 • 고객 관계의 증진 • VOC에 대한 올바른 대응과 피드백 • 서비스 회복 메커니즘의 개발
Gap 2	• 전사적 고객 만족 비전의 부족 • 경영층의 서비스에 대한 몰입 부족 • 서비스 수행 기준 설정의 실패 • 서비스 수행 목표 설정의 실패 • 체계적이지 못한 서비스 개발 • 서비스 자원의 내부 지향성	• 전사적 고객 만족 비전 • 경영층의 서비스에 대한 몰입 • 고객정의 서비스 수행 기준 설정 • 고객정의 서비스 수행 목표 수립 • 서비스 개발 과정의 체계화 • 서비스 자원의 고객 지향성
Gap 3	• 서비스 수행 기준에 대해 과도하다고 인식하는 직원의 마인드 • 서비스에 적합하지 못한 직원 배치 • 일선 직원의 권한 인식에 대한 부족 • 직무에 대한 부적응 • 역할 모호성 • 역할 갈등 • 보상의 불공정성 • 협력자와 파트너의 서비스 인식 차이 • 고객의 부적절한 행동	• 서비스 목표/기준 수립에 직원 참여 • 일선 직원에 대한 임파워먼트 • 서비스에 적합한 직원 선발과 배치 • 서비스에 적합한 교육/훈련 제공 • 서비스 역할 명료성 강화 • 서비스 수행의 우선순위 • 보상의 합리성과 공정성 • 협력자/파트너 서비스 비전 공유 및 지원, 교육 • 고객에게 적절한 지원, 학습
Gap 4	• 과잉 약속 • 과도한 판매 지향의 목표 • 광고, 커뮤니케이션에 대한 부서 간의 부조화 • 수평적 커뮤니케이션 부족 • 일선 부서와 지원 부서의 인식 차이	• 통합 마케팅 커뮤니케이션 • 수평적 커뮤니케이션 활성화 • 서비스 약속에 대한 관리 • 이행 가능한 약속과 서비스 보증 • 약속 변경에 대한 공지 • 철저한 사후 관리 • 고객에게 전달된 물리적 단서 관리

핵심 키워드 정리

전사적 서비스 품질 경영 모형	서비스에 있어 고객 만족을 목적으로 한 조직적인 관리 방법. 기업 경영 전반에 걸친 제품 및 서비스의 개선을 통해 높은 품질을 제공하고, 경쟁력을 확보하기 위한 전 종업원의 체계적인 노력
COQ	서비스 품질 비용에 대한 모형으로, 일정한 수준 이상의 품질을 유지하기 위해 필요한 가시적인 비용의 측면에 중점을 두고 있는 모형
PQC	서비스 품질 비용에 대한 모형으로, 서비스 품질이 낮아서 발생되는 비용에 중심을 두고 있는 모형
서브퀄 모형	• 파라슈라만(Parasuraman), 제이다믈(Zeithaml), 베리(Berry)가 1988년에 서비스 품질을 측정하기 위해 다섯 가지 차원을 구분하여 22개 측정 항목을 제시한 모델 • 다섯 가지 차원은 신뢰성(reliability), 확신성(assurance), 유형성(tangibles), 공감성(empathy), 대응성(responsiveness)이며, 다섯 가지 차원의 머리글자를 따서 RATER라고도 부름.
갭 모형	서비스 품질의 구조를 진단하는 대표적인 모형으로, 기대된 서비스와 실제 지각된 서비스 결과의 차이를 결정 변수로 삼는 모형
고객화	고객의 욕구 충족 및 관심 사항을 우선적으로 고려하여 고객의 다양한 요구에 효과적으로 응대하도록 하는 프로세스 설계 방법
서비스 프로세스 매트릭스	• 슈매너가 제시한 '상호 작용과 고객화의 정도'와 '노동 집약도의 정도'라는 두 개의 기준을 통해 서비스를 분류하는 2×2의 매트릭스 • 각 영역은 대량 서비스, 전문 서비스, 서비스 공장, 서비스 숍으로 이루어짐.
대량 서비스	서비스 프로세스 매트릭스에서 높은 '노동 집약도와 의존도'를 갖고 있어서 종업원의 역량이 성과 도출에 중요한 역할을 하는 서비스 예 도소매업, 학교 등
전문 서비스	서비스 프로세스 매트릭스에서 '상호 작용과 고객화의 정도'가 높고, '노동 집약도의 정도'도 높은 특성을 지닌 영역의 서비스 예 의료, 법률, 회계 등
서비스 공장	서비스 프로세스 매트릭스에서 '상호 작용과 고객화의 정도'가 낮고 '노동 집약도의 정도'도 낮은 특성을 지닌 영역의 서비스 예 항공사, 트럭 운송, 호텔 등
서비스 숍	서비스 프로세스 매트릭스에서 '상호 작용과 고객화의 정도'가 높고, '노동 집약도의 정도'는 낮은 특성을 지닌 영역의 서비스 예 병원, 자동차 정비소, 기타 수리 서비스 등
서비스 청사진	고객과 서비스 시스템과의 상호 작용을 구체적으로 표현하고, 서비스 실패 요소를 미리 고안하여, 미연에 방지책이나 복구 대안을 강구하도록 서비스 제공자가 제공하는 무형의 서비스 프로세스를 설계하여 묘사한 것
서비스 청사진의 주요 용도	• 신서비스의 개발 • 서비스 프로세스의 개발과 기존 서비스 프로세스의 개선 • 서비스 표준화 • 서비스 매뉴얼 작성

서비스 표준	고객이 정한 표준을 기준으로 종업원의 직무를 수행하는 목표나 기준을 설정하는 것이 고객정의 서비스 표준이라 함.
소프트(Soft) 표준	볼 수는 없으나 고객의 의견을 물어서 자료가 수집되는 것이며, 고객의 지각을 계량화하여 종업원에게 고객을 만족시킬 수 있는 방향, 지침, 피드백 등을 제공
하드(Hard) 표준	서비스 표준은 하드 표준과 소프트 표준으로 나뉘는데 여기서 하드 표준은 모니터링을 통해 관찰되고, 계산될 수 있는 것을 말하며, 시간, 생산성, 품질, 비용, 수요 등과 같은 요소들을 말함.
표준화	기업의 경영 합리화 및 효율성 증진, 서비스 생산성 증가의 목적으로 대량 서비스 또는 일관된 서비스를 지향하는 프로세스 설계 방법
파레토 차트	품질 개선 과정에서 사용하는 도구로 최대의 이익을 얻을 수 있는 영역에 시간과 노력을 집중하기 위한 분석 도구

PART 02 실전 예상 문제 TEST

일반형

01 피쉬본 다이어그램에 대한 설명으로 바른 것은?

① 이름과 같이 물고기의 뼈 모양을 닮았기 때문에 물고기뼈 도표라고도 불린다.

② 미국의 러브락에 의해 고안된 개선 도구이다.

③ 서비스 품질 향상을 위해 고안된 플로 차트이다.

④ 인과 관계 도표라기보다 서비스 청사진의 일종이다.

⑤ 문제 해결을 위한 차트로 문제를 꼬리에 두고 원인을 찾아 나가는 방법이다.

02 가치 공동 창조의 3요소를 바르게 고른 것은?

① 기업, 고객, 경험

② 고객, 기업, 상호 작용

③ 시장, 고객, 상품

④ 서비스, 상품, 고객

⑤ 서비스, 고객 만족, 고객 충성

03 성공적인 가치 공동 창조를 위해서 기업들이 지켜야 할 원칙으로 적합하지 않은 것은?

① 직원들이 가치 공동 창조에 참여할 만한 가치를 인식시켜야 한다.

② 고객뿐만 아니라 모든 이해관계자들에게 미치는 경험의 영향을 파악해야 한다.

③ 기업은 고객들 간의 상호 작용과 공유를 할 수 있는 기반만 제공하면 된다.

④ 직원들이 상호 간에 직접적인 커뮤니케이션을 할 수 있는 능력을 지니도록 해야 한다.

⑤ 기업은 이해관계자들 간의 상호 작용과 공유를 할 수 있는 기반을 제공해야 한다.

04 가치 공동 창조에서 DART 모델의 구성 요소가 아닌 것은?

① 디자인(Design)

② 대화(Dialogue)

③ 접근(Access)

④ 위험/혜택(Risk/Benefit)

⑤ 투명성(Transparency)

05 서비스 프로세스의 중요성에 대한 설명 중 바르지 않은 것은?

① 서비스 프로세스는 서비스 전달 절차나 메커니즘 또는 활동들의 흐름을 의미한다.

② 프로세스는 서비스 상품 그 자체이며 동시에 서비스 전달 과정인 유통의 성격을 가진다.

③ 서비스 생산의 흐름과 과정은 제품 마케팅보다 훨씬 더 중요하다.

④ 프로세스 단계와 서비스 제공자의 처리 능력은 고객에게 가시적으로 보이므로 서비스 품질의 중요한 요소가 된다.

⑤ 이용 고객의 만족 여부가 재구매 의도에 결정적인 영향을 미치지 않는다.

06 서비스 디자인의 설명으로 적절하지 않은 것은?

① 서비스 디자인은 디자인 전문가의 영역이므로 고객은 영향을 끼치지 않는다.

② 기존의 제품, 시각, 사용자 경험, 디자인 등 다양한 분야를 통섭하고 있는 개념이다.

③ 서비스 터치 포인트, 서비스 시스템, 서비스 정책 등의 일관된 디자인이 필요하다.

④ 서비스 시장의 요구 사항과 서비스 수요 매치는 시장 분석에서부터 서비스의 비즈니스 적합성까지 합리적인 분석 과정이 필요하다.

⑤ 고객의 요구 사항이 복잡해지고, 다양화됨에 따라 제품 디자인과 같이 폭넓은 서비스 디자인이 요구된다.

07 다음 중 서비스 품질 측정이 어려운 이유로 가장 적절한 것은?

① 서비스 품질은 주관적 개념이다.

② 객관적 데이터 수집이 용이하다.

③ 서비스 품질은 누구나 잘 할 수 있다.

④ 고객이 서비스 프로세스에 참여하지 않는다.

⑤ 서비스 품질이 우수한 기업을 경쟁자가 따라 하기 쉽다.

08 다음 중 서비스 품질을 측정하는 요소에 대한 설명으로 가장 적절한 것은?

① 공감성(empathy)은 고객을 돕고, 신속한 서비스를 제공하겠다는 의지이다.

② 대응성(responsiveness)은 고객에 대한 배려와 개별적 관심을 보이는 정도이다.

③ 신뢰성(reliability)은 직원의 능력뿐만 아니라 그들의 지식과 예의 바른 근무 자세이다.

④ 유형성(tangibles)은 물적 시설, 장비, 인력 등과 같은 서비스를 제공하는 물리적 환경이다.

⑤ 확신성(assurance)은 약속된 서비스를 믿음직스럽고 정확하게 수행할 수 있는 능력이다.

09 다음 중 서비스 품질 갭(gap)에 대한 설명으로 가장 적절한 것은?

① 기대한 서비스와 경험(인지)한 서비스의 차이는 경영자 인지 격차이다.

② 기대된 서비스와 고객 기대에 대한 경영진의 인식 차이는 서비스 전달 격차이다.

③ 서비스 전달과 경영진 인지의 품질 명세화의 차이는 경영자 품질 명세 격차이다.

④ 서비스 전달과 고객에 대한 외적 커뮤니케이션의 차이는 시장 커뮤니케이션 격차이다.

⑤ 경영자 인식의 품질 명세화와 고객 기대에 대한 경영진의 인식 차이는 경험한 서비스 격차이다.

10 다음 중 서비스 청사진(service blueprint)에 대한 설명으로 가장 적절한 것은?

① 전방 업무와 후방 업무는 물리적으로 분리하여 독립적으로 운영한다.

② 서비스 과정은 가능하면 통합하여 서비스 제공자의 효율성을 제고한다.

③ 가시적 경계는 고객에게 보이는 후방 업무를 보이지 않는 전방 업무와 분리한다.

④ 서비스 제공자는 고객이 볼 수 없는 비가시적 부분에 특별한 관심을 기울인다.

⑤ 이 기법은 서비스 과정을 시각화한 것이며 해당 서비스의 모든 단계와 대안들을 제시한다.

11 다음 중 서비스 전달 시스템을 효율적으로 설계하기 위해 고려하는 서비스 보증(service guarantee)에 대한 설명으로 가장 적절한 것은?

① 최소한의 보증은 무보증과 유사하다.

② 효율성을 위해 서비스 설계 단계의 참여자를 최소화한다.

③ 보증을 요구한 고객이 만족해하는지를 명확하게 확인한다.

④ 법률적 용어를 사용하여 최대한 상세하게 보증 조건을 제시한다.

⑤ 고객이 보증을 요구할 경우 다양한 상황을 신중히 검토한 후에 대응한다.

12 다음 중 수준에 따라 서비스 혁신을 구분할 때, 현재 제공되는 서비스의 특성을 변경하는 것은?

① 신설 사업   ② 주요 혁신

③ 서비스 라인 확장   ④ 서비스 개선

⑤ 스타일 변경

13 다음 중 서비스 품질의 삼박자에 대한 설명으로 옳지 않은 것은?

① 서비스 품질의 삼박자는 품질 계획, 품질 통제, 품질 개선으로 구성되어 있다.

② 서비스 품질 계획은 서비스 품질 표준을 충족시킬 수 있는 서비스 전달 시스템을 제공하기 위한 일련의 활동들이다.

③ 고객에게 우수한 품질의 서비스가 전달되기 위해서는 품질 계획 – 품질 통제 – 품질 개선의 활동이 독립적으로 시행되어야 한다.

④ 서비스 품질 개선은 고객에게 보다 나은 서비스를 제공하기 위해 서비스 생산 활동을 개선하기 위한 노력에 해당되는 일련의 활동들이다.

⑤ 서비스 품질 통제는 서비스 통제를 위한 표준을 설정하고, 지속적 모니터링을 통해 수정 활동이 필요한 시기를 결정하기 위한 일련의 활동들이다.

14 다음 중 슈매너(Schmenner)가 제시한 서비스 프로세스 매트릭스에 대한 설명으로 옳지 않은 것은?

① 서비스 숍은 상호 작용과 노동 집약도 정도가 높다.

② 서비스 공장은 상호 작용과 고객화 정도가 낮고 노동 집약도도 역시 낮다.

③ 대량 서비스는 높은 노동 집약도와 의존도를 갖고 있어 종업원의 역량이 서비스 성과에 중요하다.

④ 서비스 공장은 대규모 시설 투자가 수반되는 업종으로 서비스 제공 능력을 일정 수준으로 고정화시키게 된다.

⑤ 전문 서비스는 고객의 문제를 해결하는 과정이 매우 다양한 접근법을 사용하므로 표준화된 프로세스를 갖추기가 어렵다.

15 서비스 품질의 특성을 설명한 것으로 적합도가 낮은 것은?

① 서비스 품질은 고객이 있는 현장에서 생성된다.

② 서비스 품질은 고객의 객관적인 판단에 의해 결정된다.

③ 서비스 품질은 서비스 요소의 상호 작용에 의해서 형성된다.

④ 서비스 품질은 공헌적 요소까지 포함하고 있다.

⑤ 서비스 품질은 지각되어 가는 프로세스이다.

16 슈매너의 서비스 매트릭스에 대한 설명으로 적합도가 낮은 것은?

① 서비스 공장은 '상호 작용과 고객화의 정도'가 낮고, '노동 집약도의 정도'도 낮은 특성을 지닌 영역의 서비스이다.

② 대량 서비스는 '높은 노동 집약도와 의존도'를 갖고 있어서 종업원의 역량이 서비스 성과에 중요하다.

③ 대량 서비스는 '고객화의 정도와 상호 작용의 정도가 낮기' 때문에 표준적 운영 절차의 수립이 성공에 중요한 요소이다.

④ 전문 서비스는 '상호 작용과 고객화의 정도'가 높고, '노동 집약도의 정도'도 높은 전문적인 영역이므로 서비스 프로세스를 표준화해서 실패율을 낮추고, 서비스 통제를 할 수 있도록 해야 한다.

⑤ 서비스 숍은 주로 병원, 자동차 정비소, 기타 수리 서비스에 해당되는 서비스 프로세스를 갖고 있다.

17 다음 중 서비스 혁신에 대한 설명으로 가장 부적절한 것은?

① 서비스 청사진은 가시적 형태로 서비스 전달 프로세스를 묘사하여 서비스 혁신을 수행하기 위한 좋은 도구이다.

② 서비스 전달 시스템은 창조적 프로세스를 통해 디자인되어야 경쟁 기업과 차별화할 수 있다.

③ 급진적 서비스 혁신이란 기존 서비스와 다른 새로운 서비스를 개발하는 것이다.

④ 점진적 서비스 혁신이란 기존 서비스의 일부 특성을 개선하는 것이다.

⑤ 새로운 서비스 혁신에 대한 아이디어는 보안을 위해 반드시 내부 직원으로부터 획득해야 한다.

18 다음 중 서비스 품질을 측정하는 이유로 가장 적절한 것은?

① 서비스 품질은 모두가 잘할 수 있는 것이기 때문에 측정해야 한다.

② 경쟁 우위 확보를 위해 서비스 품질을 개선하거나 서비스를 재설계하기 위해 측정한다.

③ 서비스 품질은 주관적 개념으로 파악하기 어렵기 때문에 측정한다.

④ 서비스 품질과 관련된 객관적 데이터 수집이 어렵기 때문에 측정한다.

⑤ 고객이 서비스 프로세스의 일부로 참여하기 때문에 측정한다.

19 다음 중 서비스 품질 갭(Gap) 모형에 대한 설명으로 가장 적절한 것은?

① 고객 기대치 – 경영자 인식 간 격차는 서비스 품질에 대한 관리자들의 몰입, 업무 표준화 등을 통해 줄일 수 있다.

② 경영자 인식 – 서비스 품질 규격 간 격차는 마케팅 리서치 및 상향 커뮤니케이션 등을 통해 줄일 수 있다.

③ 서비스 품질 규격 – 서비스 전달 간 격차는 수평 커뮤니케이션 및 과잉 약속 배제를 통해 줄일 수 있다.

④ 서비스 전달 – 외부 의사소통 간 격차는 역할 모호성 및 역할 갈등을 해결함으로써 줄일 수 있다.

⑤ 기대한 서비스 – 경험한 서비스 간 격차는 서비스 전달 과정에서 발생하는 네 가지 갭의 크기와 방향에 의해 결정된다.

20 다음 중 서비스 프로세스 상태를 파악하여 개선하기 위해 활용되는 관리도(control chart)에 대한 설명으로 가장 적절한 것은?

① 프로세스가 통제되고 있는지를 결정하기 위해 프로세스 성과에 대한 측정값을 도표로 나타낸 것을 관리도라고 한다.

② 관리도에 주기별로 측정하여 표기한 자료를 통해 고객 만족도를 제고할 수 있다.

③ 측정치가 관리 한계 내에 있을 때 프로세스가 관리되지 않는 것으로 간주하여 시스템에 주의를 기울인다.

④ 관리도를 그리는 것은 평균에 대한 신뢰 구간을 정하는 것과 매우 다르다.

⑤ 관리도는 측정치의 분포에 따라 계량형 관리도(variable control chart)와 계수형 관리도(attribute control chart)로 구분된다.

21 다음 중 서비스 품질 격차(gap) 모델에 대한 설명으로 가장 적절한 것은?

① 이 모델은 서비스 경험과 기대 사이에 발생 가능한 2가지 격차를 밝히는 것이다.

② 서비스 품질은 이 격차가 클수록 우수하다고 할 수 있다.

③ 경영자 인지 격차는 서비스 경쟁에 대한 경영자의 올바른 이해를 통해 해결할 수 있다.

④ 품질 명세 격차는 서비스 품질 명세가 고객 기대와 불일치할 때 발생한다.

⑤ 품질 명세 격차는 고객 기대 수준을 조정함으로써 해결할 수 있다.

22 서비스 디자인의 세 가지 핵심 요소는?

① 가치 중심성, 관계 지향성, 지속성
② 대화 중심성, 혁신성, 순환성
③ 투명성, 혁신성, 지속성
④ 효과성, 효율성, 혁신성
⑤ 가격 중심성, 관계 중심성, 혁신성

23 서비스 디자인 프로세스의 다섯 단계는?

① 정보 수집 ⇨ 정보 공유 ⇨ 정보 창출 ⇨ 정보 통합 ⇨ 서비스 디자인
② 아이디어 공유 ⇨ 아이디어 통합 ⇨ 아이디어 창출 ⇨ 가치 기준 수립 ⇨ 서비스 디자인
③ 문제의 인식 ⇨ 문제의 확인 ⇨ 문제의 기술 ⇨ 문제의 해결안 ⇨ 최선의 해결책
④ 아이디어 창출 ⇨ 정보 수집 ⇨ 아이디어 공유 ⇨ 아이디어 통합 ⇨ 프로토타입
⑤ 정보 수집 ⇨ 아이디어 창출 ⇨ 아이디어 공유 ⇨ 프로토타입 ⇨ 아이디어 통합

24 스캠퍼(SCAMPER)의 구성 요소가 아닌 것은?

① 대체   ② 결합
③ 속성   ④ 적용
⑤ 제거

25 다음 중 서비스 품질 측정이 어려운 이유로 적절하지 않은 것은?

① 서비스 품질은 주관적인 개념이다.
② 전달 이전에 테스트가 어렵다.
③ 고객으로부터 서비스 품질에 대한 데이터 수집이 어렵다.
④ 자원이 고객과 분리되어 이동하므로 고객이 자원의 변화를 파악하기 어렵다.
⑤ 고객은 프로세스의 일부이며, 변화 가능성이 있는 요인이다.

26 다음 중 서비스 프로세스의 재설계 과정에 해당되지 않는 것은 무엇인가?

① 편의성과 전달 기능 향상을 위해 서비스 프로세스 중 물리적 요소를 재설계한다.
② 고객별 서비스의 종류를 줄이고, 다양성을 확보할 수 있도록 일관된 서비스를 제공한다.
③ 서비스 속도를 증가시키고, 접근성을 향상시킬 수 있는 방법으로 셀프서비스를 활용한다.
④ 편의성과 접근성을 증가시킬 수 있도록 고객에게 서비스를 직접 전달하는 과정을 창출한다.
⑤ 서비스의 효율성과 제공 속도를 높이기 위해 부가 가치를 창출하지 않는 서비스 전달 단계를 제거한다.

27 다음 중 개선할 서비스 프로세스의 선정 방법이 아닌 것은?

① 어떤 서비스가 서비스 제공자 입장에서 설정한 성과 기준에 가장 큰 영향을 미치는가?
② 어떤 서비스가 고객에게 가장 중요한가?
③ 어떤 프로세스가 고객의 눈에 가장 잘 띄는가?
④ 어떤 프로세스가 고객이 설정한 성과 기준에 가장 큰 영향을 미치는가?
⑤ 서비스를 생산하는 프로세스는 어떤 것인가?

28 다음 중 카노 모델(Kano Model)에 대한 설명으로 적절하지 않은 것은?

① 매력적 품질 요소는 기능적 요소들이 충족될수록 사용자의 만족도가 지수적으로 증가하는 것을 뜻한다.
② 일원적 품질 요소는 품질이 좋아지면 좋아질수록 만족도도 높아지고, 품질이 나빠지면 나빠질수록 불만족하는 것을 말한다.
③ 필수적 품질 요소는 기본적으로 갖추고 있어야 하는 기능을 뜻하는 것으로 욕구가 충족될수록 만족도의 지속적인 상승 효과를 얻을 수 있다.
④ 무관심적 품질 요소는 고객들이 중요하게 생각하지 않는 요소로 고객 만족과 관련이 약해 중요성이 떨어진다.
⑤ 반대적 품질 요소는 제공하면 할수록 불만족을 증가시키는 요소들로 제거해야 할 대상이다.

O / X 형

[29~37] 다음 문항을 읽고 옳고(O), 그름(X)을 선택하시오.

29 파레토 차트(Pareto Chart)는 품질 개선 과정에서 사용하는 중요한 도구로 최대의 이익을 얻을 수 있는 영역에 시간과 노력을 집중하기 위한 분석 도구이다. (① O   ② X)

30 고객은 가치 공동 창조자로서 교환 가치만을 창조하는데 참여를 통해 공동 생산자로서의 역할을 하게 된다. (① O   ② X)

31 서비스 디자인 방법론에서 이해관계자 지도는 서비스를 관찰함으로써 고객이 갖고 있는 니즈와 서비스 생산과 제공에서 접하게 되는 문제점들을 이해하기 위한 목적으로 사용된다. (① O   ② X)

32 서비스 디자인 방법론에서 페르소나는 고객 관점에서 중요한 서비스가 무엇인지 파악하기 위해 서비스의 특정 영역을 중심으로 기대 지도를 만드는 것이다. (① O   ② X)

33 서비스 디자인 방법론에서 서비스 프로토타입은 완성된 서비스를 실제 사용자를 참여시켜 시뮬레이션으로 서비스를 경험하게 하는 것이다. (① O   ② X)

34 슈매너의 서비스 프로세스 매트릭스 중 서비스 숍은 노동 집약도의 정도가 낮고, 상호 작용과 고객화의 정도도 낮은 특성이 있다. (① O   ② X)

35 서브퀄 모형의 5개의 차원은 무형성, 신뢰성, 반응성, 확신성, 공감성으로 구성된다. (① O   ② X)

36 고객에게 우수한 품질의 서비스가 전달되기 위해서는 서비스 삼박자가 유기적으로 구조화되어야 한다. 이러한 일련의 활동을 서비스 품질의 삼박자라고 하며, 품질 계획, 품질 통제, 품질 개선으로 구성된다. (① O   ② X)

37 서비스 품질 측정이 어려운 이유는 서비스 품질의 개념이 객관적이기 때문이다. (① O   ② X)

연결형

[38~42] 다음 보기 중에서 각각의 설명에 알맞은 것을 골라 넣으시오.

① 대량 서비스   ② 서비스 숍   ③ Fish bone 다이어그램
④ PDCA 사이클   ⑤ 서브퀄 모형

38 서비스 프로세스 매트릭스는 노동 집약 정도 및 상호 작용과 고객화 정도를 기준으로 4가지 서비스 유형을 구분한다. 이 가운데 노동 집약 정도가 높고, 상호 작용과 고객화 정도가 낮은 서비스 유형을 일컫는다. ( )

39 신뢰성(reliability), 확신성(assurance), 유형성(tangibles), 공감성(empathy), 대응성(responsiveness)으로 차원을 구분하여 서비스 품질을 측정하는 모델을 말한다. ( )

40 상호 작용과 고객화의 정도가 높은 서비스 매트릭스의 유형을 말한다. ( )

41 서비스 프로세스 개선을 위해 선정된 개선 과제의 문제에 대해 근본적인 원인을 발견할 때 주로 사용되며, 개선 과제에 대한 근본 원인을 8Ps로 찾을 수 있는 서비스 프로세스 개선을 위한 도구이다. ( )

42 계획 ⇨ 실천 ⇨ 확인 ⇨ 개선을 반복해서 실행하여 목표를 달성하는 데 사용하는 서비스 프로세스 개선 접근법이다. ( )

43 다음은 H 가구 회사에서 서비스 품질 비용 관련 직원들 간의 대화이다. 다음 중 대화에 관한 설명으로 중 가장 올바른 것은?

> 직원 1: "회사에서 직원들에 대한 교육 프로그램 중 가구의 설치 및 운반 능력 향상에 대한 교육을 다양화하고, 횟수를 종전보다 30% 가량 늘린 결과, 고객들의 만족도가 높아진 것 같아요."

> 직원 2: "그뿐만 아니라, 가구를 납품하고, 설치한 후에 문제가 발생하여 고객의 클레임을 처리하거나 AS를 하는 데 드는 비용이 실제로 감소했어요."

① 직원 1의 발언은 서비스에 대한 품질 비용 중 '평가 비용'과 관련이 깊다.
② 직원 2의 발언은 서비스에 대한 품질 비용 중 '예방 비용'과 관련이 깊다.
③ 직원 1의 발언은 서비스에 대한 품질 비용 중 '내부 실패 비용'과 관련이 깊다.
④ 직원 2의 발언은 서비스에 대한 품질 비용 중 '외부 실패 비용'과 관련이 깊다.
⑤ 서비스 품질 관리가 우수한 기업의 품질 비용은 일반적으로 H 가구 회사와 같이 서비스 실패 사전 방지를 위한 비용의 비중이 낮다.

44 다음은 S 커피 전문점의 서비스 프로세스에 대한 사례이다. 사례에 관한 내용 중 가장 올바르지 않은 것은?

> 대표적인 커피 전문점인 S사는 일정한 가격으로 한정된 종류의 커피를 판매한다. 구매를 원하는 고객은 카운터에서 정해진 메뉴 내에서 직접 주문, 계산한 후 커피가 나오면 이를 받아 자신이 원하는 자리에서 마시거나 테이크아웃하여 나간다. 이러한 서비스 프로세스를 적용하기 위하여 종업원의 업무 수행 방법을 규정한 매뉴얼을 가지고 있다.

① 사례에서 S사는 매우 표준화된 서비스 프로세스를 제공하고 있다.
② 사례와 같은 서비스 프로세스를 주로 적용하는 경우는 효율적이고 검증된 방법이 존재할 가능성이 높다.
③ 사례의 S사와 같은 경우 이질적인 태도와 능력을 지닌 종업원들의 업무 수행을 균질화시키기 위한 노력이 필요하다.
④ 고객의 요구가 다양하고, 이질적인 경우에는 상당히 정형화된 사례와 같은 프로세스만을 제공할 경우 바람직하지 못한 성과로 나타날 수 있다.
⑤ S사와 같이 모든 고객에게 동일한 서비스 프로세스가 제공되는 경우는 많은 판단력이 요구되므로 서비스 제공자의 능력 수준이 높아야 한다.

통합형

[45~46] 다음 사례를 보고 물음에 답하시오.

> A 종합 병원은 경영 환경의 변화와 고객의 의료 서비스에 대한 요구를 반영하여 의료
> 서비스 혁신을 하고자 한다. A 병원은 혁신을 위해 병원장, 경영진, 의료진, 간호사, 행정
> 직원으로 구성된 태스크 포스(TF) 팀을 구성하여 현재 상태를 분석하고, 혁신안을 도출
> 하는 회의를 하고 있다.
> 먼저 고객이 느끼는 A 병원의 의료 서비스에 대해 분석한 결과 환자들에게 지각되는 의
> 료비가 높은 것으로 나타났다. A 병원은 경쟁에서 앞서가기 위해 첨단 의료 장비를 구비
> 하고, 수준 높은 의료진을 확보하기 위해 높은 비용을 지불하고 있다. 그럼에도 불구하고
> 환자들에게는 의료비가 가격 자체로만 인식되는 것 같다. 또한 의료진은 생산성을 기준
> 으로 평가받다 보니 과도한 업무와 역할 부담으로 피로가 높아지고, 근무 만족도가 낮아
> 지는 것으로 파악되었다. 의료 서비스도 대인 서비스이기 때문에 의료진의 피로 누적은
> 고객 서비스에 부정적인 영향을 미칠 것이다.
> 이런 상황에서 A 병원의 수익성도 만족할 만한 수준은 아니며, 새로운 투자를 위해서는
> 더 높은 수익이 확보되어야 할 필요가 있다. A 병원은 무엇을 어떻게 혁신해야 할지 무척
> 당황스러운 상황이다. 전통적 혁신 방법인 비용 절감을 과감하게 추진할 것인가? 고객을
> 세분화하여 고품격 의료 서비스에 집중하는 전략으로 가야 할 것인가? 내부 직원 만족을
> 통해 열정적인 의료 서비스가 수행될 수 있도록 해야 할 것인가? 의견은 분분하지만 쉽게
> 방향을 정하지 못하고 있다.

45 고객을 가치 창조자로 이해하고 있는 병원의 경영자로서 적합하지 않은 결정은 무엇인가?

① 태스크 포스 팀을 재구성한다. 현재의 구성원들은 주로 내부 이해관계자만으로 구성되어
   있으므로 외부 이해관계자를 포함한 포괄적 이해관계자로 구성된 태스크 포스 팀으로 재
   구성하여 혁신에 대한 추진을 기획한다.

② 환자들에게 지각되는 의료비가 높게 나타난 것을 고려하여 의료비를 낮추는 혁신 방안에
   집중한다. 의료진의 1인당 대응 환자 수를 증가시켜 인건비를 낮추고, 비용 절감을 통해서
   더 낮은 의료비를 달성할 수 있다.

③ 병원에서 제공하는 진정한 혜택이 무엇인지를 고려하여 환자와 외부 이해관계자들에게
   A 병원이 제공하는 의료 서비스가 지닌 진정한 가치인 사용 가치를 파악해 본다.

④ 의료 서비스에서 고객의 역할, 병원의 역할, 재화의 역할에 대해 가치 공동 창조의 관점
   으로 재해석하고, 병원의 역할과 의료 서비스의 방향이 무엇으로 정립되어야 할지를 분
   석한다.

⑤ 병원은 의료 서비스를 경험하는 과정에서 환자에게 제안할 수 있는 가치를 파악하고, 전
   달되는 의료 서비스를 꾸준히 제공할 수 있는지에 대해 측정한다.

46 가치 공동 창조의 3요소인 '고객, 병원, 상호 작용'을 통해서 병원을 혁신하기 위한 방안을 모색한다면 가장 적합도가 낮은 방법은 무엇인가?

① 고객의 특성에 따라 다양한 가치 공동 창조의 유형을 다양하게 제시하고, 고객에게 개인화된 경험을 만들 수 있도록 지식과 스킬 및 임무의 복잡성 등을 고려한 고객 참여 수준을 설계한다.

② 병원은 가치 공동 창조를 위해 고객과 직원이 상호 작용할 수 있는 플랫폼을 제공한다. 이러한 플랫폼은 이해관계자들 간의 상호 작용과 공유를 할 수 있는 기반이 될 수 있도록 한다.

③ 고객 세분화를 통해 세분화된 고객 니즈를 파악하고, 이에 맞춘 세분화된 서비스를 설계한다. 즉, 맞춤형 서비스를 만들어서 고객의 상황과 특성에 맞는 의료 서비스가 제공될 수 있도록 의료 서비스를 구성하고, 자원과 설비를 재배치한다.

④ 가치 공동 창조의 상호 작용을 촉진하기 위해서 고객과 지속적인 대화를 나눌 수 있도록 한다. 고객은 문제를 해결하기 위해 의료 서비스를 제공받으면서 병원 및 타 고객들과 대화를 하고, 다양한 정보를 투명하게 제공받을 수 있도록 한다.

⑤ 가치 공동 창조를 위해 병원은 환자에게 자유롭게 정보를 이용할 수 있고, 병원과 환자 모두 이익을 얻을 수 있는 관계를 위해 물리적, 조직적 지원을 한다.

SMAT
Module ⓒ
서비스 운영전략

Part

03

서비스 공급 및
수요 관리

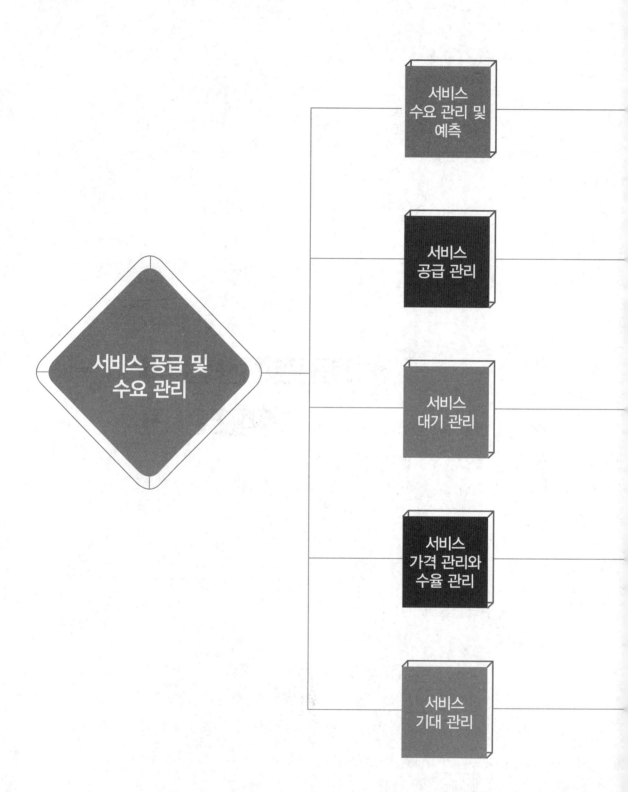

서비스
수요 관리 및
예측

서비스
공급 관리

서비스
대기 관리

서비스
가격 관리와
수율 관리

서비스
기대 관리

서비스 공급 및
수요 관리

서비스 수요 관리의 이해	서비스 수요 관리의 특징 ★★★
서비스 수요 예측 기법	정량적 예측 방법과 정성적 예측 방법의 비교 ★★ 대표적인 정성적 예측 기법 ★★ 정량적 예측 기법 ★★
서비스 공급 관리의 이해	서비스 공급 수준이 수요에 대응할 수 없을 때 발생하는 현상 ★ 서비스 공급 계획 모형 ★★
자체 공급 모형	수요 추구형 전략 ★★ 공급 평준화 전략 ★★
주문 공급 모형 ★★	EOQ 모형의 기본 가정 ★★ 재주문 시점의 결정 ★ 일회 주문 모형의 개념 ★★
서비스 수요–공급의 관리	서비스 수요–공급의 불일치로 인해 발생되는 상황 ★★ 수요 측면의 조정 기법 ★★★ 공급 측면의 조정 기법 ★★★
혼잡성	혼잡성에 영향을 미치는 요소들 ★ 혼잡성이 미치는 영향 ★ 혼잡성 감소 방안 ★
대기 관리의 이해	마이스터의 대기 심리 기본 원칙 ★★ 대기의 발생 원인 ★★ 대기 관리 보완 전략 ★★
대기 행렬	대기 행렬의 분석 목적 ★ 대기 행렬 시스템의 구성 요소 ★★ 대기 행렬의 종류 ★
서비스 가격 관리	서비스 가격 관리의 목표 ★★
가격 결정 방법	원가 중심의 가격 결정 ★★ 경쟁 중심의 가격 결정 ★★ 수요 중심의 가격 결정 ★★
고객이 인식하는 가치 차원에 따른 가격 차별화 전략	수율 관리 개념 ★★
서비스 수율 관리	수율 관리가 적합한 상황 ★★ 수율 관리 시스템의 기본 요소 ★★ 수율 관리 실행의 이슈들 ★
서비스에 대한 고객 기대	서비스에 대한 고객의 기대 유형 ★★ 허용 구간 ★★
서비스 기대에 영향을 미치는 요인 ★★	서비스에 기대 형성 요인에 따른 관리 방식 ★

서비스 수요 관리 및 예측

출제 & 학습 포인트

출제포인트
1장 서비스 수요 관리 및 예측에서는 서비스 수요 관리의 특징과 서비스 수요 예측 기법이 주로 출제됩니다.

학습포인트
1 서비스 수요 관리의 개념을 이해하고, 서비스 수요 관리의 4가지 특징을 학습합니다.

2 서비스 수요 예측의 개념을 이해하고, 정량적 예측 방법과 정성적 예측 방법을 비교하여 학습합니다.

3 대표적인 정성적 예측 기법과 정량적 예측 기법의 개념을 잘 구분하여 학습합니다.

1 서비스 수요 관리(Demand Management)의 이해

(1) 서비스 수요 관리의 개념

① 고객이 만족하는 제품과 서비스가 있더라도 고객이 집중해서 몰리게 되어 원하는 제품과 서비스를 원하는 시점에 제공받지 못하게 되면 충성 고객을 잃게 만든다.

② 성수기와 비수기 수요의 차이, 명절에 택배 물량의 증가와 같은 서비스 수요를 관리하고 통제하는 것을 의미한다.

③ 서비스 수요는 동일 시간 기준으로 할 때 제품 수요에 비해 변화가 크기 때문에 관리가 필요하다.

(2) 서비스 수요 관리의 특징 ★★★

변동성	• 서비스 수요는 높은 변동성을 보인다. • 서비스 수요가 일정 시점에 집중되거나 시간별로 급격한 변동을 보일수록 수요 예측은 더욱 어려워진다.
재고 관리의 어려움	• 서비스 수요는 재고의 저장이 불가능하거나 아주 어렵다. • 서비스 수요는 눈에 보이지도 않고 또 만들어지면서 바로 소비된다. • 서비스 수요는 발생 순간에 즉시 제공되지 못하면 수요 자체가 사라져 버리는 경우가 많다.
다양성과 이질성	서비스 수요는 종류가 다양하고 이질적인 특성을 지니고 있다. 이러한 이유로 서비스 공급 능력을 수요와 일치시키기가 어렵다.
시간과 공간의 제약	• 서비스 수요는 공간 사이의 이동이 불가능하고 또 특정 시간에 제공되어야 하는 제약이 따르는 경우가 많다. • 원하는 장소와 시간에 제대로 서비스를 제공하지 못하고, 서비스를 제공해도 비용이 늘어나는 문제로 이어질 수 있다.

2 서비스 수요 예측 기법

(1) 수요 예측의 개념

① 수요 예측(demand forecasting)이란 언제, 얼마만큼의 서비스가 판매될 것인가를 전망하는 활동이다. 즉 수요의 양과 시기를 전망하는 활동이다.

② 수요 예측이 필요한 직접적인 이유는 수요에 대한 정확한 예측을 바탕으로 공급 계획을 수립해야만 공급의 과잉이나 부족 문제를 방지할 수 있기 때문이다.

③ 수요 예측이 잘못되면 공급 계획이 잘못되고, 제때에 제대로 공급이 이루어지지 못하면 다른 모든 경영 기능이 연쇄적으로 타격을 입게 된다.

④ 서비스는 시간 단위에 따른 변화가 크기 때문에 시간 경과의 세분화된 단위에 따라 예측하는 것이 좋다.

⑤ 수요 예측 기법에는 정량적 예측 방법과 정성적 예측 방법이 있다.

🖑 정량적 예측 방법과 정성적 예측 방법의 비교 ★★

구분	정성적 예측 방법	정량적 예측 방법
특징	• 적은 인원의 사람을 대상으로 고객의 의견을 심층적으로 파악 • 경영자의 판단, 전문가의 의견, 마케팅 부문의 정보와 경험, 시장 조사 결과 등을 참고하여 주관적으로 미래의 수요 예측을 하는 방법을 통칭하는 개념	• 과거의 구매 데이터를 이용하여 수요를 예측하는 방법 • 모집단을 대표할 수 있는 표본을 대상으로 구조화된 질문지로 양적 자료 수집
장점	• 고객을 잘 파악하는 사람과 조직이 가장 현실적이고, 직접적인 정보를 바탕으로 예측 가능 • 명확성, 유연성, 현장성, 신속성 • 심층적 수요 예측 가능 • 저비용으로 예측	• 자료의 객관성과 대표성 • 신뢰도 측정 가능 • 다양한 결과 도출로 다목적 달성 가능
단점	• 전체 시장을 대표하지 못함. • 주관적인 판단을 주로 사용하여 논리적 근거가 부족 • 고객 이외의 환경적 요인 변화를 파악하는 데에 한계 • 장기적 관점의 수요 예측에 한계	• 조사에 장시간 소요 • 조사에 많은 비용 필요 • 인과 관계 불분명한 표본 조사의 한계

(2) 정성적 예측 기법

정성적 예측을 하는 경우	• 예측에 필수적인 과거의 데이터가 없거나 수집에 지나치게 많은 비용과 시간이 드는 경우(예 신규 서비스에 대한 수요 예측) • 외부 환경 요인이 크게 변화하여 과거 데이터의 의미가 없어지거나 변질된 경우 • 시장의 수요가 어느 한 가지 요인의 특성보다 여러 요인들 사이의 복합적인 상호 관계에 의해 결정되는 경우

👆 대표적인 정성적 예측 기법 ★★

지명 집단 기법 (Nominal group technique)	• 8~12명 정도의 전문가가 모여서 자유로운 토론을 하거나 투표를 통해 수요를 예측하는 방법 • 기업 내의 경영 기획, 마케팅, 생산 부문의 담당자와 기업 외부의 관련 분야 전문가나 주요 고객들이 포함		
델파이(Delphi) 기법	• 지명 집단 기법을 바탕으로 규모를 키우고, 과정을 더 조직화한 방법 • 반복적인 조사를 통해 신뢰성 있는 합의점을 도출하는 과정 • 델파이 기법의 진행 단계		
	1차	• 여러 전문가들로부터 시장 수요에 관한 의견을 수집 • 응답 결과를 통계적으로 분석하는 단계 • 평균, 분산, 범위 등의 통계량 사용	
	2차	• 1차 분석 결과를 예측에 참여했던 전문가들에게 전달 • 1차 결과를 토대로 예측치를 수정할 기회 • 수정 자료를 다시 통계 분석	
	3차 이상	• 2차 분석 절차 반복 • 분석이 반복되면서 만족할 만한 범위 안으로 의견 수렴	
시장 조사법	• 사용자와의 인터뷰, 시장 동향의 분석, 대규모의 설문 조사 등 다양한 방법 사용 • 주로 신서비스를 시장에 출시하기 전에 미래의 수요를 예측하기 위해 사용 • 시장 정보를 수요 예측에 직접 반영하기 때문에 단기적으로 높은 정확도 • 장기적으로는 기술과 환경의 변화로 인해 정확도 감소 가능 • 시장에서 직접 자료를 수집하고 분석하기 때문에 많은 비용 소요		
역사적 유추법	• 역사적 사실을 통해서 일반화된 유형 또는 법칙을 찾아내고 이것을 토대로 미래를 예측하는 방법 • 과거의 산업이나 업종 전체의 매출실적이나 자사, 경쟁사의 매출실적을 분석하여 일정한 패턴이나 법칙을 찾아 미래수요를 예측하는 방법으로 활용		
사다리 기법	• 제품의 물리적 특성과 고객가치 간의 연결관계를 파악하여 심리지도를 만드는 방법 • 상품의 속성, 사용이유, 사용결과 등 근본적 구매이유를 찾아가는 기법으로 사다리를 오르듯이 지각과정을 거슬러 개인의 내면가치에 접근하는 기법		
판매원 의견 예측법	• 판매원의 의견을 물어서 수요를 예측하는 방법 • 판매원들이 회사에 협조적이고 서로 신뢰가 가능할 때 조사하는 방법 • 제품별, 고객별, 지역별로 분류가 가능하며 쉽게 조사할 수 있는 장점이 있으나, 판매원들 간 이해 충돌, 전문적 지식의 한계 등으로 평가 오류 발생 가능		

(3) 정량적 예측 기법 ★★

정량적 예측 방법은 시간의 경과에 따라 과거 정보를 이용하기 때문에 시계열 분석이라 한다. 시계열 자료란 동일한 시간 간격을 두고 얻어진 관찰 자료의 집합으로, 일별 구매량, 월별 구매량, 분기별 구매량 등이 대표적인 시계열 자료이다. 미래의 수요를 예측하기 위해서 과거의 자료를 시각적으로 살펴보고 양상의 패턴을 살펴본다.

① 단순 변동만 있는 경우 : 별다른 특징이나 추세 없이 단순히 오르락내리락하는 단순 변동만 있는 경우이다. 특별한 변화가 없다면 지금까지의 평균이 미래의 예측이 되고, 평균을 통한 예측 방법에는 단순 산술 평균, 이동 평균법, 지수 평활법이 활용될 수 있다.

㉠ 산술 평균법

👆 산술 평균법의 한계점

데이터베이스의 유지 비용	시간이 지나면서 모든 과거 데이터를 계속 유지하는 데에 따를 비용의 증가
자료의 진부화	과거의 데이터로 변화된 현 상황의 반영 미흡
최근 정보의 가치 하락	예측에 가장 큰 영향을 미치는 것은 최근 정보인데, 단순 산술 평균에서는 최근 정보의 비중이 동일하게 취급

예제

다음은 3개월 동안의 수요 자료이다. 다음 달의 수요를 예측하는 방법은 아래와 같다.

월	1월	2월	3월	4월
수요	100	80	120	?

4월의 수요를 산술 평균법을 이용하여 구하라.

해설 $\dfrac{100+80+120}{3}=100$

산술평균법으로 4월 달의 수요를 예측한 값은 100개이다.

㉡ 이동 평균법

ⓐ 가장 오래된 자료를 제거하고 가장 최근의 자료를 추가하여 평균값을 갱신함으로써 미래의 수요를 예측하는 방법

ⓑ 입출 데이터의 양이 같기 때문에 늘 일정 수준으로 데이터의 양을 유지 가능

ⓒ 최근 자료의 기간을 어느 정도로 정하느냐의 문제가 발생하고, 이 기간은 m 값으로 표시

ⓓ m 값이 작을수록 최근의 정보를 반영한 민감도(sensitivity)가 올라가는 장점이 있으며, m 값이 커질수록 안정성(stability)이 올라가는 장점

예제

[1~2] 이동 평균법을 활용하여 다음의 수요를 예측하라.

1. 다음은 3개월 동안의 수요 자료이다. 다음 달의 수요를 예측하는 방법은 아래와 같다. 기간은 m=4 이다. 이동 평균법을 이용하여 수요 예측값을 구하라.

월	1월	2월	3월	4월	5월
실제 수요	100	80	120	100	?

2. 5월의 실제 수요가 80이었다면 6월의 수요 예측값은?

해설 1. $\dfrac{100+80+120+100}{4}=100$

이동평균법으로 5월의 수요를 예측한 값은 100개이다.

2. $\dfrac{80+120+100+80}{4}=95$

6월의 수요 예측값은 95가 된다.

ⓒ 지수 평활법(exponential smoothing technique)

ⓐ 지수 평균을 이용하여 예측하는 기법

ⓑ 실적치와 예측치의 고려하는 비중을 정해야 하며, 실적치에 α(지수 평활 상수)만큼을 고려하면 예측치에는 $1-\alpha$만큼 고려하여 차기 예측치로 삼는 것을 의미

👆 α(지수 평활 상수)값의 결정

- α값의 결정은 기업의 상황이나 계수의 성질에 따라 신중하게 결정해야 한다.
- 일반적으로 α값은 0.01~0.3의 값으로 예측하며, 수요가 불안정한 경우 0.5~0.9의 값을 선정하여 예측한다.
- 수요 추세가 안정적이면 α값을 작게 하여 과거의 예측치를 많이 고려하고, 수요 추세가 변동성이 크고 동태적이면 α값을 크게 하여 과거의 실제 수요를 많이 고려하는 것이 좋다.
- 수요 추세는 확률적이고 임의성을 띠고 있어서 예측을 평활화하기 위해서는 0.005 ~0.3 사이의 값을 사용하는 것이 바람직하다.

차기 예측치 = 당기 예측치 + α(당기 실적치 − 당기 예측치)
= 당기 예측치 + α × 당기 실적치 − α × 당기 예측치
= α × 당기 실적치 + $(1-\alpha)$ × 당기 예측치
= $\alpha \times A_{t-1} + (1-\alpha) \times F_{t-1}$

예시

$\alpha = 0.4$라고 가정하고, 단순 지수 평활법에 의한 수요 예측을 계산해 보면 아래의 표와 같다.

👆 지수 평활법에 의한 예측 수요량 계산

월	실제 수요량	예측치	다음 달 수요 예측치
1	10	11	$0.4 \times 10 + 0.6 \times 11.0 = 10.6$
2	12	10.6	$0.4 \times 12 + 0.6 \times 10.6 = 11.2$
3	13	11.2	$0.4 \times 13 + 0.6 \times 11.2 = 11.9$
4		11.9	

② 단순 변동에 추세가 있는 경우

   ⊙ 수요가 단순히 오르내리는 것만 아니라 시간의 흐름에 따라 일정한 방향성을 가지고 변한다는 것을 뜻한다.

   ⓒ 추세는 꾸준히 늘어나는 추세가 있을 수도 있고 반대로 계속 줄어드는 추세가 있을 수도 있다. 증가 추세가 있는 경우에는 과거의 평균값에 추세의 차이만큼을 더해 주고, 감소 추세가 있는 경우에는 빼 주는 것이다. 이때 평균값은 앞서 설명한 이동 평균이나 지수 평균을 통해 계산할 수 있다.

③ 단순 변동에 계절성이 있는 경우

   ⊙ 계절성은 몇 개의 기간으로 나누었을 때 기간 사이에 수요의 차이가 존재하는 일반적인 경우를 의미한다.

   ⓒ 계절 변동이 있는 경우 수요 예측은 과거의 평균값에다 해당되는 계절 변동의 수준을 곱하는 것을 기본으로 한다.

   ⓒ 올라가는 계절은 높은 수준만큼의 비율을 평균값에 곱해 주고, 내려가는 계절을 낮은 수준만큼의 비율을 곱해 주는 방식을 쓴다.

   ② 수준은 일종의 지수를 말하는 것이다. 모든 계절의 평균 수요를 1로 하였을 때 평균보다 수요가 많은 계절의 수준, 즉 계절 지수는 1보다 큰 값으로 하고 적은 계절의 수준은 1보다 작은 값으로 한다.

Part
03

서비스 공급 관리

출제 & 학습 포인트

출제포인트
2장 서비스 공급 관리는 파트 3에서 출제 빈도가 높은 부분이므로 전체적으로 학습하되, 특히 주문 공급 모형과 서비스 수요/공급의 보완적 관리 기법의 출제 빈도가 높습니다.

학습포인트
1 서비스 공급 관리의 개념을 이해하고, 서비스 공급 수준이 수요에 대응할 수 없을 때 발생하는 현상을 학습합니다.

2 다양한 서비스 공급 계획 모형의 개념 차이를 비교하면서 학습합니다.

3 자체 공급 모형의 수요 추구형 전략과 공급 평준화 전략의 장, 단점을 구분하여 학습합니다.

4 주문 공급 모형의 고정 주문량 모형의 개념을 이해하고, 주문량을 결정하는 EOQ 모형과 재주문 시점을 학습합니다.

5 서비스 수요 – 공급의 불일치로 인해 발생하는 상황에 대해 이해하고, 다양한 수요 측면의 조정 기법과 공급 측면의 조정 기법을 학습합니다.

1 서비스 공급 관리의 이해

(1) 서비스 공급 관리의 개념
① 서비스의 공급 수준은 예측된 수요에 대응할 수 있는 것이어야 한다.

② 장기적으로 서비스 공급 능력이 수요를 능가하는 것이 바람직하다.

③ 서비스를 공급하는 방식은 자체적으로 공급 능력을 확보하는 방식과 외부에서 주문하는 고정 주문 및 일회 주문 방식으로 나눌 수 있다.

(2) 서비스 공급 수준이 수요에 대응할 수 없을 때 발생되는 현상 ★
① 서비스를 제공하는 데 시간이 부족하면 필수적인 최소한의 서비스를 제공하고 시간 소모적인 부분을 제거한다. 임시적인 대응은 가능하나 장기적으로 고객 불만이 발생한다.

② 고객의 대기 시간이 길어지면 일부 고객은 거래를 그만두게 되고, 수요가 감소하게 된다.

③ 수요가 늘어나면 서비스 제공자는 서비스를 빠르게 제공하려고 노력하고 곧 서비스 공급 능력은 늘어난다. 하지만 서비스 제공 능력은 단기적으로 고정되어 있는 경우가 일반적이다. 따라서 고객은 일정 기간 대기나 혼잡 및 불편을 감수하게 된다.

④ 대기 시간이 길어지면 고객은 자신의 구매 의사에 대해 한 번 더 고민하게 되고 이는 구매 취소로 이어진다.

(3) 서비스 공급 모형 ★★

모형	내용	전략
자체 공급 모형	수요에 맞추어 자체적으로 공급 능력을 확보하는 방식	• 수요 추구형 전략 • 공급 평준화 전략 • 혼합 전략
주문 공급 모형	주문을 통해 서비스 공급량을 조달하는 방식	• 고정 주문량 모형 • 고정 주문 간격 모형
일회 주문 모형	• 유통 기한이 있는 서비스를 대상으로 외부에서 조달하는 방식 • 주로 명절이나 일회성 수요가 몰리는 서비스의 경우	총비용 최소화 전략

2 자체 공급 모형

(1) 수요 추구형 전략 ★★

정의	수요 예측치의 크기에 따라 공급의 크기를 조정하는 전략이다.
장점	재고가 남거나 부족한 문제가 없다.
단점	서비스 인력을 채용하거나 해고하는 데 비용이 발생한다.

> 예시
> 첫 달에 100건의 서비스가 예상되면 100건의 서비스를 제공할 수 있는 공급 능력을 확보하고, 다음 달에 200건의 수요가 예상되면 다음 달에는 200건의 서비스를 제공할 수 있는 공급 능력을 확보한다.

(2) 공급 평준화 전략 ★★

정의	일정 기간의 평균 수요를 파악하고 평균적 크기의 공급 능력을 확보하는 전략이다.
장점	인력이나 장비를 안정적으로 유지할 수 있어 유지 관리 비용이 안정적이다.
단점	재고 관리가 부담, 공급이 과잉되거나 부족한 현상이 발생할 수 있다.

> 예시
> 수요 추구형 전략의 예시에서 두 달을 합친 수요가 300건이면 평균 수요는 150건이다. 따라서 150건의 공급 능력을 확보하는 전략이다.

(3) 혼합 전략

① 위의 두 전략을 적절히 혼합하여 사용하는 전략으로 총비용이 최소가 되는 지점을 선택

② 공급 능력 중에서 유지 비용이 낮은 것은 수요 추구형을 사용하고, 유지 비용이 높은 것은 공급 평준화 전략을 선택하는 방법

(4) 공급 계획을 위해서 수집할 데이터

수요 데이터	• 매월의 수요 예측치를 보여 준다. • 기초 재고는 서비스 공급을 시작할 시점에 보유 재고를 의미한다. • 수요 예측치에서 기초 재고를 빼면 필요한 공급이 얼마인지를 알 수 있다.
비용 데이터	• 서비스 인력 임금, 재고 관리 비용, 재고 부족 비용 등의 정보를 보여 준다. • 경제성을 분석하기 위해서는 이 정보가 반드시 필요하다.
용량 데이터	• 공급 가능량에 관한 정보를 보여 준다. • 보유 서비스 공급 능력과 공급 순서와 원칙을 위해서 필요한 데이터이다.

3 주문 공급 모형 ★★

(1) 기본 개념

① 자체적인 공급 능력을 보유하지 않은 기업들이 주로 사용한다.

② 주문량과 주문 시기에 대한 결정을 해야 한다.

③ 주문량을 결정할 것인지 아니면 주문 시기를 결정할 것인지에 고정 주문량 모형과 고정 주문 간격 모형으로 구분한다.

(2) 고정 주문량 모형

① 기본 개념

  ㉠ 고정 주문량 모형은 주문량은 고정되어 있고 주문 시점, 주문 간격을 신축적으로 바꾸는 방식이다.

  ㉡ 고정 주문량 모형을 사용하기 위해서는 수요 변화와 공급량의 재고를 항상 모니터하면서 적절한 주문 시점을 결정하는 항시 통제 시스템을 갖추고 있어야 한다.

  ㉢ 이 모형에서는 주문량과 재주문 시점에 대한 결정을 내려야 한다.

② 주문량의 결정

  ㉠ 일반적으로 많이 사용되는 기준은 경제적 주문량 모형(EOQ : economic order quantity)이다.

  ㉡ EOQ 모형은 구매 비용, 주문 비용, 재고 유지 비용 등을 합친 총비용을 최소로 할 수 있는 주문량을 찾는 모형이다.

ⓒ EOQ 모형의 기본 가정 ★★
    ⓐ 수요가 일정하다.
    ⓑ 리드 타임이 일정하다.
    ⓒ 단위 가격이 일정하다.
    ⓓ 재고 부족은 없다.

🖑 시간에 따른 재고 수준

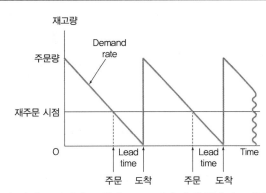

- 주기(cycle time)는 한 번의 주문량이 도착하고, 그 다음번 주문량이 도착할 때까지의 시간을 의미한다.
- 재고 수준은 일정한 수요(D)에 따라 일정한 비율로 감소한다.
- 미리 정해 놓은 수준 이하로 재고가 줄어들면 재주문(r)을 하는 주기적 형태를 띠고 있다.

③ 재주문 시점(ROP : reorder point)의 결정 ★
    ㉠ 재주문 시점은 언제 주문을 발주할 것인가를 결정하는 것이다.
    ㉡ 재주문 시점을 정하는 기준은 주문에서 도착까지 걸리는 리드 타임 동안 얼마나 수요가 있을 것인가에 따라 정하면 된다.

예시
10건의 수요가 있고 리드 타임이 10일이 걸리는 경우 언제 재주문을 해야 하는가?

풀이 일일 평균 수요(d)에 리드 타임(L)을 곱하면 된다.

$$r^* = d \times L$$

따라서 현재 남아 있는 재고가 100건 정도일 때 재주문을 하면 재고의 부족 없이 공급을 관리할 수 있다.

> ✏️ **알아두기**
>
> 실제 수요의 변동성에 따른 재주문 시점의 결정
> - 실제 수요는 평균 수요보다 더 많을 수도 있고, 더 적을 수도 있다는 불확실성이 존재한다. 특히 리드 타임 동안에 평균 수요보다 실제 수요가 더 많으면 재고 부족이 일어나기 때문에 이를 방지할 수 있는 안전장치가 필요하다.
> - 재고 부족에 대비하여 추가적으로 보유하게 되는 재고를 안전 재고(SS : safety stock)라 한다.
> - 재주문점(r^*)은 안전 재고와 리드 타임 동안의 평균 수요를 더한 양만큼으로 결정된다.
>
> $$ROP = r^* = (LT \text{ 동안의 평균 수요}) + Z(LT \text{ 동안 수요의 표준 편차})$$

(3) 고정 주문 간격 모형

① 기본 개념

㉠ 고정 주문 간격 모형은 매번 주문 간격은 고정되어 있고 대신에 주문량을 신축적으로 바꾸는 방식이다.

㉡ 고정 주문 간격 모형을 사용하기 위해서는 주기적으로 재고량에 대한 검사를 통해 필요한 만큼 주문하는 주기적 통제 시스템을 갖추어야 한다.

㉢ 주문 시점의 간격은 기업의 내부 방침이나 시장 환경에 따라 정해진다. 이 모형에서의 주문량을 주기적 주문량(POQ : periodic order quantity)이라고 하며, POQ는 매번 달라진다.

㉣ POQ를 정하기 위해서는 수요는 변동하고, 리드 타임은 상수인 것을 가정한다.

② 고정 주문 간격 모형의 장단점

장점	• 주기적으로 재고 수준을 점검하기 때문에 통제 비용이 적게 소요된다. • 같은 공급자에게 반복 주문을 하므로 주문 비용이 절감된다.
단점	• 안전 재고의 수준이 높다. • 관리에 대한 기간이 LT에서 $OI + LT$로 늘어났기 때문에 안전 재고도 증가하게 된다. • 주문 기간과 시점이 정해져 있으므로 관리의 유연성은 상대적으로 낮다.

(4) 일회 주문 모형

① 기본 개념 ★★

㉠ 일회 주문 모형은 유통 기한이 있는 서비스를 대상으로 한다. 이때 결정해야 할 것은 주문량에 대한 것이며 일회 주문이기 때문에 주문 시기는 결정할 필요가 없다.

㉡ 명절이나 휴가 시즌 동안에만 일회성 수요가 몰리는 서비스의 경우, 그 기간이 지나면 더 이상 수요가 발생하지 않는다.

㉢ 공급량이 수요량보다 적을 경우 수요를 포기할 수밖에 없고, 공급량이 수요량보다 많을 경우에는 남는 공급량을 폐기할 수밖에 없다.

② 일회 주문 모형에 따른 주문량 결정 방법

　㉠ 일회 주문 모형은 한계 분석의 개념을 사용한다. 한계 분석은 하나의 단위가 추가적으로 증가할 때의 영향력을 분석하는 것이다.

　㉡ 한계 분석의 기본 개념은 서비스 제공에서 얻는 이익은 기대 한계 이익과 기대 한계 손실이 같을 때이다.

> $$C_e P(Q) = C_s [1 - P(Q)]$$
> $$P^*(Q) = \frac{C_S}{C_S + C_e}$$
> • 한계 부족 비용(C_s) : 한 단위만큼의 공급 부족으로 인해 실현되지 못하는 이익
> • 한계 초과 비용(C_e) : 한 단위만큼의 공급 초과로 인해 발생한 손실이며, 비용에서 잔존 가치를 제한 값

예제

크리스마스 기간 동안만 발생하는 서비스에 대한 일회 주문량을 구해 보자.

- 단위당 판매 가격이 10,000원
- 단위당 구매 비용이 7,000원
- 단위당 잔존 가치 3,000원

과거의 경험을 통해 수요가 나타날 확률은 아래의 표와 같다고 가정할 때 최적의 일회 주문량은 얼마인가?

수 요	확 률	누적 확률
0 − 34	0.0	0.0
35	0.1	0.1
36	0.15	0.25
37	0.25	0.5
38	0.25	0.75
39	0.15	0.9
40	0.1	1.0
41 −	0.0	1.0

해설 먼저 한계 부족 비용과 한계 초과 비용을 구한다.

　- $C_s = P - C = 10,000 - 7,000 = 3,000$원/단위
　- $C_e = C - S = 7,000 - 3,000 = 4,000$원/단위

위의 값을 토대로 최적의 확률값을 구하면 아래와 같다.

　- $P^*(Q) = \dfrac{C_s}{C_s + C_e} = \dfrac{3,000}{3,000 + 4,000} = 0.4$

0.43은 누적 확률 0.25~0.5 사이에 존재한다. 그러므로 0.43에 가까운 수요량을 표에서 찾아보면 37단위이다. 따라서 최적의 일회 주문량은 37단위가 된다.

4 서비스 수요 – 공급의 관리

(1) 서비스 수요 – 공급의 불일치로 인해 발생되는 상황 ★★

👆 서비스 수요 – 공급

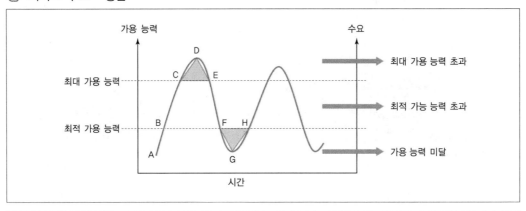

과잉 수요 [△CDE]	• 수요가 최대 공급 능력을 초과하는 경우 • 고객들이 서비스를 받기 위해 찾아와도 서비스 공급 능력이 이를 수용하지 못하게 됨. • 그림의 △CDE에 해당하는 만큼의 수요는 기업이 제공할 수 없는 영역에 해당 • 기업의 입장에서는 수익을 잃어버린 것이므로 기회비용이 됨.
수요가 적정 공급량을 초과	• 수요가 적정 공급량을 초과하였지만 아직까지 최대 공급 능력을 넘어서지 않은 상태 • 기업의 입장에서 기회비용이 발생하지 않음. • 제한된 인력으로 적정 수준의 제공 능력을 넘어선 수요에 대응하기 위해서 서비스 제공에 포함된 인적·물적 요소들의 업무 부하 상승 • 서비스 품질의 하락을 발생시킬 가능성이 높아지며 고객의 입장에서는 과밀 현상 (crowding)을 경험하게 되어 낮은 서비스 품질에 대한 지각
수요 – 공급 균형	• 수요와 공급이 적절한 수준에서 균형이 맞게 되는 것이 가장 이상적 • 양질의 서비스를 제공할 수 있고, 고객은 쾌적한 상태에서 좋은 서비스를 받을 수 있 으므로 높은 서비스 품질 지각
과잉 공급 [△FGH]	• 수요가 공급에 미치지 못하는 경우 • 기업은 보유하고 있는 서비스 인력과 시설의 활용 미흡 • 투자하여 갖추어 놓은 공급 능력을 충분히 활용하지 못하므로 매몰 비용 발생

⑵ 서비스 수요 – 공급 관리 기법

① 수요 측면의 조정 기법 ★★★

성수기 수요의 감소 전략	비수기 수요의 진작 전략
• 고객들과의 의사소통 • 영업 시간/장소의 조정 • 고객 우선순위 관리 • 성수기 가격 전략 • 예약을 통한 수요 평활화	• 현재 시장의 수요 진작 • 비수기 가격 전략 • 비수기 인센티브 제공(할인 및 추가 제공) • 서비스 시설의 용도 변화로 다른 수요 촉진 • 서비스 상품의 다변화

② 공급 측면의 조정 기법 ★★★

성수기 공급의 증대 전략	비수기 공급의 조정 전략
• 노동 시간의 증가(연장 근로) • 임시 시설의 보충 공급 • 파트타임 종업원 활용 • 아웃소싱 활용 • 종업원 교차 훈련	• 서비스 시설/장비의 보수 • 서비스 시설/장비의 용도 변경 • 종업원 교육 및 훈련 • 종업원 휴가

서비스 대기 관리

출제 & 학습 포인트

출제포인트
3장 서비스 대기 관리에서는 대기의 발생 원인과 대기 관리 보완 전략의 문제가 주로 출제됩니다.

학습포인트
1 혼잡성의 개념을 이해하고, 혼잡성에 영향을 미치는 요소들을 학습합니다.

2 대기 심리의 기본 원칙을 이해하고, 대기의 발생 원인을 수요 측면과 공급 측면으로 구분하여 학습합니다.

3 다양한 대기 행렬의 종류를 잘 구분하여 학습합니다.

4 대기로 인한 문제를 줄일 수 있는 대기 관리 보완 전략을 학습합니다.

1 혼잡성(crowding)

(1) 혼잡성(crowding)의 개념
혼잡성이란 공간적 제한에 대해 사람들이 인식하는 밀도에 대한 주관적 혹은 심리적 상태이다.

(2) 혼잡성의 종류

사회적 혼잡성	점포 환경 내 사람들 간의 사회적 상호 작용이나 사람들의 수에 의해 유발
공간적 혼잡성	점포 내 상품이나 진열 상태 등 물리적 자극에 관련된 혼잡성

(3) 혼잡성에 영향을 미치는 요소들 ★

환경적 단서	점포 내에 있는 고객의 수, 음악이나 소음, 무질서한 시설 등의 영향으로 혼잡성을 지각
구매 동기	• 구매 목적이 뚜렷한 고객은 단순히 상품을 구경하기 위한 고객들보다 더 높은 혼잡성을 지각하는 경향 • 자기의 목표를 달성하려면 점포 내의 사람들과 상호 작용, 공간적 부딪힘 등을 극복해야 하기 때문에 더 높은 혼잡성을 인식
고객의 제약 조건	고객이 서비스를 이용하고 싶은 시간이나 조건에 대해 특별한 제약이 있다면 더 높은 혼잡을 지각 예 10분 이내에 마감되는 쇼핑을 하는 경우
혼잡에 대한 기대	혼잡할 것이라고 예상한 고객은 상대적으로 혼잡성에 대해 불만을 덜 지각

(4) 혼잡성이 미치는 영향 ★

정보의 양을 제한	• 혼잡성을 인식한 고객은 인식하고 처리할 수 있는 정보의 양을 제한 • 혼잡한 상황에서 고객은 판촉, 단위당 가격, 기타 서비스 제공과 관련한 자료, 점포 내의 상징물 등에 대한 몰입 등 집중에 어려움.
대인 커뮤니케이션 감소	• 혼잡한 상황에서 고객은 직원에게 질문하고 요구하는 행위를 꺼리게 되어 대인 커뮤니케이션 감소 • 혼잡 상황에서 고객은 자신이 알고 있는 정보 범위에서 탐색을 하게 되고, 외적 정보에 대한 탐색 행위를 회피
구매 가능성 감소	• 혼잡성을 지각하는 고객은 가능한 빨리 혼잡 장소를 회피하고 싶어 하며 구매 외 추가적인 구매나 충동구매 행동 감소 • 쾌적한 환경이 조성된 곳에서는 추가적인 정보 탐색을 통한 충동구매 행위가 증가
점포 이미지에 부정적 영향	혼잡성을 경험한 고객은 점포에 대해 부정적 이미지를 갖게 될 가능성
만족의 감소	• 혼잡한 점포에서 구매한 상품에 대한 만족도는 낮아지는 경향 • 혼잡한 상황에서의 선택은 구매 후 인지 부조화를 경험

(5) 혼잡성 감소 방안 ★

서비스 운영 관리	• 서비스 시설의 변화, 서비스 프로세스의 변화를 통해 혼잡성을 감소시키는 방법 • 시설의 재배치, 최대 용량 조절, 고객 수 통제, 직원 수 조절 등
고객 인식 관리	• 혼잡성에 대한 고객 인식을 변화시키는 노력 유효 • 혼잡한 상황을 미리 알리는 표시, 주변 요소들을 사용하여 쾌적한 온도, 공조 등

2 대기 관리의 이해

(1) 마이스터(Maister)의 대기 심리 기본 원칙 ★★

① 아무것도 하지 않고 있는 시간이 뭔가를 하고 있을 때보다 더 길게 느껴진다.

② 구매 전 대기가 구매 중 대기보다 더 길게 느껴진다.

③ 근심은 대기 시간을 더 길게 느껴지게 한다.

④ 시간이 제시되지 않은 대기가 더 길게 느껴진다.

⑤ 원인이 설명되지 않은 대기가 더 길게 느껴진다.

⑥ 불공정한 대기가 더 길게 느껴진다.

⑦ 서비스가 가치 있을수록 더 오랫동안 기다릴 것이다.

⑧ 혼자 기다리는 것이 더 길게 느껴진다.

(2) 대기의 심리학(고객 인식 관리 기법)

대기 시간의 활동 지원	• 대기 시간 동안 생산적 활동을 할 수 있도록 지원 • 거울의 설치, 잡지의 비치, 인터넷 활용을 지원하여 고객이 시간을 생산적으로 활용할 수 있도록 지원
서비스의 시작	고객에게 서비스가 시작되었다는 느낌 전달 예 레스토랑에서 입장을 기다리는 고객에게 메뉴 선택을 하게 하거나 병원에서 진료를 기다리는 고객에게 진찰 기록지를 작성하게 하는 등
예상 대기 시간을 공지	• 서비스를 받기까지 얼마의 시간이 걸리는지 공지 • 대기 시간의 공지는 고객의 불안감을 감소시키고, 대기를 지속할지 선택 가능
공정한 대기 관리	• 대기가 공정하게 관리되고 있다는 것을 확인 • 불공정한 대기는 고객의 분노 유발
불필요한 자원의 처리	• 고객은 열심히 일하고 있는 직원들 앞에서 대기하는 것에 대해 더 관대 • 고객이 대기하는 곳에서 불필요한 자원이나 인력 정리
체계적인 업무 처리 인식	• 서비스 직원의 업무 방식이 체계적으로 진행될 때 고객의 대기 불만 감소 • 대기의 원인이 미숙한 업무 처리에 있다고 생각하면 불만 증가

(3) 대기의 발생 원인 ★★

수요 측면의 발생 원인	• 서비스에 대한 수요가 일정하지 않은 경우 • 비교적 짧은 시간에 수요가 수시로 변화하고, 변화의 폭도 상당히 큰 경우 • 수요의 형태가 다양한 경우
공급 측면의 발생 원인	• 서비스 설비의 설치 및 운영에 수반되는 직접 경비가 높은 경우 • 서비스 설비의 설치나 운영은 최대 수요가 아닌 적정 수요에 맞추기 때문에 대기 발생

(4) 대기 관리 보완 전략 ★★

예약 제도의 활용	• 예약을 통해 대기를 최소화하는 방법 • 고객에게 제공할 수 있는 평균 서비스 시간을 기준으로 예상 도착 간격을 정하고 직원의 휴식 시간을 감안하여 예약 간격을 설정 • 전체 서비스 제공 가능 시간에서 휴식 시간과 비예약 고객 서비스 시간을 제외시켜 예약 간격을 나누어 예약 일정 결정
인센티브 제공	고객이 몰리는 시간을 피할 수 있도록 유인하는 인센티브 활용 예 조조영화 할인, 호텔 비수기 할인
보완적 서비스 개발	대기 시간에 서비스를 받을 수 있는 보완적 서비스 개발
게시판 활용	게시판에 현재 예약 및 고객 현황을 미리 알려 주어 고객들이 대기를 회피할 수 있는 선택을 하도록 함.
구체적인 예상 대기 시간 통보	고객은 무작정 기다리는 것에 답답함을 느끼므로 구체적인 시간을 공지하여 남는 시간을 고객이 활용할 수 있도록 유도
대체 채널의 개발	자동화 서비스 제공 등과 같은 대체 채널 제공 예 ATM, 키오스크

3 대기 행렬

(1) 대기 행렬의 개념

① 대기 행렬은 대기 모형을 이용하여, 기다리는 고객의 평균 수, 고객이 기다리는 평균 시간, 서비스 시스템의 가동률, 대기로 인해 발생하는 비용 등을 수리적으로 분석하는 것이다.

② 대기 행렬의 구성 요소가 어떻게 정해지는가에 따라 다양한 형태의 대기 행렬이 만들어지고, 그 형태를 대기 모형이라고 한다.

(2) 대기 행렬의 분석 목적 ★

① 대기 행렬의 분석 목적은 서비스 용량을 늘리는 데 들어가는 비용과 고객 대기에서 발생하는 비용을 합친 총비용을 최소화시키는 데에 있다.

② 서비스 제공 능력을 늘리는 데에 소요되는 비용을 직접 비용이라 하며, 종업원의 수, 작업 기계의 수 등을 증량하는 데에 사용되는 비용이 포함된다.

③ 고객 대기로 발생되는 비용을 간접 비용이라 하며, 고객 이탈, 서비스 유휴에 따른 비용이나 대기 장소의 관리 비용 등이 포함된다.

(3) 대기 행렬 시스템의 구성 요소 ★★

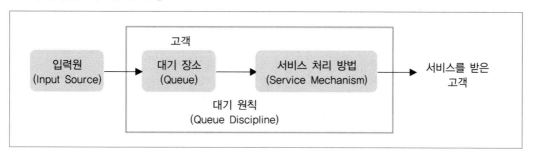

① 서비스를 받기 원하는 고객 모집단

    ㉠ 서비스를 요구하는 잠재 고객의 수를 의미한다.

    ㉡ 모집단을 명확하게 정의하기 위해서는 고객이 누구인가를 정의하고 그에 따라 고객의 수가 유한할 수도 있고 무한할 수도 있다.

무한 집단 (infinite source)	고객 모집단을 한정하지 않는 경우 예 편의점, 대형 마트, 약국, 은행, 영화관 등
유한 집단 (finite source)	고객 모집단이 한정된 경우 예 기념 음반이 500장 한정으로 나온다면 고객 모집단은 500명

② 서비스 채널

　㉠ 서비스를 처리하는 인력이나 시설을 의미하고, 채널 수가 많을수록 시스템의 처리 용량은 늘어나게 된다.

　㉡ 채널이 하나인 경우를 단일 채널 시스템이라고 하고, 둘 이상인 경우 다중 채널 시스템이라고 한다.

③ 서비스 단계

　㉠ 서비스를 처리하기 위해 거쳐야 하는 작업 순서의 길이를 의미한다.

　㉡ 서비스 채널과 서비스 단계의 수에 따라 여러 가지 서비스 시스템 모형이 나타날 수 있다.

단일 단계	하나의 단계만을 거쳐 서비스 완성 예 물건을 사고 계산을 하는 하나의 단계만을 거쳐 서비스 종료
다중 단계	여러 단계를 거쳐 서비스를 완성 예 공항에서 티켓팅 ⇨ 화물 검사 ⇨ 여권 검사 등의 여러 단계

④ 우선순위 규칙: 대기 라인에 여러 고객이 있을 경우 어떤 순서로 서비스할 것인가에 대한 규칙을 의미한다.

　㉠ 정적 규칙: 이미 정해진 기준대로 처리하는 규칙이다.

선착순 규칙 (FCFS : first come, first service)	• 먼저 온 순서대로 서비스를 제공하는 것 • 선착순의 장점은 단순성과 공정성 • 서비스 상황이나 고객 상황을 고려하지 않는 것은 한계
최단 작업 시간 규칙 (SPT : shortage processing time)	• 서비스에 최우선순위를 부여하는 것 • 장점은 서비스 처리의 평균 시간 최소화 가능 • 처리 시간이 긴 작업은 우선순위가 뒤로 밀린다는 점에서 선착순 규칙에 비해 효율성은 올라가지만 공정성 감소 가능

　㉡ 동적 규칙: 기다리는 서비스들의 마감 시간을 확인한 후에, 마감 시간이 가장 임박한 서비스부터 먼저 처리하는 규칙이다.

긴급률 규칙 (CR, critical ratio)	• 서비스의 긴급성과 남은 처리 시간을 나타내는 긴급률 값을 정한 후, 값이 최소인 작업에 우선순위를 부여하는 기준이다. • 긴급률 = 정적 유휴 시간 ÷ 잔여 처리 시간 　　　 = {만기 시간 − (현재 시점 ÷ 잔여 처리 시간)}
선점 규칙	높은 우선순위를 가진 고객을 다른 모든 서비스에 우선하여 처리하는 규칙

알아두기

우선순위 예시

서비스 시설 #3 앞에 대기하고 있는 작업과 각각의 처리 시간 및 만기 시간이 다음과 같을 때, 현재 시점 0 이후의 서비스 처리 순서를 정하고자 한다. 여기서 잔여 처리 시간은 시설 #3에서의 처리 시간과 시설 #3 이후에 다른 시설에서 처리해야 할 남는 시간을 합한 시간이 된다.

도착 순서	시설 #3 처리 시간	시설 #3 이후 남은 처리 시간	만기 시간	긴급률
A	2	6	10	10/8 = 1.25
B	8	5	9	9/13 = 0.69
C	4	8	15	15/12 = 1.25
D	10	7	24	24/17 = 1.41
E	5	11	13	13/16 = 0.81
F	12	9	36	36/21 = 1.71

- FCFS 규칙: 당연히 A ⇨ B ⇨ C ⇨ D ⇨ E ⇨ F 순서이다.
- SPT 규칙: 처리 시간이 짧은 작업에 우선순위를 부여하므로 A ⇨ C ⇨ E ⇨ B ⇨ D ⇨ F순이다.
- CR 규칙: 긴급률이 작은 순으로 우선순위를 할당하여 B ⇨ E ⇨ A ⇨ C ⇨ D ⇨ F순으로 처리하게 된다.

⑤ 서비스 시간과 고객의 도착 시간

㉠ 대기는 '고객이 도착하는 간격'과 '서비스에 걸리는 시간'이 불확실한 것에 의해서도 발생된다. 언제 수요가 발생하는지와 그 수요를 만족시키는 데 걸리는 시간을 알면 대비할 수 있다.

㉡ 수요와 공급을 예측하고 미리 대비하기 어렵기 때문에 대기 행렬 이론을 통해 과학적인 대응이 필요하다.

㉢ 대기 행렬 이론에서 고객이 서비스 시스템에 들어오는 빈도, 즉 도착률은 포아송 분포를 따르고, 서비스 시스템이 한 고객을 처리하는 데 걸리는 시간은 지수 분포를 따른다고 가정한다.

㉣ 두 분포가 역의 관계에 있다는 말은 도착률이 포아송 분포를 따른다면 도착 시간은 지수 분포를 따른다는 의미이다. 예를 들어 은행에 한 시간 동안 평균 30명의 고객이 들어온다면, 고객이 은행에 도착하는 시간 간격은 2분이 된다.

포아송 분포 (poission distribution)	• 정해진 시간 동안 일어나는 사건이나 이벤트의 수를 나타내고, 변수의 값은 10회, 20회 등과 같이 이산적이다. • 포아송 분포와 지수 분포는 서로 역의 관계를 지닌다.
지수 분포 (exponential distribution)	이벤트가 일어나는 시간의 간격을 나타내고, 변수의 값은 5.3분, 10.2분 등과 같이 연속적이다.

⑥ 대기 장소

㉠ 서비스를 받기 전에 고객이 기다리는 장소이다.

㉡ 대기 장소의 규모는 대기 장소에서 기다릴 수 있는 고객의 최대 인원수가 무한인 경우와 유한인 경우가 있다.

㉢ 규모가 한정된 대기 장소가 고객들로 모두 차 있으면 고객은 대기 장소를 떠나게 된다.

(4) 대기 행렬의 종류 ★

단일 행렬/단일 서버/단일 단계	차례대로 한 줄 서기를 하는 형태	
단일 행렬/단일 서버/연속 단계	고객은 한 줄로 서서 차례대로 여러 가지 서비스 과정을 거치는 형태 예 카페테리아	
다수 서비스 제공자에 대한 평행선 대기	• 고객은 몇 개의 대기선 중 하나를 선택하여 평행선으로 대기 • 서비스 제공자가 동일한 속도로 처리되지 않는 경우 늘어지는 대기선에서 불만 발생	
지정 서비스 제공자/지정 대기선	특정 범주의 고객에 대해 별도의 대기선을 할당 예 슈퍼마켓의 소량 품목 계산대, 비행기의 1등석에 대한 별도의 라인 등	
다수 서비스 제공자에 대한 단일 행렬	단일 대기선에 선 고객은 다수의 서비스 제공자 중 서비스가 가능한 창구로 이동하여 처리	
번호표 순번 대기	• 고객은 번호표를 받고 편한 장소에서 대기 • 대기 시간 추측 가능	
대기 목록	고객은 도착 순서대로 이름을 대기표에 기입	

서비스 가격 관리와 수율 관리

출제 & 학습 포인트

★★★ 최빈출　★★ 빈출　★ 필수

출제포인트
4장 서비스 가격 관리와 수율 관리에서는 **가격 결정 방법과 수율 관리의 개념**이 주로 출제됩니다.

학습포인트
1 서비스 가격 관리의 개념을 이해하고, 서비스 가격 관리의 목표를 학습합니다.

2 가격 결정 방법의 종류에 따른 개념을 정확히 이해하고, 차이를 비교하여 학습합니다.

3 서비스 수율 관리의 개념을 이해하고, 수율 관리가 적합한 상황과 수율 관리 시스템의 기본 요소를 학습합니다.

1 서비스 가격 관리

(1) 서비스의 가격 결정이 제품의 경우보다 복잡한 이유

① 서비스 생산 능력의 활용 정도에 따라 가격의 변동 폭이 크다.

② 서비스는 전달 과정의 시간 요소에 의해 변동성이 발생한다.

③ 서비스의 원가를 고객이 이해할 수 있도록 기준을 정하기가 어렵다.

④ 서비스의 원가는 물적 환경에 의해서 영향을 받는다.

⑤ 서비스의 가격은 수요에 의해서 영향을 받는다.

(2) 서비스 가격 관리의 목표 ★★

수익적 목표	• 서비스 가격은 기업의 이윤 극대화라는 목표와 특정 수준의 목표 이익에 도달하는 데에 기여할 수 있도록 가격 관리 목표를 설정해야 한다. • 목표 이익을 달성하기 위해 기업은 수익 관리 시스템을 통해서 가격 관리를 한다.
원가 보전 목표	• 기업이 생존하기 위해서는 손실을 발생시키지 않는 것이 중요하다. 이를 위해서는 서비스의 생산 원가를 보전할 수 있는 수준 이상으로 가격이 유지되어야 한다. • 서비스 원가는 직접 비용뿐만 아니라 간접 비용을 포함한 총원가의 개념이다. • 원가 보전은 총비용을 보전할 수 있는 수준을 의미하며, 원가 보전에서는 추가 생산 단위나 추가 고객에게 서비스 판매를 위해 증가된 비용까지 고려되어야 한다.

수요 창출 목표	• 서비스는 수요에 대응한 생산을 한다. 그러므로 적정 수요를 창출하는 것이 필요하다. • 적정 수준의 수익이 발생하기 위한 수요 창출을 목적으로 산정된 가격이 제시되어야 한다. • 높은 수준의 서비스 생산 능력 활용은 전체 고객에게 가치 창출을 제공할 수 있다. • 만석인 야구장의 열기와 경쟁심은 고객에게 더 높은 가치를 제공한다. 그러므로 가격 관리의 목표는 적정 수요를 창출할 수 있도록 해야 한다.
고객 기반 구축 목표	고객의 선택을 촉진시킬 수 있는 요소를 고려하여 서비스 가격 관리 목표를 설정한다. 규모의 경제가 존재할 경우 시장 점유율의 이점을 살릴 수 있고, 고객 기반을 구축할 수 있도록 가격 관리 목표가 설정되어야 한다.

2 가격 결정 방법

(1) 원가 중심의 가격 결정 ★★

원가에 기초한 가장 전통적인 가격 결정 방법으로 직접비와 간접비를 더해서 원가를 산정하고 목표하는 이익을 합산해서 가격을 산정한다.

👆 가격 결정 방법

> 가격 = 직접비 + 간접비 + 이익 마진
> • 직접비 : 서비스 전달과 관련된 재료비와 인건비 포함
> • 간접비 : 고정비의 일부분 포함
> • 이익 마진 : 총비용(직접 + 간접)의 일정 퍼센트

① 원가의 구성 요소

고정 원가	서비스를 제공하지 않더라도 항상 일정하게 발생하는 원가
준변동 원가	일정하게 발생하는 원가와 서비스 양에 따라 변하는 원가로 구성된 원가
변동 원가	제공하는 서비스의 양과 직접적으로 비례하여 증가하는 원가

② 원가 중심 가격 결정의 어려움

　㉠ 서비스를 구매 단위로 규정하여 단위당 가격을 설정하는 것은 어려움이 있다. 때문에 많은 서비스가 산출 단위보다는 투입 단위로 가격을 결정하게 된다. 컨설팅, 엔지니어링, 건축, 상담 등의 대부분의 전문 서비스가 시간당 가격으로 결정된다.

　㉡ 원가에 기초하여 서비스 가격을 결정할 때, 특정 서비스의 원가를 산출하기 어렵다. 특히 기업이 다양한 서비스를 제공할 때 계산이 더 복잡해진다.

　㉢ 원가의 구성 요소가 원자재가 아닌 직원의 시간이므로, 계산하기가 복잡하다.

(2) 경쟁 중심의 가격 결정 ★★

경쟁 기업의 가격을 기준으로 상대적으로 비슷하거나 차이를 갖도록 결정하는 방법

경쟁 중심의 가격 결정 전략의 어려움	• 고객가치를 반영하지 않는다는 점 • 경쟁 열위의 기업은 가격 경쟁으로 인해 충분한 마진을 확보하지 못할 수 있다는 점
가격 경쟁이 심해지는 경우	• 경쟁자 수의 증가 • 대체재 수의 증가 • 경쟁자 혹은 대체재의 폭넓은 분포 • 과잉 생산 능력의 증가

가격 경쟁을 감속시킬 수 있는 방안

비가격 비용	시간이나 노력의 절감이 가격보다 더 중요한 고객에게는 가격 경쟁의 강도가 감소한다.
고객 관계	개인화 혹은 고객화 수준이 높은 서비스는 고객에게 서비스 제공자가 중요한 의미가 있으므로 경쟁을 감소시킬 수 있다.
전환 비용	전환 비용이 높은 경우 고객은 경쟁사로 전환하지 않을 것이다.
시간과 장소의 차별화	고객이 서비스를 특정 장소나 특정 시간에 사용하길 원한다면, 고객이 선택할 수 있는 대안은 줄어들 것이다.

(3) 수요 중심의 가격 결정 ★★

고객의 가치 인식과 부합하는 가격을 책정하는 것이다. 가치는 소비자가 서비스를 통해 받게 되는 혜택과 지불한 비용의 차이로 파악한다. 가치를 파악하는 데에는 금전적 요소와 비금전적 요소를 전반적으로 포함해야 한다.

① 비금전적 비용

   ㉠ 가치 중심의 가격 결정은 원가에 대한 인식보다 비금전적 요소의 영향으로 가격보다는 가치를 더 중요한 요소로 인식하게 된다.

   ㉡ 비금전적 비용에는 정보 탐색, 구매 및 사용에 관련된 시간과 노력, 새로운 것을 사용함에 따른 불편 등이 포함된다.

   ㉢ 기업은 고객이 지불하는 금전적 비용과 비금전적 비용을 최소화시킴으로써 가치를 높게 인식시킬 수 있다.

비금전적 비용의 유형	• 시간비용 • 심리적 비용	• 물리적 비용 • 감각비용
경쟁 우위 확보 방법		• 서비스 구매, 전달, 소비에 필요한 시간을 절감시킨다. • 불필요한 심리적 비용을 제거한다. • 원하지 않는 물리적 노력을 제거한다. • 매력적인 물적 환경을 조성한다. • 다른 기업과 제휴를 통한 할인이나 서비스를 통해 고객의 전체적인 비용을 줄여 준다.

② 가격 탄력성

㉠ 가격 결정에서 중요한 요소 중의 하나가 수요의 가격 탄력성이다.

㉡ 수요의 가격 탄력성은 가격 변화에 따른 수요량의 변화 정도로 측정한다. 가격이 변화해도 수요량의 변화가 낮다면 비탄력적, 가격 변화량보다 더 많은 수요량이 변한다면 탄력적이라 한다.

㉢ 수요의 가격 탄력성을 결정하는 요소

• 서비스 품질의 속성	• 경쟁사 가격과의 관계
• 소비자의 개인적 성향	• 대체 서비스
• 서비스의 사치성과 필수성 여부	• 시간의 흐름

3 고객이 인식하는 가치 차원에 따른 가격 차별화 전략

(1) 가치란 낮은 가격이다.

① 단수가격 : 제품 가격 끝자리를 홀수(단수)로 표시하여 심리적으로 저렴하다는 인식을 심어 구매욕을 자극하는 전략

② 침투가격 : 신제품을 출시할 때 낮은 가격을 제시한 후 인지도가 높아지면 가격을 올리는 전략

③ 일치가격 : 소비자가 제품이 비싼지, 저렴한지를 판단하는 기준으로 생각하는 가격과의 일치 여부

④ 할인

(2) 가치란 제품이나 서비스에서 내가 원하는 모든 것이다.

① 품위 가격 : '비싼 제품이 우수한 제품이다'라는 의미의 고가격 전략

② 초기 고가격 : 상위층 고객을 목표로 신제품 출시 때 고가격을 설정하는 전략

(3) 가치란 지불한 가격에 대해 내가 얻는 품질이다.

① 가치 가격 : 고객의 가치 기준에 따라 가격 책정하는 전략

② 세분 시장 가격 : 동일한 제품에 세분화된 시장에 따라 다른 가격을 책정하는 전략

(4) 가치란 주는 모든 것에 대해 받는 모든 것이다.

① 기준 가격 : 법률에 의거하여 정부 기관에서 정한 가격

② 묶음 가격 : 제품을 묶어 저렴하게 책정하는 전략

③ 보완 가격 : 고객이 얻는 가치 외에 발생하는 제반 사항을 반영한 가격 전략

④ 결과 중심 가격 : 상품이나 서비스를 먼저 제공하고 그 결과에 따라 받는 가격 전략

4 서비스 수율 관리

(1) 수율 관리 개념 ★★

① 수율(yield)은 제조 공정에서 양품률의 개념이다. 공정 단계에서 불량을 관리하는 지표로 사용된다. 서비스에서 수율 관리는 제조업과 달리 수익 관리(revenue management)를 의미한다.

② 서비스에서 수율 관리는 '가용 능력이 제한된 서비스에서 수요 − 공급의 관리를 통해 수익을 극대화하는 것'을 말한다.

③ 서비스는 공급 능력에서 최저 가용 능력부터 최고 가용 능력까지의 범위가 존재하고, 가격 측면에서도 최저 가격에서 최대 가격까지 수요에 따라 다른 가격을 적용할 수 있다.

④ 이러한 이유로 항공사, 호텔, 렌터카 등에서 성수기 가격과 비수기 가격을 달리 사용하여 수율 관리를 한다.

👆 수율 공식

- 수율 = 실제 수익 ÷ 잠재 수익
- 실제 수익 = 실제 사용량 × 실제 가격
- 잠재 수익 = 전체 가능 용량 × 최대 가격

(2) 수율 관리가 적합한 상황 ★★

세분화 가능한 시장	고객의 욕구, 지불 의도 등으로 세분 시장이 구분될 경우 수율 관리가 더 효과적으로 활용된다.
변동하는 수요	수요 변동성이 높아서 성수기와 비수기의 구분이 명확하고 계절적인 수요가 발생하는 상황에서 수율 관리의 효과가 높아진다.
사전 판매	사전 판매가 가능한 상황에서 수율 관리가 효과적이다. 시간적 여유를 갖고 구매하는 경우와 시간이 임박해서 구매하는 경우의 상황에 따라 가격은 변동하기 때문이다.
소멸하는 재고	판매되지 못한 서비스 가용 능력이 소멸되는 경우에 수율 관리가 더 적합하다.
가용 능력 변경 비용은 높고 한계 판매 비용은 낮은 상황	가용 능력을 변경하는 비용이 높아서 수요 변동에 따라 공급 능력을 쉽게 조절할 수 없는 경우 수율 관리의 적합성은 더 높아진다.

(3) 수율 관리 시스템의 기본 요소 ★★

① 초과 예약 : 초과 예약은 수익 손실을 최소화하기 위한 방법으로 예약하고 나타나지 않는 노쇼(no-show)를 고려하여 수용 능력보다 더 많은 예약을 하는 것이다.

🖐 초과 예약 접근법

평균법	• 노쇼에 대한 과거 데이터를 근거로 평균값을 구한다. 평균값이 4명이라면 4명까지 초과 예약을 받는다. • 직관적이고 편리한 이점이 있으나 평균을 사용하게 되면 관리 비용을 가늠하지 못하는 단점이 있다.		
전자 계산지법	• 전자 계산지는 발생 가능한 모든 시나리오에 대한 기대 비용을 계산한 것이다. • 초과 예약을 하지 않은 상태에서 노쇼가 발생했을 때 기대되는 비용을 사전에 계산하여 사용하는 방법이다. • 이때 고려되는 비용은 재고 과잉 비용과 재고 부족 비용이다.		
	재고 과잉 비용	노쇼의 발생으로 판매되지 못하고 남은 서비스 가용 능력의 비용	
	재고 부족 비용	예약 고객이 모두 나타나 서비스를 받지 못한 고객으로 발생하는 비용	
한계 비용 접근법	• 수익 극대화는 기대 수익이 마지막 초과 예약으로 발생되는 기대 손실보다 작거나 같게 될 때까지 초과 예약을 받는 것으로 달성된다. • 이를 식으로 표현하면 아래와 같다. $E($다음 예약의 수익$) \leq E($다음 예약의 비용$)$ • 위의 관계를 노쇼 발생 확률과 초과 예약의 수, 비용의 관계로 다시 표현하면 아래와 같다. $$\frac{\text{재고 과잉 비용}}{\text{재고 부족 비용 + 재고 과잉 비용}} \leq P(\text{초과 예약의 수} \geq \text{노쇼의 수})$$ • 즉, 수익 극대화를 위해서는 초과 예약자의 수가 노쇼의 수보다 같거나 클 때까지 초과 예약을 하려 할 것이다.		

② 서비스 능력 배분 : 수율 관리 차원에서 항공사가 10개의 서로 다른 고객 그룹을 한 비행기에 태운다면 몇 좌석을 할인하고 몇 좌석을 정상 가격으로 판매할 것인가? 이러한 결정을 내리는 몇 가지 방법을 살펴보자.

👆 **서비스 능력 배분 방법**

정적 방법	고정 시간 규칙	정해진 날짜까지는 할인 예약을 받기로 정한 규칙이다. 할인 숫자는 정하지 않는다. 고정 시간 규칙은 고객에게 투명하고, 실행이 편리하다. 그러나 할인 숫자를 정해 놓지 않았기 때문에 수익성이 낮은 고객의 비중이 높아질 가능성이 있다.
	고정 숫자 규칙	정해진 수의 고객까지 할인 예약을 받는 규칙이다. 할인 고객을 할당된 양으로 한정하기 때문에 수익 관리에 더 유리하다. 그러나 할당된 숫자가 적합하지 못할 경우 수익 면에서 문제가 발생할 수 있다.
	보호 수준	• 100개의 좌석을 판매하는데 60개의 좌석은 정상가에 판매하고 40개의 좌석만 할인가에 판매할 계획이라면, 정상 가격에 판매하는 60좌석은 '보호 수준'으로 설정하는 것이다. • 둥지형 시스템에서 할인가의 구매자가 '보호 수준'으로 들어오는 것을 막아 놓고, 반대로 보호된 그룹은 '보호 수준' 밖으로 나갈 수는 있도록 하는 방법이다.
동적 방법		• 수율 관리는 과거 데이터를 활용하여 최고의 수익을 발생시키는 판매를 달성하려는 노력이다. • 할인 고객을 얼마나 받을 것인지, 혹은 언제까지 할인을 할 것인지는 고객의 예약 상황을 면밀하게 분석하면서 동적으로 움직여야 한다. • 동적 방법은 고객 행태에 대한 다양한 정보를 보유하고 상황을 분석하면서 수율을 관리하는 방법이다.

③ **차별적 가격 결정**

　㉠ 서로 다른 여러 개의 세분 시장에 대해 각기 다른 가격을 부과하는 방법이다.

　㉡ 가격에 덜 민감한 고객에게는 보다 높은 가격을, 가격에 민감한 고객에게는 보다 낮은 가격을 부과한다.

　㉢ 다만 가격에 민감한 고객들은 임박한 예약이 어려울 것이며, 일찍 예약을 하는 부지런함을 보여야 한다.

　㉣ 또한 고객은 차별적 가격 결정에 대해 수용할 수 있는 기본 이해가 있어야 한다.

(4) 수율 관리 실행의 이슈들 ★

① 기업이 이익 극대화에만 과도하게 집중하는 것은 바람직하지 못하다.

② 고객이 서로 다른 가격에 대해 불쾌한 감정이 들지 않도록 학습시켜야 한다.

③ 수율 관리 시스템이 성과급 구조와 조화를 이루어야 한다.

④ 종업원들의 수율 관리 프로그램에 대한 이해도가 높아야 한다.

서비스 기대 관리

★★★ 최빈출 ★★ 빈출 ★ 필수

출제 & 학습 포인트

출제포인트
5장 서비스 기대 관리에서는 서비스에 대한 고객의 기대 유형과 서비스 기대에 영향을 미치는 요인의 출제 빈도가 높습니다.

학습포인트
1 서비스에 대한 고객의 기대를 바람직한 서비스, 수용할 만한 서비스, 최저 기대 수준의 서비스로 구분하여 학습합니다.

2 바람직한 서비스의 기대 요인과 수용할 만한 서비스의 기대 요인으로 구분하여 학습합니다.

3 서비스 기대의 관리를 통제가 가능한 요인과 통제가 쉽지 않은 요인들로 구분하여 학습합니다.

1 서비스에 대한 고객 기대

(I) 서비스에 대한 고객의 기대 유형 ★★

고객 기대는 서비스 성과에 대한 평가의 준거점으로 활용되고, 기업에게 서비스 수준을 결정하는 준거점으로 중요하다.

① 바람직한 서비스
  ㉠ 고객이 희망하는 서비스의 최고점이다.
  ㉡ 이상적인 상태의 서비스 수준에 대해서 고객은 더 높은 지불 의도를 지니게 된다.
  ㉢ 고객은 이상적인 상태인 '바람직한 서비스'를 희망하기는 하나 항상 가능한 것은 아니며, 더 높은 가격이 요구될 것을 인지하고 있다.

② 수용할 만한 서비스
  ㉠ 바람직한 상태는 아니지만 수용할 만한 수준의 서비스를 의미한다.
  ㉡ 고객은 지불 능력과 제공 수준을 고려하여 이상적인 서비스를 희망하지만 수용할 만한 수준의 서비스에 대해 수용할 의지를 갖고 있다.
  ㉢ '바람직한 서비스'와 '수용할 만한 서비스'의 격차는 매우 크다.

③ 최저 기대 수준의 서비스
  ㉠ 수용할 만한 서비스의 하한치에 해당하는 기대 수준이다.
  ㉡ 이는 고객이 받아들일 수 있는 최저 수준의 서비스이다.

(2) 허용 구간 ★★

서비스는 이질성으로 인해 품질이 변동된다. 고객이 이질성을 지각하고, 수용할 수 있는 한계를 '허용 구간'이라 한다. 허용 구간은 '수용할 만한 서비스의 하한치'와 '이상적 서비스 수준'의 중간에 존재한다.

허용 구간(zone of tolerance)

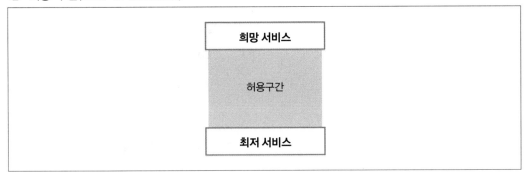

① 만일 서비스 수준이 수용할 만한 수준의 하한치보다 떨어지면 고객은 실망하거나 불만을 제기한다.

② 반대로 허용 구간의 상한선보다 높은 수준의 서비스가 제공된다면 고객은 매우 만족스러워할 것이다.

③ 고객 기대 수준은 한 점에서 결정되는 것이 아니라 허용 수준의 범위에서 결정된다.

④ 허용 구간이 동일한 고객일지라도 상황에 따라 허용 구간이 확장될 수도 있고, 축소될 수도 있다. 기업은 허용 구간의 범위뿐만 아니라 어떤 상황에서 허용 구간이 어떻게 확장되고 축소되는지에 대한 이해를 해야 한다.

⑤ 서비스에서 핵심 요소와 비핵심 요소의 구분에 따라 허용 구간은 달라진다.

2 서비스 기대에 영향을 미치는 요인 ★★

(1) 바람직한 서비스의 기대 요인

개인적 욕구 (personal needs)	바람직한 서비스 수준을 형성하는 데 기본축이 되는 요인
지속적 서비스 증강 인자 (lasting service intensifiers)	서비스에 대해 더 민감하게 반응하도록 하는 개별적인 요인

바람직한 서비스에 대한 기대 요인들

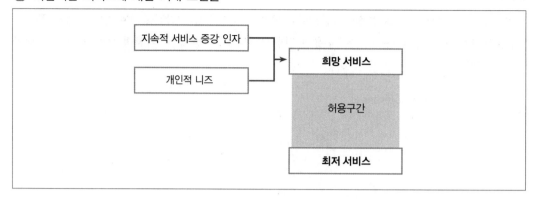

(2) 수용할 만한 서비스의 기대 요인

① 수용할 만한 서비스 수준은 다양한 유형의 결정 요인들이 영향을 미친다.

② 수용할 만한 서비스의 기대에 영향 요인들은 단기적인 특성을 지니고 있어 바람직한 서비스에 영향을 미치는 요인에 비해 변화가 많다.

수용할 만한 서비스의 기대 요인들

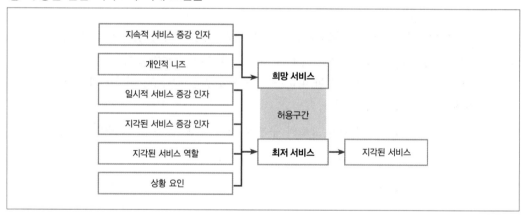

(3) 서비스 기대의 원천

① 명시적 서비스 약속

② 묵시적 서비스 약속

③ 구전 커뮤니케이션

④ 과거의 사용 경험

⑤ 경쟁자의 제공 수준

⑷ 서비스 기대의 관리

서비스 기대 형성 요인에 따른 관리 방식 ★

통제가 가능한 요인	명시적 서비스 약속	<ul><li>이상적인 서비스보다는 실제로 제공 가능한 현실적 약속을 하라.</li><li>광고와 인적 판매에서 발생된 약속의 정확성 여부를 접점 서비스 직원에게 피드백하라.</li><li>경쟁에 몰입되어 고객에 대한 초점을 잃거나 과잉 약속을 하지 마라.</li><li>서비스 보증 제도를 통해 서비스 약속을 공식화하라.</li></ul>
	묵시적 서비스 약속	<ul><li>서비스의 유형적인 단서가 서비스 수준을 정확히 반영함을 확신시켜라.</li><li>프리미엄 가격만큼 중요 속성에서 서비스 수준도 높음을 확신시켜라.</li></ul>
통제가 쉽지 않은 요인들	지속적 서비스 증강인자	<ul><li>고객의 요구 조건과 서비스 기대를 형성하는 원천을 파악하기 위해 마케팅 조사를 활용하라.</li><li>핵심 고객의 요구 조건이 서비스를 통해 만족되었음을 광고 및 마케팅 전략을 통해 강조하라.</li><li>고객의 개인적 서비스 철학을 이해하기 위한 조사를 하여 서비스 설계 및 제공에 활용하라.</li></ul>
	개인적 욕구	서비스로 욕구를 충족시키는 방식에 대해 고객을 교육하라.
	지각된 서비스 대안	경쟁자의 제공 수준을 완전히 이해하고, 대응 방안을 만들어라.
	지각된 고객의 서비스 역할	고객이 자신의 역할을 이해하고, 잘 수행할 수 있도록 지원하라.
	구전 커뮤니케이션	<ul><li>의견 선도자나 감사장을 활용하여 구전을 자극하라.</li><li>기존 고객으로 하여금 서비스를 구전할 수 있도록 촉진하라.</li></ul>
	과거 사용 경험	마케팅 조사를 통해 유사 서비스에 대한 과거 경험 정보를 수집하라.
	상황 요인	발생한 상황 요인에 상관없이 서비스 회복을 위한 노력이 수행될 것임을 서비스 증강 인자를 통해 확신시켜라.
	예상 서비스	제공된 서비스가 정상적인 기대보다 높을 경우 미래 서비스에 대한 예상이 올라가지 않도록 고객에게 설명하라.
	일시적 서비스 증강 인자	피크 타임이나 긴급 상황 시의 서비스 제공 능력을 높여라.

핵심 키워드 정리

과잉 공급	서비스의 수요 – 공급의 불일치로 인해 발생할 수 있는 네 가지 상황 중 수요가 공급에 미치지 못하는 경우
과잉 수요	서비스의 수요 – 공급의 불일치로 인해 발생할 수 있는 네 가지 상황 중 수요가 최대 공급 능력을 초과하는 경우
수요 예측	언제, 얼마만큼의 서비스가 판매될 것인가를 전망하는 활동
지명 집단 기법	8~12명 정도의 전문가가 모여서 자유로운 토론을 하거나 투표를 통해 수요를 예측하는 방법
델파이 기법 (Delphi technique)	• 집단의 의견들을 조정·통합하거나 개선시키기 위한 방법 • 중요 문제에 대하여 설문지를 우송하여 표본 개인들에게 일련의 집중적인 질문을 함. • 매회 설문에 대한 반응을 수집·요약하며 그것을 다시 표본 개인들에게 송환해 주게 되는데 이에 따라 개인들은 자신의 견해나 평정을 수정함.
시장 조사법	• 주로 신서비스를 시장에 출시하기 전에 미래의 수요를 예측하기 위해 사용되는 방법으로 시장에서 직접 자료를 수집하고, 분석하는 방법 • 이 조사법에서는 사용자와의 인터뷰, 시장 동향의 분석, 대규모의 설문 조사 등 다양한 방법이 사용됨.
이동 평균법	시계열 분석의 한 방법으로, 시간의 흐름에 따라 계속 움직이면서 가장 최근의 자료만을 가지고 평균을 계산하는 방법
지수 평활법	지수 평균을 이용하여 차기 값을 예측하는 시계열 분석 기법
계절성	시계열 자료를 몇 개의 기간으로 나누었을 때 기간 사이에 수요의 차이가 존재하는 특성
수요 추구형 전략	수요량이 예측되면 수요에 맞추어 공급 계획을 수립하는데, 그때그때 수요 예측치의 크기에 따라 공급의 크기를 조정하는 전략
공급 평준화 전략	수요량에 상관없이 매월 일정 수준의 고용과 공급량을 할당하는 전략으로 재고 부족을 허용하는 경우와 허용하지 않는 경우로 나뉠 수 있음.
리드 타임	주문 공급 모형에서 재주문 시점을 결정하는 요소로, 주문에서 도착까지 걸리는 시간
고정 주문 간격 모형	서비스 공급 계획 방법 중, 매번 주문 간격은 고정되어 있고, 대신에 주문량을 신축적으로 바꾸는 모형
고정 주문량 모형	주문 공급 모형 중에서 매번 주문량은 고정되어 있고, 대신 주문 시점, 주문 간격을 신축적으로 바꾸는 모형
서비스 대기 관리	고객이 서비스를 받을 준비가 되어 있는 시간부터 서비스가 개시되기까지의 시간에 대한 관리

서비스 채널	대기 행렬 시스템에서 사용되는 용어로, 서비스를 처리하는 인력이나 시설
동적 규칙	대기 행렬 시스템에서 기다리는 서비스들의 마감 시간을 확인한 후에, 마감 시간이 가장 임박한 서비스부터 먼저 처리하는 규칙
선점 규칙	높은 우선순위를 가진 고객이 나타나면 다른 모든 서비스를 중단하고, 그 서비스부터 처리하는 규칙
긴급률 규칙	얼마나 급한 서비스인지, 일을 끝내야 하는 만기 시간이 얼마나 남았는지를 나타내는 값을 정한 후, 그 값이 최소인 작업에 우선순위를 부여하는 기준
선착순 규칙	대기 행렬 시스템에서 먼저 온 순서대로 서비스를 제공하는 규칙
최단 작업 시간 규칙	대기 행렬 시스템에서 서비스 처리의 평균 시간을 최소화하는 규칙
포아송 분포	고객이 서비스 시스템에 들어오는 빈도인 도착률 가정의 근거로, 단위 시간 동안 어떤 사건이나 이벤트가 일어나는 수를 나타내는 확률 분포
지수 분포	서비스 시스템이 한 고객을 처리하는 데 걸리는 서비스 시간 가정의 근거로, 이벤트가 일어나는 시간의 간격을 나타내는 확률 분포
Little의 법칙	• 서비스 시스템에 존재하는 고객의 수와 고객이 시스템 안에 머무르는 시간과의 관계를 보여 주는 수식 • 서비스 시스템이 안정 상태에 이르렀을 때, 서비스 시스템에 존재하는 고객의 평균값은 서비스 시스템에 도착하는 고객의 평균값에 고객이 서비스 시스템에 머무르는 평균 시간을 곱한 값이 된다는 법칙
다중 채널 시스템	둘 이상의 채널이 독립적으로 고객을 서비스하는 형태의 시스템
정상해	서비스 시스템이 안정 상태에 접근할 때 서비스 시스템의 성능 특성들이 수렴되는 값
허용 구간	서비스 제공자에 의해 또는 상황에 따라 달라질 수 있는 서비스의 이질성을 고객이 지각하고 수용할 수 있는 한계
서비스 수율 관리	가용 능력이 제한된 서비스에서 수요 − 공급의 관리를 통해 수익을 극대화하는 것
초과 예약	초과 예약은 수익 손실을 최소화하기 위한 노력으로 도입되었는데, 예약을 한 고객 중에 노쇼(No-Show)가 발생이 되면 예약한 좌석이나 서비스는 소멸되어 가치를 잃게 되므로 기업은 초과 예약 접근법에 따라 실제 정원을 넘는 예약을 받음.

PART
03 실전예상문제 TEST

일반형

01 다음 중 서비스 수요의 특성으로 옳지 않은 것은?

① 서비스는 재고의 저장이 불가능하거나 어렵다.

② 서비스는 시간과 공간의 제약이 따르는 경우가 많다.

③ 대부분의 서비스 수요는 눈에 보이지 않고, 만들어지면 바로 소비된다.

④ 서비스 수요량이 공급량을 넘어서면 넘치는 수요는 포기해야 한다.

⑤ 서비스 수요는 즉시 제공되지 못해도 수요 자체가 사라져 버리지는 않는다.

02 다음 중 서비스 수요 예측 기법에 대한 설명으로 옳은 것은?

① 대표적인 정량적 예측 기법으로 델파이 기법이 있다.

② 정량적 예측 기법은 시간의 경과에 따라 과거 정보를 이용하기 때문에 시계열 분석이라고 부르기도 한다.

③ 외부 환경 요인에 크게 변화하여 과거의 데이터가 의미가 없어지거나 변질된 경우 정량적 예측을 사용한다.

④ 정성적 예측 기법은 단순 변동만 있는 경우, 단순 변동에 추세가 있는 경우, 단순 변동에 계절성이 있는 경우로 나눌 수 있다.

⑤ 신규 서비스에 대한 수요 예측과 같이 과거 데이터가 없거나 데이터 수집에 많은 비용과 시간이 드는 경우 정량적 예측 기법을 사용한다.

03 다음 중 주문량 결정 모델인 EOQ(경제적 주문량) 모형에 대한 설명으로 옳지 않은 것은?

① EOQ 모형에서 수요는 일정하다.

② EOQ 모형에서 주문에서 실제 조달까지 걸리는 리드 타임이 일정하다.

③ 한 번의 주문량이 도착하고, 그 다음번에 주문하는 시점까지의 시간을 하나의 주기(cycle time)라고 한다.

④ EOQ 모형은 구매 비용, 주문 비용, 재고 유지 비용 등을 합쳐 총비용을 최소로 할 수 있는 주문량을 찾는 모형이다.

⑤ 재고 수준은 일정한 비율로 줄어들다가 미리 정해 놓은 수준 이하로 재고가 줄어들면 재주문하는 식의 주기적 형태이다.

04 다음 중 대기 라인에 여러 사람이 서 있을 경우 처리에 최단 작업 시간이 걸리는 고객부터 서비스를 처리하는 규칙으로 상대적으로 효율성은 올라가지만 공정성은 떨어질 수 있는 이 방법은?

① 긴급률　　　　　　　　　　　② 도착률
③ 선점 규칙　　　　　　　　　　④ 선착순 기준
⑤ 서비스 처리 평균 시간 최소화

05 다음 중 서비스 가격 결정 방법에 대한 설명으로 옳지 않은 것은?

① 원가 중심과 경쟁 중심 가격 결정은 고객보다 기업과 경쟁사를 바탕으로 한 방법이다.
② 수요 중심 가격 결정은 고객의 가치 인식과 부합하는 가격을 책정하는 것을 의미한다.
③ 서비스 원가의 구성 요소가 원자재가 아닌 직원의 시간이므로 원가 중심으로 가격 결정 시 계산이 간단하다.
④ 경쟁 중심의 가격 결정은 주로 항공사나 렌터카 업종처럼 소수의 서비스 제공자들이 서비스를 과점적으로 제공하는 경우에 많이 발생한다.
⑤ 원가에 기초한 가격 결정은 원자재와 인건비로 직접비를 산정하고, 여기에 간접비와 이익을 추가해서 산정하는데 이 방법은 공공 서비스, 아청, 도매, 광고 등에서 널리 사용되고 있다.

06 다음 중 수율 관리의 적합성에 대한 설명으로 가장 적절하지 않은 것은?

① 가용 능력 변경 비용은 높고, 한계 판매 비용은 낮은 상황에서 수율 관리 적합성은 높아진다.
② 서비스 판매가 이루어지지 못하면 서비스 가용 능력이 소멸되는 경우에 수율 관리가 더 적합하다.
③ 사전 판매 혹은 선불 판매를 할 수 있는 상황에서 수율 관리의 적합성은 높아지게 된다.
④ 고객의 서비스 수요에 대한 변동성이 높아서 성수기와 비수기의 구분이 명확하고, 계절적인 수요가 발생하는 상황에서 수율 관리의 적합성은 높아진다.
⑤ 서비스 공급이 제한되어 일정 수준 이상의 서비스 수요가 발생되면, 공급량 이상의 수요에 대해서는 포기해야 하는 상황에서 수율 관리 적합성은 낮아진다.

07 다음 중 성수기 수요 감소 전략으로 옳은 것은?

① 성수기에 특별한 가격 할인 혜택을 제공하는 것이 유리하다.
② 성수기, 비수기 차별 전략을 통해 비수기 수요를 감소시킨다.
③ 서비스 영업 시간과 장소를 줄여 전체적인 수요의 양을 감소시킨다.
④ 고객과의 지속적인 의사소통을 통해 성수기와 비수기 수요를 조정한다.
⑤ 고객 불만족을 감소시키기 위해 모든 고객을 동등하게 대접하는 것이 유리하다.

08 다음 중 서비스 공급 능력 계획 중 자체 공급 모형에 대한 설명으로 틀린 것은?

① 수요 추구형 전략의 단점은 재고 관리가 부담이 된다는 것이다.
② 수요 추구형 전략의 장점은 재고가 남거나 부족한 문제가 없다는 것이다.
③ 공급 평균화 전략의 장점은 인력이나 장비를 안정적으로 유지할 수 있다는 것이다.
④ 수요 추구형 전략은 그때그때 수요 예측치의 크기에 따라 공급의 크기를 조정하는 전략이다.
⑤ 공급 평균화 전략은 일정 기간 수요의 평균을 낸 후 항상 평균적 크기의 공급 능력을 확보하는 전략이다.

09 다음 중 비수기 수요 진작 전략이 아닌 것은?

① 가격 차등화   ② 예약 제도의 활용
③ 현재 시장의 수요 진작   ④ 비수기 인센티브 제공
⑤ 서비스 시설의 용도 변경

10 다음 중 서비스 수요 - 공급 불일치로 인해 발생되는 상황에 대한 설명 중 적합도가 낮은 것은?

① 서비스 공급이 수요를 초과하게 되면 서비스 시스템 내에서는 재고 문제가 발생한다.
② 서비스 공급이 부족하게 되면 대기 문제가 발생하게 된다.
③ 과잉 수요가 발생한다는 것은 기업의 입장에서 수익을 잃어버린 것이므로 기회비용이 된다.
④ 수요가 적정 공급량을 초과하였다면 제한된 인력으로 수요에 대응하게 되어 인적 · 물적 요소들의 업무 부하량이 높아지게 된다.
⑤ 수요 - 공급이 균형을 이룬다는 것은 기업이 제공할 수 있는 서비스 역량을 최대한 채운 것이므로 고객의 입장에서는 과밀 현상(crowding)을 경험하게 된다.

11 다음 중 수요 조정 전략으로 적합도가 낮은 것은?

① 성수기에는 고객들과 의사소통을 많이 할수록 수요가 많아지므로 가능하면 고객 접촉을 피한다.
② 성수기에는 성수기 가격을 통해 할인 없는 정가를 부과한다.
③ 비수기에는 수요 진작을 위해서 서비스 시설의 용도를 본래의 용도와 달리 수요가 있는 용도로 전환하는 것이 바람직하다.
④ 고객은 공평하고 평등하게 처리하는 것이 중요하므로 성수기의 수요가 밀리더라도 모두 동일한 처리를 하는 것이 바람직하다.
⑤ 비수기에는 서비스 상품의 다변화를 통해 비수기의 수요를 진작하는 것이 바람직하다.

12 공급 조정 전략은 성수기와 비수기에 따라 달라질 수 있다. 다음의 공급 조정 전략 중 성격이 다른 하나는?

① 노동 시간/시설의 확충
② 종업원 초과 근무의 실시
③ 파트타임 종업원의 채용
④ 교차 훈련된 종업원의 활용
⑤ 서비스 시설/장비의 보수

13 다음 중 고객이 서비스를 제공받기 위해 오랜 시간 동안 기다리게 되었을 때 발생하는 상황이 아닌 것은?

① 고객에게 대기 시간만큼 기회비용이 발생한다.
② 서비스 관련 장비의 유휴율이 증가한다.
③ 서비스 품질 중 대응성 수준이 하락한다.
④ 고객 만족과 고객 충성도가 떨어진다.
⑤ 기업의 기회 손실과 수익성이 떨어진다.

14 다음 중 서비스 수요를 예측하거나 관리하는 것에 대한 설명 중 올바른 것은?

① 동일 시간을 기준으로 할 때 서비스 수요는 제품 수요에 비해 변화의 폭이 적다.
② 시간 경과에 대한 기준을 이용하여 서비스 수요를 파악하는 것이 좋다.
③ 가급적 넓은 범위의 시장 규모를 단위로 활용하여 수요를 확인하는 것이 좋다.
④ 고객의 나이에 따른 특성은 거의 모든 시장에서 서비스 수요 예측을 위한 중요 변수가 된다.
⑤ 날씨와 환경 등은 제품 수요에 비해 서비스 수요에는 영향을 미치지 않는다.

15 혼잡성(crowding)에 영향을 미치는 요소들에 대한 설명으로 적합하지 않은 것은?

① 점포 내의 고객의 밀도가 높을수록 공간적 혼잡성을 지각하게 된다.
② 시간적 제약이 있는 경우 더 높은 혼잡을 지각하게 된다.
③ 구매 동기가 약한 사람들은 더 높은 혼잡을 인식한다.
④ 미리 혼잡할 것이라고 예상한 고객은 상대적으로 혼잡성에 대한 불만을 덜 느낀다.
⑤ 심리적 혼잡 기대는 현실에서의 혼잡을 미리 심적으로 준비하여 혼잡 불만이 덜 느껴진다.

16 혼잡성이 미치는 영향에 대한 설명으로 적합하지 않은 것은?

① 혼잡성은 소비자가 인식하고, 처리할 수 있는 정보의 양을 제한한다.

② 혼잡한 상황에서 대인 커뮤니케이션은 전반적인 부분에서 감소하게 된다.

③ 혼잡성을 지각하는 경우 추가 구매나 충동 구매 행동은 감소하게 된다.

④ 혼잡한 점포 내에서 고객은 구매한 상품에 대한 만족도가 떨어지게 된다.

⑤ 혼잡한 상황에서 고객들은 외적 정보에 대한 정보 탐색 행위를 증가시킨다.

17 다음 중 서비스 대기 행렬을 효율적으로 감소시키기 위해 사용할 수 있는 방법은?

① 고객이 가장 많은 시간을 기준으로 서비스 장비와 시설을 확충한다.

② 고객 이동이 가능한 다중 행렬 시스템을 활용하여 서비스 창구를 확보한다.

③ 고객이 하나의 창구에 몰입하게끔 유도하여 서비스 제공자를 순환시킨다.

④ 최대한의 노쇼(no-show)가 발생할 수 있도록 예약 시스템을 정비한다.

⑤ 가급적 대기 시간이나 대기하는 고객 수 관련 정보를 노출하지 않도록 관리한다.

18 다음 중 서비스 공급의 성격에 대한 설명으로 올바르지 않은 것은?

① 서비스 공급의 한계성을 확인하여야 한다.

② 서비스의 한정된 공급은 시간의 제약에 기인한다.

③ 전문적인 서비스 제공자의 확보가 어려워 제한되기도 한다.

④ 특정 장비의 의존도가 서비스 공급을 제한하기도 한다.

⑤ 모든 서비스는 적정 활용도에 맞추어 서비스를 제공하는 것이 좋다.

19 다음 중 '유통 기한이 있는' 서비스를 얼마나 주문할 것인가를 결정하는 모형은?

① 자체 공급 모형 ② 주문 공급 모형
③ 고정 주문 간격 모형 ④ 고정 주문량 모형
⑤ 일회 주문 모형

20 다음 중 현재 프로세스의 성과와 이상적 프로세스의 성과 간 차이를 무엇이라고 하는가?

① 현실과 이상의 차이   ② 프로세스 이격

③ 프로세스 성과 격차   ④ 프로세스 성과 관리

⑤ 프로세스의 제약

21 다음 중 서비스 대기 행렬 이론과 관련된 설명으로 가장 옳지 않은 것은?

① 대기는 '고객이 도착하는 간격'과 '서비스에 걸리는 시간'이 불확실한 것에 의해서도 발생될 수 있다.

② 대기 시스템에서 발생하는 총비용을 최소화하는 서비스 용량의 수준을 찾는 것이 대기 행렬 이론의 목적이다.

③ 대기 행렬 이론에서는 서비스 시스템이 한 고객을 처리하는 데 걸리는 서비스 시간은 포아송 분포를 따른다고 가정한다.

④ 고객 대기 비용(간접 비용)은 서비스를 받기 위해 대기하는 장소 등의 관리비도 포함된다.

⑤ 서비스를 처리하는 우선순위 규칙 중 FCFS의 장점은 단순성과 공정성에 있다.

22 다음 중 '허용 구간(Zone of tolerance)'에 대한 설명으로 옳지 못한 것은?

① 고객의 서비스 기대 수준은 결정적인 한 점에서 결정되는 것이 아니라 허용 수준의 범위에서 결정된다.

② 허용 구간이 동일한 고객일지라도 상황에 따라 허용 구간이 확정될 수도 있고 줄어들 수도 있다.

③ 서비스 제공자는 언제, 어떻게 이 허용 구간이 확장되고 줄어드는지에 대한 이해보다 제공요소에 더 신경을 쓰도록 한다.

④ 일반적으로 제공받는 서비스의 '매우 중요한 요소'와 '덜 중요한 요소'에 따라 허용 구간은 달라질 것이다.

⑤ 서비스는 제공자에 의해 또는 상황에 따라 달라질 수 있는 이질적 특성을 지니고 있으며 고객이 이를 지각하고 수용할 수 있는 한계가 허용 구간이다.

23 다음을 월별 전자 제품 판매 자료이다. 5월 예상 매출액을 지수 평활법에 따라 구하면? (단, 평활 상수는 a는 0.4로 한다.)

(단위 : 톤)

월	매출액	지수 평활법 수요 예측
1	18,000	
2	17,000	
3	16,000	
4	14,000	16,700
5	12,000	?

① 13,380   ② 14,820
③ 15,080   ④ 15,620
⑤ 16,420

24 다음은 K 서점의 도서 판매 매출액을 조사한 것이다. 6월의 판매량을 단순 이동 평균법을 이용하여 예측하면? (단, 이동 평균법에서는 주기를 4개월로 적용한다.)

(단위 : 천 대)

구분	1월	2월	3월	4월	5월	6월
판매량	10	14	9	13	15	?

① 11   ② 11.75
③ 12   ④ 12.75
⑤ 13

25 단위 주문 원가는 100원, 연간 수요는 10,000단위, 연간 재고 유지 비용은 20%, 재고 한 단위의 가치는 200원이라고 할 대, 경제적 주문량 모형(EOQ : Economic Order Quantity Model)을 이용한 경제적 주문량에 가장 가까운 것은?

① 204
② 214
③ 224
④ 234
⑤ 244

26 다음 중 서비스에 대한 고객의 기대를 구성하는 요소로 가장 부적절한 것은?

① 보통의 고객이 원하는 서비스 수준
② 서비스 제공자가 약속한 서비스 수준
③ 고객이 기원하는 바람직한 서비스 수준
④ 제공 받을 서비스에 대한 고객의 희망 수준
⑤ 고객이 불만 없이 받아들일 만한 적정 서비스 수준

O / X형

[27~31] 다음 문항을 읽고 옳고(O), 그름(X)을 선택하시오.

27 서비스 수요와 공급의 불일치 조절을 위하여, 파트타임 종업원을 추가로 고용하는 것은 성수기 공급 증대 전략에 해당한다. (① O ② X)

28 수요가 공급에 미치는 못하는 경우 기업의 입장에서 매몰 비용이 발생한다. (① O ② X)

29 수요가 최대 공급 능력을 초과하는 경우 기업의 입장에서 기회비용이 된다. (① O ② X)

30 서비스 수요의 특성은 변동성, 재고 관리의 어려움, 다양성과 이질성, 시간과 공간의 제약이다. (① O ② X)

31 서비스 수요 예측에서 정성적 예측의 장점은 단순성과 명확성에 있다. (① O ② X)

연결형

[32~36] 다음 보기 중에서 각각의 설명에 알맞은 것을 골라 넣으시오.

① 리드 타임　　　　② 포아송 분포　　　　③ FCFS
④ 서비스 수율 관리　⑤ 이동 평균법

32 서비스를 처리하는 순서의 배정 규칙 중 먼저 온 순서대로 서비스를 제공하여 단순성과 공정성이 있는 기준이다. (　　　　)

33 고객이 서비스 시스템에 들어오는 빈도인 도착률 가정의 근거로, 주어진 시간 또는 영역에서 어떤 사건의 발생 횟수에 대한 확률 모형이다. (　　　　)

34 서비스 가격 할인을 통한 비수기 수요 자극, 예약 제도의 도입, 보완적 서비스의 제공, 자동화 시스템의 도입 등을 통해 서비스 수요를 분산시키는 것이다. (　　　　)

35 주문 공급 모형에서 재주문 시점을 결정하는 요소로, 주문에서 도착까지 걸리는 시간이다. (　　　　)

36 시계열 분석의 한 방법으로, 시간의 흐름에 따라 계속 움직이면서 가장 최근의 자료만을 가지고 평균을 계산하는 방법이다. (　　　　)

37 다음은 N 회사에서 신규 서비스 수요 예측에 적용한 방법이다. 다음 중 이러한 예측 기법을 무엇이라 하는가?

> N 회사는 신규로 고객들에게 제공할 IT 서비스의 수요를 예측하기 위해 다음과 같은 방법을 사용하였다.
>
> 먼저, 해당 IT 서비스와 관련된 교수, 마케팅 전문가 등을 위원으로 선정하여 설문 조사를 통해 의견을 제시하도록 하였다. 이후, 설문지의 응답 내용을 전체적으로 수집, 요약하여 통계적으로 분석한 후 이를 다시 기존 위원들에게 반송하고, 위원들은 자신의 의견과 평균치를 비교하여 수정하거나 자신의 의견을 고수한 채로 설문지를 다시 제출하였다. 이러한 절차를 몇 번 반복하여 어느 정도의 일치된 의견으로 수렴한 결과를 사용하였다.

① 지명 집단 기법
② 이동 평균법
③ 시장 조사법
④ 델파이 기법
⑤ 지수 평활법

38 다음은 신문 기사 중 일부이다. 기사에 관한 내용 중 가장 옳지 못한 것은?

> 항공권은 같은 날 같은 비행기에 나란히 앉아 같은 목적지에 가더라도 옆자리에 앉은 사람의 것과 가격 차이가 날 수 있다. 어떤 조건의 항공권을, 언제 예매했느냐에 따라 요금이 달라지는 것이다. 항공권 예약을 일찍 할수록 요금은 더 저렴해진다. 항공사들은 선 구매를 조건으로 항공권을 할인해 주는 '조기 발권(Early Bird)' 서비스를 상시화하고 있다.
>
> – 2014년 3월 P 신문 기사 중 일부

① 기사 내용과 같은 항공사의 정책은 성수기, 비수기 등 수요의 변동성이 높은 경우에 보다 적합성이 있다.
② 항공사들은 기사 내용의 정책 등을 통하여, 가용 능력이 제한된 서비스에서 관리를 통하여 수익의 극대화를 추구한다.
③ 항공기는 수요에 따라 좌석을 바로 늘릴 수는 없는 특징은 기사 내용의 항공사 정책의 적합성을 낮추는 요인이 된다.
④ 기사와 같은 항공사의 정책이 가능한 것은 고객의 욕구, 가격 지불 의도 등에 따라 몇 개의 세분 시장으로 구분 가능성이 있기 때문이다.
⑤ 매번 항공기 좌석을 100% 채워서 운행할 수는 없는데, 이러한 빈 좌석은 소멸된다는 특성이 기사 내용의 항공사 정책의 적합성을 높인다.

39 다음은 관광지에 있는 S 호텔의 예약 정책 중 일부이다. 이에 관한 내용 중 가장 옳지 못한 것은?

> S 호텔은 사전 객실 예약 접수를 받을 때, 실제 호텔에서 판매 가능한 객실 수가 250실임에도 그 이상인 260실까지 예약을 받고 있다. 이는 그동안의 호텔 운영 경험상, 갑작스러운 예약 취소, 노쇼(No-Show) 발생 등을 감안하여 예약을 받는 최대 객실 수를 결정하기 때문이다.

① 호텔 객실 제공 서비스는 재고 저장이 불가능한 상품에 해당한다.
② 이러한 호텔의 정책은 수익 손실을 최소화하기 위한 노력으로 도입되었다.
③ 호텔에 예약한 고객이 초과 예약으로 인해 서비스 제공을 받지 못하여 발생하는 비용을 재고 과잉 비용이라 한다.
④ 예약한 고객이 취소를 하는 경우, 그 호텔 객실은 해당 일은 가치를 잃게 됨으로 이를 해결하기 위해 도입되었다.
⑤ 이러한 호텔의 정책은 실제 예약을 한 고객이 객실에 투숙할 수가 없는 상황이 발생하여 고객에게 나쁜 이미지를 심어 줄 수도 있다.

40 다음은 백화점 매장별 직원들 사이의 대화이다. 다음 중 대화에 관한 내용으로 옳지 않은 것은?

모피 매장: "요즘 7월은 여름 더위가 한창이지만, 저희 매장은 대대적인 모피 할인 행사를 통해 고객들을 끌고 있어요. 겨울에 모피를 구입하는 것에 비해 많은 할인 혜택이 있기 때문에 고객들이 여름에도 모피를 구입하러 많이들 옵니다."

빙수 매장: "아, 그렇군요. 저희 빙수 매장은 여름철이 되니 빙수를 찾는 사람이 하루 평균 2배 정도 증가해서 일시적으로 파트타임 아르바이트생을 몇 명 더 채용했어요."

명품 매장: "저희 매장의 한 가방은 일시 품절인데, 해외 본사로부터 재고 입고가 될 때까지 고객이 원할 경우 예약만 받고 있어요."

곰탕 매장: "저희 매장은 여름엔 손님이 상대적으로 적은 편이라 직원들이 여름휴가를 많이 가는 편입니다."

화장품 매장: "저도 여름휴가를 가려니, 호텔마다 손님이 많아서인지 평소보다 더 비싼 가격을 받더라구요."

① 모피 매장의 경우는 비수기 수요 진작 전략에 해당한다.
② 빙수 매장의 경우는 성수기 수요 증대 전략에 해당한다.
③ 명품 매장의 경우는 성수기 수요 감소 전략에 해당한다.
④ 곰탕 매장의 경우 비수기 공급 조정 전략에 해당한다.
⑤ 호텔의 경우는 성수기 수요 감소 전략에 해당한다.

통합형

[41~42] 아래 대화를 읽고 물음에 답하시오.

점원 : 매니저님, 이번에 출시된 ○○ 파스타가 큰 인기를 누리고 있어서 멀리서도 손님들이 찾아오고 있어요.

점원

매니저 : 이번 신제품은 고객의 니즈를 찾아 그에 적합한 제품을 제공해서 성공할 수 있었어.

매니저

점원 : 네, 그런 것 같아요. ○○ 파스타의 인기가 치솟는 것은 좋은 일이지만 고객들이 주로 점심시간에 몰려서 대기 시간이 점점 길어지고, 그에 따른 불만이 늘어나고 있어요.

매니저 : 오늘 점심 중에 있었던 고객과의 소란도 그 문제 때문이지?

점원 : 네, 맞아요. 고객들이 주문한 ○○ 파스타가 너무 늦게 나와서 일부 고객의 언성이 높아졌어요.

매니저 : 이 문제를 시급하게 처리하지 않으면 안 되겠군.

41 주문한 제품이 늦게 나오고 있어 고객들의 불만이 늘어나고 있는 상황이다. 다음 중 매니저가 선택할 수 있는 성수기 공급 증대 전략으로 적합하지 않은 것은?

① 종업원 교차 훈련을 통해 생산성을 향상시킨다.
② 시설을 확충하여 시간당 공급 가능한 물량을 늘린다.
③ 바쁘지 않은 시간대에 방문한 고객에게 인센티브를 제공한다.
④ 점심시간에 고객이 집중되므로 해당 시간에 활용할 파트타임 직원을 고용한다.
⑤ 종업원의 업무 시간을 확충하여 업무 시작 전 가능한 업무를 사전에 진행해 둔다.

42 사례를 통해 고객의 기다림이 늘어나면서 불만이 커졌음을 알 수 있다. 마이스터는 이와 같은 대기 시간에 대해서 실제 대기 시간뿐만 아니라 고객에게 지각된 대기 시간도 중요하다고 하였는데, 다음 중 이에 대한 설명으로 적절하지 않은 것은?

① 원인이 설명되었을 때의 기다림이 더 길게 느껴진다.

② 구매 전 기다림이 구매 중 대기보다 더 길게 느껴진다.

③ 다 함께 기다리는 것보다 혼자 기다리는 것이 더 길게 느껴진다.

④ 제공 받는 서비스에 더 큰 가치를 느낄수록 기다림이 짧게 느껴진다.

⑤ 아무 일도 하지 않고 있을 때 느끼는 기다림의 시간이 무엇인가를 하고 있을 때보다 더 길게 느껴진다.

SMAT
Module ⓒ
서비스 운영전략

서비스
인적 자원 관리

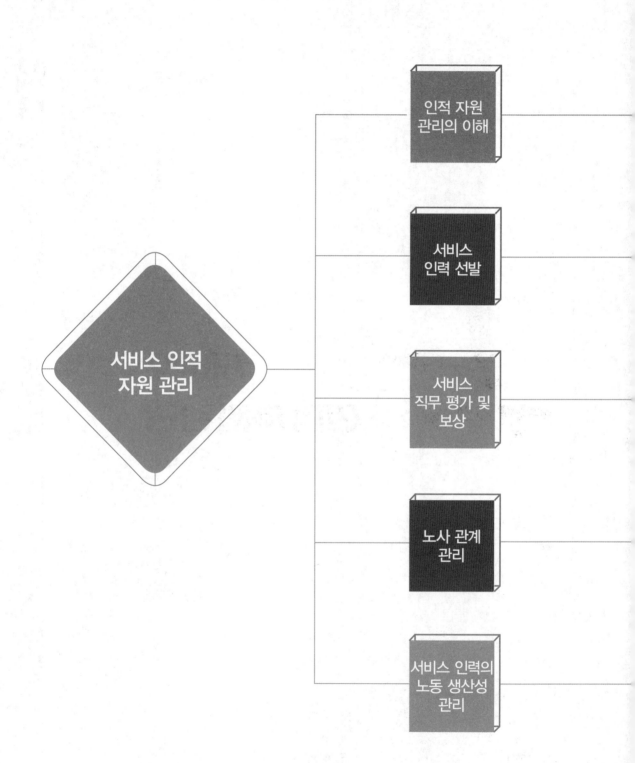

서비스 인적
자원 관리

인적 자원
관리의 이해

서비스
인력 선발

서비스
직무 평가 및
보상

노사 관계
관리

서비스 인력의
노동 생산성
관리

인적 자원 관리의 개념 ─── 인적 자원 관리의 의의 ★
인적 자원 관리의 중요성 ★★
인적 자원 관리의 6원칙 ★
인적 자원 관리의 목표 ★★

인적 자원 관리의 성격 ★

인적 자원 관리의 내용 ★★★

모집 관리 ─── 모집 방법 ★
인력 수급 방법에 따른 분류 ★★★

선발 관리 ★

면접 ─── 면접의 유형 ★★

직무 평가 ─── 직무 평가의 정의 ★
직무 평가의 목표 ★★
직무 평가의 방법 ★★

인사 고과 ─── 인사 고과의 의의 ★
인사 고과의 성격 ★
인사 고과의 목적 ★★
인사 고과의 유형 ★★
인사 고과의 방법 ★★

보상 관리 ─── 보상의 중요성 ★★
보상 관리의 원칙 ★

노사 관계의 기초 ─── 노사 관계의 유형 및 발전 단계 ★
노사 상생을 위한 과제 ★

노동 조합 ─── 노동 조합의 정의 ★
노동 조합의 기능 ★★

단체 교섭과 노사 협의 제도 ─── 단체 교섭의 의의 ★
단체 교섭의 기능 ★★
노사 협의 제도의 의의 ★
노사 협의 제도의 목적 ★★
노사 협의제와 단체 교섭의 비교 ★★

직원의 만족도 제고 ─── 직원 만족도 지수 조사 항목 ★

직무 재설계 및 일정 조정 프로그램 ─── 직무 순환 ★★
직무 확대 ★★
직무 충실화 ★★

갈등 관리 ─── 원인에 따른 갈등 유형 ★
주체에 따른 갈등 유형 ★★
갈등 과정 ★★
갈등의 순기능과 역기능 ★★
갈등 관리 기법 ★★

복리 후생 ─── 복리 후생의 목적 ★

인적 자원 관리의 이해

출제 & 학습 포인트

출제포인트
1장 인적 자원 관리의 이해에서는 인적 자원 관리의 중요성과 인적 자원 관리의 내용이 주로 출제됩니다.

학습포인트
1 인적 자원 관리의 의의를 이해하고, 인적 자원 관리의 중요성을 학습합니다.

2 경영 목적을 달성할 수 있는 인적 자원 관리의 내용을 잘 구분하여 학습합니다.

1 인적 자원 관리의 개념

(1) 인적 자원 관리의 의의 ★

① 경영 목적의 달성을 위하여 필요한 인력을 확보, 개발, 유지하여 이를 활용하고, 일에 몰두할 수 있도록 동기를 부여하는 일련의 과학적 기법을 말한다.

② 성공적인 인적 자원 관리를 위해서는 선발에서부터 평가와 보상에 이르는 전 과정을 통합적으로 계획하고 관리해야 한다.

③ 서비스 직원의 태도는 서비스 접점의 중요한 요소로 서비스 품질에 대한 고객 지각, 고객의 가치 지각과 고객 만족, 조직의 성과에 영향을 주므로 서비스 직원에 대한 적절한 인적 자원 관리는 매우 중요하다.

(2) 인적 자원 관리의 중요성 ★★

조직 목표 달성	조직의 목표를 달성하게 하는 것은 조직의 구성원들이며 이들을 어떻게 관리하는가에 따라 조직의 성패가 좌우된다.
조직 역량 자원	경쟁 우위를 확보하고 변화하는 고객의 욕구와 전략적 요구에 적응할 수 있도록 하는 데 영향을 미치는 조직 역량이 중시되고 있다. 이러한 조직 역량은 모두 인적 자원을 통해서 확보되고, 발현될 수 있는 것이다.
경쟁적 원천	인적 자원을 통해 창출되는 조직 역량은 비교적 장기간에 걸쳐 형성되며 경쟁 기업과도 차별화된다. 이러한 조직 역량이 조직 문화 차원으로 승화되어 갈 때 지속적인 경쟁력의 원천이 될 수 있다.
전략적 자산	기업 경쟁력의 원천은 사람이며, 인적 자원은 기업의 가장 소중한 전략적 자산이다.

(3) 인적 자원 관리의 6원칙 ★

직무 중심주의 원칙	직무 기술서, 직무 명세서 등의 직무 정보 자료에 적합한 유능한 인재를 확보하고 교육 훈련, 배치, 이동, 승진 등의 인적 자원 관리 활동을 이루어 가는 인적 자원 관리의 원칙
전인주의 원칙	• 직원의 인간적 측면의 중시 및 인간성 실현에 중점을 두고 있는 인적 자원 관리의 원칙 • 기존의 권위주의 인적 자원 관리에 대응하는 인간성 존중의 민주적 인적 자원 관리의 도입을 위한 기본 원칙
능력주의 원칙	직원의 학력, 연력, 근속 연수, 성별 등의 연공 요소가 아닌 직원의 실력과 업적에 근거하여 공정한 인사 처우를 실현해 가는 원칙
공정성의 원칙	인적 자원 관리의 실시 과정 및 실시 결과에 대한 공정한 평가와 함께 공정한 근로 조건의 개선 향상을 위해 요구되는 공정성 유지의 원칙
정보공개주의 원칙	직무 분석 및 평가 결과의 직무 자료나 인사 고과 등의 인사 정보 자료의 공개화를 통하여 직원의 배치 및 이동, 승진, 승격 등의 인사 처우를 공정하게 실현해 가는 원칙
참가주의 원칙	인적 자원 관리의 기본 방침 결정 및 인사 계획의 수립 과정을 비롯한 인적 자원 관리 제도의 구체적 실시 과정에 직원의 적극적 참여와 의견 수렴을 통해 경영의 민주화를 이루어 가는 원칙

(4) 인적 자원 관리의 목표 ★★

① 유능한 인재의 확보

② 핵심 역량 강화 및 기업의 경쟁력 향상

③ 핵심 인력의 육성 및 개발

④ 근로 의욕 고취(동기 부여)

⑤ 생산성, 품질 향상, 고객 만족

⑥ 기업의 목표 및 사업 전략과의 연계

⑦ 조직 내 커뮤니케이션 활성화

⑧ 공정한 보상

⑨ 고용 관리의 유연성

2 인적 자원 관리의 성격 ★

(1) 경제적 합리성과 인간성의 동시 추구

① 경제적 합리성의 기반 없이는 기업 조직의 존재나 인적 자원의 개발은 불가능하기 때문에 경제적 합리성을 우선적으로 고려해야 한다.

② 경제적 합리성은 인적 자원 활동 여하에 달려 있기 때문에 조직 구성원의 존엄성을 무시할수 없다.

③ 인적 자원 관리는 직원이 창출하는 노동 상품이 하나의 인격체라는 인식에서 출발한다.

(2) 인적 자원의 개발과 자율성

① 인적 자원은 능동적이고, 자율적인 성격을 띠고 있다.

② 인적 자원의 성과는 구성원의 욕구, 동기, 태도, 행동, 만족감 등에 따라 달라진다.

③ 조직의 경영자가 인적 자원의 능동적이고, 자율적인 특징을 어떻게 효율적으로 관리하느냐에 따라 경영 성과의 차이가 크게 발생한다.

(3) 인적 자원의 형성과 책임성

① 각 개인의 노동력은 동질적인 것이 아니라 각 개인에게 체화된 인적 자원에 따라 다른 특성을 가지는 이질성을 지닌다.

② 각 인적 자원은 그들이 담당할 수 있는 직무가 다르고, 직무 수행 능력이 각기 다르다.

③ 기업 내 각 개인의 생산성 및 기업 전체의 지속적 성장은 각 개인 능력 및 인적 자원 활용에 의해 크게 좌우된다.

3 인적 자원 관리의 내용 ★★★

모집	조직 구성원을 충원 또는 증원하기 위하여 공고를 내고 자격을 갖춘 인재를 찾는 과정이다.
선발	• 직무 분석이 제공한 합리적인 직원의 채용 기준에 의거하여 가장 적합한 직원을 채용하는 과정이다. • 서비스 특성에 적합한 고객 만족형 인적 자원을 선발한다.
배치	신규채용자의 배치와 기존 구성원의 전환 배치가 있고, 직무 특성에 적합한 직원을 적재적소에 배치하는 것이다.
교육 및 개발 프로그램	• 직원의 가치 향상, 직무 만족도 증가, 성장 욕구 충족 등 직원의 만족도를 높이는 사회적 효율성을 증가시킨다. • 보다 높은 성과 효율을 달성하도록 한다.
보상	금전적, 비금전적 보상 프로그램의 운영을 통해 직원을 인정해 주고, 동기 부여를 시켜 능률을 향상시킨다.
경력 개발 관리	개인적인 경력 목표를 설정하고, 이를 달성하기 위한 경력 계획을 수립하여 조직의 욕구와 개인의 욕구가 합치될 수 있도록 경력을 개발하는 활동을 말한다.
승진관리	권한과 책임, 보수 등의 신분상 승진을 의미하며, 구성원들에게 근로의욕과 동기부여를 유발하여 개인과 조직의 목표를 일치시키는 활동이다.
이직 관리	직원의 안정감, 생산성의 향상, 기업에 대한 긍정적인 감정 보유 등의 효과가 있다.
복리 후생	• 기업이 직원에게 부가적으로 급여하는 부가 급여(fringe benefits)이다. • 직원들의 경제적 안정과 생활의 질을 개선시켜 높은 수준의 동기 부여와 만족을 준다.
평가	• 직원의 업무 수행 능력과 업적 그리고 근무 태도를 객관적으로 평가한다. • 자료 근거로 직원의 직무 수행 능력을 유지, 개선, 발전시킨다.

Part
04

🖉 알아두기

마일즈 – 스노우의 전략 유형별 인적 자원 관리

구분	방어형	혁신형	분석형
제품/시장 전략	• 소수의 안정된 제품 • 시장 침투 전략 (기존 제품, 기존 시장)	제품 혁신이 가능하고, 시장 변화에 능동적인 제품 (신제품, 신시장)	안정적, 계획적 혁신 제품 (방어형, 혁신형 혼합)
인적 자원 관리 활동 계획 과정	계획 ⇨ 실행 ⇨ 평가	실행 ⇨ 평가 ⇨ 계획	평가 ⇨ 실행 ⇨ 계획
인력 계획	공식적, 철저	비공식적, 제한적	공식적, 철저
충원, 선발, 배치	육성	영입	육성 및 영입
보상	• 내적 공정성 • 기본급 비중이 큼.	• 외적 경쟁성 • 성과급 비중이 큼.	방어형 + 혁신형 요소 결합

서비스 인력 선발

출제 & 학습 포인트

출제포인트
2장 서비스 인력 선발은 파트 4에서 출제 빈도가 높진 않지만 꾸준하게 출제되는 부분으로 서비스 인력 모집 방법과 면접의 유형이 주로 출제됩니다.

학습포인트
1 서비스 인력 모집 관리의 의의를 이해하고, 고용 형태와 인력 수급 방법에 따른 모집 방법을 학습합니다.

2 서비스 인력 선발 관리의 의의를 정확히 학습합니다.

3 면접의 목적을 이해하고, 다양한 면접의 유형별 특징을 학습합니다.

1 모집 관리

(1) 모집 관리의 의의
① 모집은 고용 관리의 출발점이자 인사 관리의 첫 단계이다.

② 모집은 조직의 유능한 인재를 선발하는 것으로 선발을 전제로 실질적인 인력을 조직으로 유인하는 과정이다.

③ 모집은 선발 비용을 높게 할 목적으로 수행된다는 의미에서 적극적 고용 활동으로 불린다.

(2) 모집 방법 ★
① 고용 형태에 따른 분류

정규 직원	• 고용 관계와 사용(지휘, 종속) 관계가 동일하고, 사용자와 기간을 정하지 않은 고용 계약 • 전일제 근무를 하며, 기업 내에서 경력 개발과 승진, 교육 훈련, 복리 후생 제도 등을 적용받는 근로자
비정규 직원	• 단기간의 고용 계약을 맺고, 고용 계약의 종료에 따라 다수의 사용자와 고용 계약 • 경력 개발이나 인적 자원 투자를 개인적으로 해결하고, 비교적 단시간 근무를 적용받는 근로자
기타 직원	용역 직원	특정 업무에 대해 용역 계약을 맺고 전문적으로 그 업무를 위해 근무하는 직원
	파견 직원	파견 사업주가 고용하여 특정 업무를 위해 다른 사용자가 업무에 파견, 다른 사용자의 지시, 명령을 받아 근무하게 되는 직원

② 인력 수급 방법에 따른 분류 ★★★

구분	내부 모집	외부 모집
개념	• 조직 내부에서 적격자를 찾는 방법이다. • 고과 기록 등을 활용하여 적합한 인물을 고를 수 있다. • 추가적인 홍보 활동이 필요 없고, 직원들의 동기 부여에 좋은 영향을 미칠 수 있다. • 전직이나 직무 순환, 추천, 사내 공개 모집 제도, 관리자 목록 등을 참고하여 모집한다.	• 외부 인력 시장을 통해 선발 대상자를 모집한다. • 모집 방법: 광고, 추천, 직업소개소, 인턴사원제, 실습 제도, 채용 박람회 및 취업 설명회, 추천, 자발적인 응모를 통해 모집한다.
장점	• 능력이 충분히 검증된 사람을 채용할 수 있다. • 재직자의 개발 동기 부여와 장기 근속 유인을 제공한다. • 훈련과 조직화 시간이 단축된다. • 신속한 충원과 충원 비용을 절감할 수 있다. • 성장의 정체기에 내부 충원은 재직자의 직장 안전을 제공한다.	• 새로운 아이디어와 견해가 유입된다. • 연쇄 효과로 인한 혼란이 없다. • 급성장기의 수요를 충족시킨다. • 경력자의 채용 시 직무 훈련 비용이 절감된다. • 기업의 급격한 전환기에는 외부 충원이 효과적일 수 있다.
단점	• 성장기 기업은 유자격자를 충분히 공급하지 못한다. • 내부 충원은 조직 내부 이동의 연쇄 효과로 인해 혼란이 야기될 수 있다. • 조직 내부 정치와 관료제로 인해서 비효율적이 될 수 있다. • 고용 평등법을 충족시키지 못할 위험이 있다.	• 시간 비용 및 충원 비용이 소요된다. • 선발 점수와 입사 후 성과 간의 불일치 가능성이 있다. • 재직자의 사기 저하 위험이 있다.

2 선발 관리 ★

(1) 선발 관리의 의의

① 조직의 직무를 수행할 수 있는 최적의 요건을 지닌 사람에게 조직 구성원의 자격을 부여하는 과정이다.

② 모집 및 선발은 인적 자원이 조직으로 유입되는 과정을 관리하고 통제하는 기능이다.

③ 직무가 필요로 하는 적성을 가지고 있는지의 여부를 선발 기준에 따른 선발 절차를 진행하면서 능력에 대한 정보를 비교할 수 있다.

(2) 선발 절차

① 지원

② 예비 면접(선발 과정의 초기에서 부적격자를 탈락시키는 단계)

③ 입사 원서 검토

④ 선발 시험(필기 시험 및 적성 검사)

⑤ 직무 관련 부서 1차 면접

⑥ 신원 조회나 이력 사항 사실 조사

⑦ 신체검사

⑧ 최종 면접(취업 부문 및 감독자에 의한 최종 선발)

⑨ 합격 발표

⑩ 직무 연수 교육 및 부서 배치

(3) 선발 시험

① 필기 시험(영어 시험, 전공 시험, 상식 시험, 한자 시험 등)

② 적성 검사(어떤 직무에서의 성공 가능성에 대한 확인으로, 기본적으로 소유하고 있는 잠재적인 능력과 성격적인 기질 측정)

③ 인성 검사

④ 지능 검사(문제 해결 능력에 대한 측정)

⑤ 흥미 검사(개인이 어떤 직무 유형에 적합한지를 측정)

(4) 선발 기준

① 교육 수준

② 경력 및 경험

③ 신체적 특성

④ 기타 개인적 특성(연령, 성별, 적성, 결혼 여부 등)

3 면접

(1) 면접의 목적

① 응모자가 기업 환경에 대해 어떻게 생각하고 행동할 것인가에 대해 체계적, 종합적으로 평가하는 것이다.

② 응모자의 사고를 이해하고 평가한다.

③ 성격이나 태도가 직무와 조직에 어느 정도 적합한지를 판단한다.

④ 상식과 전문 지식을 평가한다.

⑤ 응모자의 특성에 대해 종합적인 평가를 한다.

(2) 면접의 유형 ★★

계획적 면접	• 심층 면접 또는 행동 면접 • 잠재적인 성공이나 실패의 가능성을 면밀히 찾고자 하는 유형
정형적 면접	• 구조적 면접 또는 지시적 면접 • 직무 명세서를 기초로 미리 질문의 내용 목록을 준비해 두고 면접자가 차례로 질문해 나가는 면접 유형
비지시적 면접	• 피면접자인 지원자에게 최대한 의사 표시의 자유를 주고, 그 가운데서 지원자에 관한 정보를 얻는 방법 • 고도의 질문 기법과 훈련이 필요
스트레스 면접	• 대인적인 압박감이 많은 특수한 직장 환경에서 직무를 수행할 수 있는 능력이 있는지의 여부를 평가하기 위해서 행해지는 면접 • 공격적이고, 피면접자를 무시하여 좌절하게 만들어 감정의 안정성과 좌절에 대한 인내성을 관찰 평가하는 방법
패널 면접	• 다수의 면접자가 1명의 피면접자를 면접하는 방법 • 면접 후 피면접자에 대한 의견 교환 • 광범위한 평가 가능
블라인드 면접	면접 전 기본적인 서류심사는 하지만 면접 자체에서는 이력서의 내용을 전혀 반영하지 않는 면접
PT면접	• 사전에 주어진 주제에 맞게 준비한 내용을 발표하는 면접 • 문제해결능력, 창의력, 전문성, 작성능력, 보고능력 등 평가
합숙면접	• 일정기간 합숙하며 평가하는 면접 • 지원자들 사이에서 리더십, 협동정신, 커뮤니케이션 등을 판단하기에 유용한 방법
그룹 토론	• 한 주제에 대해 일정인원의 지원자들끼리 발언하는 것을 평가 • 지원자의 태도, 인격, 지식수준, 가치 등을 알 수 있어 리더십, 논리력, 사고력 등 평가 가능

서비스 직무 평가 및 보상

출제 & 학습 포인트

출제포인트
3장 서비스 직무 평가 및 보상에서는 파트 4에서 출제 빈도가 높은 부분으로 전체적으로 학습하고, 특히 직무 평가의 방법과 인사 고과의 유형의 문제가 주로 출제됩니다.

학습포인트
1 인사 고과의 의의를 이해하고, 인사 고과의 성격과 목적을 정확히 학습합니다.

2 인사 고과의 유형을 상사, 동료, 부하로 구분하여 학습합니다.

3 다양한 인사 고과의 방법의 특징과 차이를 잘 구분하여 학습합니다.

4 보상 관리의 의의를 이해하고, 보상의 중요성을 학습합니다.

1 직무 평가

(1) 직무 평가의 정의 ★

① 조직 내에서 직무들의 상대적 가치를 평가하는 것이다.

② 직무 분석의 결과로 작성된 직무 기술서와 직무 명세서를 기초로 기업 내의 각종 직무의 중요성, 직무 수행상의 복잡성, 위험도, 난이도 책임성 등을 비교, 평가함으로써 직무 간의 상대적 가치를 체계적으로 결정하는 과정이다.

③ 조직 내에서 기대되는 공헌도의 크기를 일정한 기준에 의하여 개별 직무별로 정하는 일이다.

④ 직무 평가는 조직 내에서의 상대적인 중요도를 평가하므로 동종의 직무라 해도 어느 조직에 속하였는가에 따라 직무 평가 결과가 다를 수 있다.

(2) 직무 평가의 목표 ★★

① 직무의 상대적 유용성을 결정하기 위해 사실에 입각한 자료 제공

② 공정한 임금 관리의 기초 자료 제공으로 근로 의욕 증진과 노사 관계 증진

③ 동일 노동 시장 내의 타 경영 조직과 비교 가능한 임금 체계 설정 및 자료 제공

④ 노무비의 정확한 평가와 통제

⑤ 노동 조합과의 단체 교섭 기초 자료

⑥ 임금의 결정 주기 검토에 대한 일정한 표준 제공

(3) 직무 평가의 요소

평가 요소	세부 내용
숙련 (skill)	지능적 숙련 – 교육, 지식, 판단력
	육체적 숙련 – 경력, 경험
노력 (effort)	육체적 노력
	창의성, 정신적 긴장
책임 (responsibility)	대인적 책임(responsibility for others) – 감독 책임
	대물적 책임(responsibility for equipment & material) – 설비 책임, 원자재 책임
작업 조건 (working conditions)	위험도(hazards)
	작업 환경

(4) 직무 평가의 방법 ★★

서열법	• 전체적, 포괄적인 관점에서 직무를 상호 비교하여 그 순위를 결정하는 방법 • 평가자가 포괄적인 지식을 사용하여 직무 전체를 서로 비교하여, 순위를 매기는 방법 • 간단하고 신속함. • 일정한 기준이 없고, 직무를 단순하게 비교하여 유사 직무 간 혼란을 야기하는 단점
분류법	• 어떠한 기준에 따라서 사전에 만들어 놓은 등급에 그 직무를 판정하여 맞추어 넣는 방법 • 서열법보다 발전된 것이지만, 다양한 직무를 평가하는 데에는 한계 • 포괄적 접근으로 분류의 정확성이 보장될 수 없고, 분류 기준이 애매하며, 직무 수가 많고 복잡한 경우 사용할 수 없는 단점
점수법	• 각 직무 요소마다 점수화하고, 이 점수를 통계화하여 각 직무의 가치를 평가하는 방법 • 기업들이 가장 많이 이용하는 직무 평가 방법 • 직무의 평가 요소를 선정하고, 각 평가 요소에 그 중요성 및 가중치에 따라 일정한 점수를 배분한 후, 각 직무의 점수로 환산하여 그 상대적 가치를 평가하는 방법 • 평가 척도의 신뢰성을 높일 수 있고, 합리적으로 직무의 차이를 낼 수 있으며, 노사 쌍방이 쉽게 이해할 수 있는 장점 • 단점은 정확한 평가 요소 선정 및 각 요소 간의 비중과 점수 배분 문제로서 상당한 전문성이 요구되며, 많은 시간과 비용 소요
요소 비교법	• 핵심이 되는 몇 개의 기준을 설정하고, 각 직무의 평가 요소를 기준 직무의 평가 요소와 결부시켜 비교함으로써 모든 직무의 상대적 가치를 결정하는 방법 • 점수법과 함께 많이 사용되는 직무 평가 방법 • 평가 요소는 정신적 노력, 숙련, 신체적 노력, 책임, 작업 조건 등 • 직무 간의 상대적 가치 평가가 용이하고, 측정 기준이 설정되어 객관성을 유지 • 단점은 기준 직무가 잘못 측정되면 평가 전반이 잘못될 수 있고, 기존 직무의 내용이 변한 경우 전체 직무를 다시 평가해야 하는 어려움.

2 인사 고과

(1) 인사 고과의 의의 ★

① 개개인의 업무 수행상 능력과 업적, 근무 태도를 객관적으로 평가함으로써, 현재·잠재적 능력과 그 유용성을 체계적으로 평가하는 관리 기법이다.

② 직원의 업무 수행상 업적을 측정하는 제도로서 직원의 업적, 성격, 적성, 장래성 등을 판정하는 것이다.

③ 인사 고과는 기업 내 직원의 상대적 가치를 평가하여 직원에 대한 공정한 평가와 보상, 체계적인 직원 능력 개발을 위한 인적 자원 관리의 주요 부문이다.

④ 인사 고과는 조직 구성원을 평가 대상으로 하는 것이고, 직무 평가는 직무의 상대적 가치를 평가하여 합리적인 임금의 격차를 조절하려는 것이다.

⑤ 인사 고과는 직무와 사람의 관계에서 관찰하는 것이고, 직무 평가는 직무와 조직 전체의 관점에서 보는 것이다.

(2) 인사 고과의 성격 ★

① 인사 고과는 조직 구성원을 대상으로 그 가치를 평가한다.

② 인사 고과는 직원과 직무와의 관계를 비교한다. 직무를 수행함에 따라 나타나는 업적을 중점적으로 파악하는 것이다.

③ 인사 고과는 상대적, 부분적인 비교 평가이다.

④ 인사 고과는 객관성을 높이기 위하여 특정 목적에 적합하도록 조정된다. 임금을 위해서는 업적을 중심으로 평가하고, 승진 및 교육 훈련을 위해서는 능력을 중심으로 평가해야 한다.

(3) 인사 고과의 목적 ★★

인사 배치 및 이동	• 인사 고과는 인력의 배치 및 이동에 중요한 정보를 제공한다. • 각자의 능력에 적합하게 적재적소에 배치하는 데 활용한다.
인력 개발	• 구성원의 정확한 능력을 파악하여 인재 개발에 활용한다. • 인사 고과를 통해 구성원의 현재 및 잠재적 유용성을 평가하여 기업의 요구 및 구성원 각자에게 성장의 기회를 충족시킨다.
인력 계획 및 인사 기능의 타당성 측정	• 구성원의 연령, 성별, 직종, 지능도, 근무 연수 등에 따라 장·단기 인력 개발 수립에 요청되는 양적·질적 자료를 제공한다. • 조직 구성원의 근무 능력을 평가하여 해당 조직 구성원의 채용 시점, 승진 등의 타당성 측정 도구로서 활용한다.

성과 측정 및 보상	• 구성원의 성과를 측정하여 승급, 상여금, 임률 결정 및 승진에 활용한다. • 능률급과 직무급은 공정한 인사 고과가 이루어지지 않는다면 성공하기 어렵다.
조직 개발 및 근무 의욕 증진	• 인사 고과를 통하여 직무 담당자의 조직 관계나 직무 조건의 결함을 발견하고, 개선의 계기를 모색한다. • 구성원의 성취 의욕의 자극제로도 활용한다.

(4) 인사 고과의 목적과 활용

목적	활용
인사 배치 및 이동	배치, 전환, 복직, 채용, 해고 등
인력 개발	교육, 훈련, 개발 등
인력 계획 및 인사 기능의 타당성 측정	인력 계획에 요청되는 인적 데이터 확보, 채용, 배치, 전환, 승진의 인사 기능의 타당성 검토
성과 측정 및 보상	승급, 상여금, 임률 결정, 승진 등
조직 개발 및 근무 의욕 증진	직무 개선, 성취 의욕 증진

(5) 인사 고과의 요소

① 업적 성과

　　㉠ 업적 평가는 일반적으로 사전에 설정된 목표를 얼마나 잘 달성하였는가를 측정하여 부서나 개인의 성과를 판정하는 결과 지향적인 평가 방법이다.

　　㉡ 구성원에게 주어진 직무의 내용과 책임을 어느 정도 수행하였는지와 주어진 직무를 수행하였을 때 조직의 일원으로서의 업적을 평가하는 것이다.

② 업무 수행 능력(역량)

　　㉠ 구성원의 구조화된 모의 상황을 설정하여 현실적 직무 상황에 근거한 행동을 관찰하고 평가하며, 미래 행동에 대한 잠재력 능력까지 포함한다.

　　㉡ 의사소통, 고객 지향, 비전 제시, 조정 통합, 결과 지향, 전문가 의식, 혁신 주도, 문제 인식, 전략적 사고 등 조직성과 창출을 위한 자질을 평가한다.

③ 업무 수행 태도 : 직무 활동의 결과를 달성하기 위한 능력이나 태도에 관하여 직무 수행과 관련이 없는 것은 제외하고 업적과 관련된 것만 평가하는 것이다.

👆 인사 고과의 예

평가 구분		평가 항목		평가 요소
업적 성과		업적 달성도	양적 성과, 질적 성과	업적 평가 요소
		업무 처리 내용	정확성, 신속성	
		섭외 활동 실적	유대 관계 유지 및 목적 달성 정도	
		부하 육성	계획적 업무 부여, 개발 의욕 고취	
업무 수행	능력	업무 추진력	의욕, 적극성	능력 평가 요소
		지도 통솔력	통솔 능력 개발 및 업무 능률 향상	
	태도	책임감	자부심, 헌신도, 노력 정도	태도 평가 요소
		품성	모범성, 공정성	
		창의력	업무 개발 능력	

(6) 인사 고과의 유형 ★★

① 상사에 의한 고과

ⓐ 상사가 부하를 평가하는 방법으로서 고과자가 피고과자를 잘 알고 있으므로 근무 평정에서 일반적으로 많이 활용되고 있는 방법이다.

ⓑ 평가의 실시가 용이하며, 직계 상사가 부하를 잘 알고 있다는 장점이 있다.

ⓒ 수직적인 상하 관계에서 평가가 이루어지므로 상사 주관에 의해 평정의 객관성이 결여될 소지가 있다. 이러한 문제점을 보완하기 위해서 상사와 부하 간의 충분한 상담을 통한 의사소통이 필요하다.

② 동료에 의한 평가

ⓐ 동료가 동료를 평가하는 방법이다.

ⓑ 한 명의 피고과자에 대하여 많은 인원이 평가에 참여하게 하여 평가의 객관성을 높일 수 있고, 상사보다 동료가 잠재력을 더 정확히 평정할 수 있다는 장점이 있다.

ⓒ 동료 간에 친구로서 혹은 경쟁자로서 편파적인 평가가 될 수 있다는 단점이 있다.

③ 부하 평가

ⓐ 상향식 평가로 업무 수행의 태도, 능력, 부하와의 관계 등을 평가하는 것이다.

ⓑ 참여 의식과 주인 의식을 증대시킬 수 있고, 자기 개발을 위한 자료의 기회를 제공하며, 상사에게 부하의 마음을 알게 하는 공식적인 기회를 제공한다는 장점이 있다.

ⓒ 부하가 직속 상사를 평가한다는 것은 상사의 입장에서 호의적이지 않으며, 부하도 상사의 보복을 두려워하기 때문에 평가가 극대화 경향으로 흐르기 쉽다.

④ 자기 고과

　　㉠ 피고과자 자신에 대한 자기 고과의 방법으로서, 상사 평가와 혼용 방식으로 운용되고 있다.

　　㉡ 자기 고과는 직원의 자기 통제 의식을 높여 주며, 직원 자신으로 하여금 자신의 직무 수행 상태를 어느 정도 파악하고 있는지 생각할 기회를 부여한다.

　　㉢ 본인의 주관 및 편견이 개입되기 쉬운 문제점을 안고 있다.

　　㉣ 기대되는 직무의 내용과 요건 수준에 대한 상호 간의 확인이 필요하다.

⑤ 다면 평가

　　㉠ 다양한 인사 평가자가 참여하는 방법이다.

　　㉡ 인사 고과의 정확성과 객관성 확보를 위해 피고과자의 상사뿐만 아니라, 본인, 동료, 부하 등 인사 고과자의 범위를 확대 시행하고 있다.

인사 고과 유형의 장단점

구분	상사에 의한 고과	동료에 의한 평가	부하 평가	자기 고과
장점	• 합법적 권한 보유 • 보상의 통제 • 실시 용이	• 직무 성과 파악 용이 • 예측 타당성 높음. • 의사소통 원활	• 참여 의식 고취 • 의사소통 원활 • 능력 개발	• 지식 풍부 • 관찰 빈도 높음. • 능력 개발 촉진
단점	• 신뢰성 곤란 • 평가 주저 • 편견	정확한 평가 곤란	• 고과자의 능력 부족 • 보복 가능성 • 권한 역화 • 인기투표 가능성	• 과대평가 • 원인 전가

(7) 인사 고과의 방법 ★★

서열법	• 종업원의 능력과 업적에 대하여 순위를 매기는 방법이다. • 평가 방법은 편리하나 평가자의 주관적 기준이 반영될 수 있다.
강제 할당법	• 사전에 정해 놓은 비율에 따라 피평가자를 할당하는 방법이다. • 피평가자를 관대하게 평가하는 등 규칙적 오류를 방지할 수 있다. • 정규 분포를 가정하고 있어, 실제 분포 비율이 강제 할당 비율과 다르면 평가 결과를 정확하게 반영하지 못할 수 있다.
대조표법	• 상급자가 평가 항목별로 정해진 체크 리스트에 결과를 적어 평가하는 방법이다. • 평가 결과의 신뢰성과 타당성이 증가하고, 평가자의 평가에 대한 부담감이 완화된다.
자유 서술법	• 평가받는 사람이 스스로 자신을 평가하는 방법이다. • 동기 부여 및 자기 개발의 효과가 강점이다.
목표에 의한 관리법(MBO)	서비스 종사자의 참여를 통해 상사와 함께 협의 후 단기적이고, 구체적인 목표를 설정하여 그 성과를 평가하는 방법이다.
평가 센터법	평가 센터에서 특별히 평가를 위해 훈련된 관리자들이 평가하는 방법이다.
다면 평가법	기존의 상급자가 하급자를 평가하는 평가 방법에서 벗어나 피평가자가 자신, 동료, 상사, 하급자 등 다양한 계층을 서로 평가하는 방법이다.

3 보상 관리

(1) 보상의 의의

① 조직이 개인에게 제공하는 유형, 무형의 가치 일체이다.

② 보상은 매우 넓은 의미를 가지며, 금전적, 물질적 재화뿐만 아니라 칭찬이나 인간관계에서 오는 소속감 등이 포함된다.

③ 임금은 명확한 근로를 대상으로 지급되는 금전적인 보상으로 '보수'라고도 한다.

(2) 보상의 중요성 ★★

① 보상은 개인의 노력의 대가일 뿐 아니라 개인 능력의 확대 및 재생산비로서 장기적으로는 인적 자원 개발을 위한 투자이다.

② 보상은 조직 구성원의 만족감과 성과에 크게 영향을 미친다. 금전적 보상은 구성원의 불만족 요인을 제거하지만, 보상의 불공정성은 구성원의 사기를 떨어뜨리고, 생산성을 저해한다.

③ 조직이 우수한 인적 자원을 확보하고, 유지하며, 생산적으로 활용하는 것은 적절한 보상의 지급과 보상 체계의 확립에 달려 있다.

(3) 보상 관리의 체계

보상 구분		보상 내용
금전적 보상	직접 보상	임금, 월급, 상여금, 일당, 주급
	간접 보상	보험(의료, 고용, 재해, 연금 등), 주택 지원, 교육비 지원, 금융 지원, 건강 및 문화 시설 등 복리 후생 시설 이용 지원
비금전적 보상	직무 자체	직무 충실감, 도전감, 책임감, 안정감, 성취감, 승진 기회
	직무 환경	경영 정책, 유능한 감독, 동료, 작업 환경, 근무시간

(4) 보상 관리의 원칙 ★

적절성	보상 체계는 사회 경제, 노사 관계, 인적 자원 관계 법규의 관점에서 적절하게 결정되어야 한다.
타당성	조직은 전반적으로 납득할 수 있는 적절한 임금 수준을 유지해야 한다.
공정성	보상 체계는 조직 전체의 전반적인 수준뿐만 아니라 조직 구성원 각자의 노력, 능력, 기술 등 여러 기준에 대해 공정해야 한다.
안정성	보상 체계는 구성원의 경제적 안정과 그들의 안정 욕구 충족에 기여해야 한다.

> 🖉 **알아두기**
>
> 조직 몰입의 유형
> - 정서적 몰입 : 조직에 대한 개인의 참여 열망, 애착과 일체감을 바탕으로 몰입
> - 규범적 몰입 : 조직을 자아의 핵심으로 여기는 의무감을 바탕으로 몰입
> - 지속적 몰입 : 조직을 삶의 중심에 두는 몰입으로 회사에 지속적으로 근무하고자 하는 몰입

노사 관계 관리

출제 & 학습 포인트

출제포인트

4장 노사 관계 관리에서는 노사 관계의 발전 단계와 단체 교섭과 노사 협의 제도가 주로 출제됩니다.

학습포인트

1 노사 관계의 개념을 이해하고, 노사 관계의 유형을 분류하여 특징과 발전 단계를 학습합니다.

2 노사 상생을 위한 과제를 다양한 시각으로 바라보고 수행할 수 있는 방안에 대해 학습합니다.

3 노동 조합의 개념을 정확히 이해하고, 노동 조합의 기능을 학습합니다.

4 단체 교섭의 의의를 이해하고, 단체 교섭의 기능을 학습합니다.

5 노사 협의 제도의 의의를 이해하고, 단체 교섭과 비교하여 학습합니다.

Part
04

1 노사 관계의 기초

(1) 노사 관계의 개념

① 노사 관계란 근본적으로 노동자와 사용자와의 관계를 말한다.

② 오늘날에는 노동 조합(노동자)과 사용자(기업) 그리고 이에 영향을 주는 정부와 국민의 포괄적인 관계를 의미한다.

③ 노동관계의 직접 당사자인 근로자와 경영자 그리고 이들 관계에서 노사 정책, 단체 교섭, 노사 분쟁에 관한 규정을 설정하고, 다루는 정부를 포함한 노·사·정의 상호 관계이다.

🖊 알아두기

노사 관계의 양면성
• 노사 관계는 가장 중요한 것으로, 그 협력적 관계와 대립적 관계를 동시에 가진다.
• 노사 관계는 경제 관계와 사회 관계를 동시에 갖는다.
• 노사 관계는 개별적 관계와 집단적 관계라는 두 가지 차원을 갖는다.
• 노사 관계는 종속 관계와 대등 관계의 양면성을 갖는다.

👆 노사 관계의 유형 및 발전 단계 ★

노사 관계	개별 노사 관계	대립적 노사 관계	협력적 노사 관계	신협력적 노사 관계
특징	• 자유주의 사상 기반 • 기업가가 제시하는 근로 조건에 응하는 근로자 고용 • 기업과 근로자 일대일 계약	• 동급 노동자들과의 단결을 통해 사용자와 대등한 입장에서 노동 조건 교섭 시도 • 노동 조합 결성에 따른 사용자의 거부 반응 • 노동 조합을 불법화하거나 노동 조합 가입 근로자 해고 • 노사 상호 권리 확보를 위한 투쟁적 노사 관계 형성 • 분배 문제가 핵심 이슈	• 협력, 화합 강조 • 국제 경쟁하에서 생존을 위해 노사 공동 운영 강조 • **일본**: 노사 협의회 제도 • **독일**: 상호 결정 기구	• 노·사·정이 국가적 차원에서 노사 문제 해결 • 국민 경제적 입장에서 노사 관계 인식 • 노·사·정 3자 협력 주의(Tripartism)
주체	사용자	사용자와 노조	사용자와 노조	사용자, 노조, 정부
쟁점	제조 원가 절감	분배 임금	생산	국가 주요 정책
노조 태도	노조 없음.	적대적 또는 경쟁적	협력적	협력적, 거시적
조정 메커니즘	사용자의 전제 또는 온정	노사 투쟁, 단체 교섭	노사 협조, 경영 참가	노·사·정 협조, 사회적 합의
산업 형태	가내 수공업 생산	테일러리즘(Taylorism)과 포디즘(Fordism)에 근거한 대량 생산 제도	대량 생산 ⇨ 일본식 생산 제도로의 전환	

(2) 노사 관계의 목표

산업평화적 이념의 정립	• 인격 존중의 원리 • 대화 타협의 원리 • 공동체 원리
생산성 향상과 성과 배분 실현	• 생산성 향상 • 경쟁력 제고 • 성과 배분 실현
노사 화합의 정착	• 노사 분쟁 원인 제거 • 노동관계 제도 정착 • 근로자 생활의 질 향상

(3) 노사 상생을 위한 과제 ★

노사 안정을 최우선적으로 실현	• 노사 관계 안정이 경제 활력 회복과 일자리 창출의 핵심 조건임을 명심한다. • 노사 관계 불안은 기업 경영의 안정성과 대외 신뢰를 약화시키고, 투자 위축을 초래한다. • 노사 관계의 안정은 일자리 증가와 비정규직과 실업자 감소와 연관이 있다.
실용적 관점에서 양보하고 타협	• 비정규직의 고용 유지를 우선하면서 근로 조건 개선을 도모한다. • 비정규직 보호와 고용 유용성 확대의 동시 실현은 현실적으로 불가능하다. • 현재까지 합의된 형태로 법을 시행한 후에 그 효과를 보고, 보완하는 것이 바람직하다.
국가 차원의 타협	고용 유지와 창출을 위한 국가 차원의 타협이 시급하다.
고용 가능성 제고	• 비정규직의 직무 전문성을 강화하여 고용 가능성 제고한다. • 사용자는 정보 공유, 근로 조건 개선, 산업 안전 강화, 교육 훈련 강화 등을 통해 기본적 역할과 책임에 충실해야 한다.
사회적 대화의 실행	• 국가 사회 발전이라는 큰 틀하에서 노·사·정이 합의를 도출한다. • 양보와 타협을 통해 현안들을 해결한다. • 노·사·정의 합의 사항에 대한 실행을 강제하는 방안을 마련한다. • 노·사·정이 참여하는 각종 위원회를 실효성 중심으로 재정비한다.
선진형 노사 관계로 전환	• 미래 한국의 노사 관계를 설계하기 위한 중장기 과제에 착수한다. • 미래 지향적 논의를 활성화한다. • 생산적 아이디어 성공 사례 창출에 주력한다. • 저성장, 고령화 등에 따라 변화가 예상되는 새로운 노동 시장 질서나 노사 관계 구도 재편을 위한 구체적인 프로그램을 제시한다. • 당사자 중심의 노사 관계를 복원하고, 정부와 시민 단체는 노사 상생 노력을 지원한다. • 정부는 이해관계 조정을 촉진한다. • 학계와 시민 단체는 건전한 노사 관계 유지를 위한 감시를 강화한다.

🖐 노·사·정의 협력 체계

근로자·노동 조합	• 준법정신의 확립 • 노조의 대내적 민주성 확보 • 조직 능률의 질적 제고 • 적절한 요구 조건 제시 • 경제, 경영 분석 • 능력 제고 • 근로자 애사심 정신 교육 강화
사용자(경영자)	• 근대적 노조관 정립, 부당 노동 행위 금지 • 신뢰성 회복, 인간 존중 • 기업 경영의 투명성 제고와 성실한 공개 • 공정한 성과 배분 • 사회적 책임 실현 • 국제 경쟁 환경 능력 제고 • 사용자 및 관리자 의식 개혁 교육 지속적 실시

정부	• 노사정 위원회 정착 • 근로자의 상대적 빈곤감, 박탈감 해소 • 평화적 민주화, 국제화 감각에 순응한 노동 관계법 개정 • ILO, WTO, OECD 가입 규약 존중 • 건전한 노조 보호, 육성 • 노사 관계 정신 교육 의무화

2 노동 조합

(1) 노동 조합의 정의 ★

① 노동 조합이란 근로 조건의 유지 또는 개선을 목적으로 하는 임금 근로자의 지속적 단체를 말한다.

② 근로자들 스스로 단결하여 결성함으로써 집단 세력을 형성하여 사용자들과 대등한 위치에서 노동력의 보다 나은 조건을 실현시키려는 의도에서 형성되었다.

③ 오늘날 노동 조합은 자본주의 경제의 내재적인 구성 요소이자 정치, 경제, 사회 전반에 커다란 영향력을 보유하고 있다.

(2) 노동 조합의 기능 ★★

조직 기능	근로자 기능	비조합원인 근로자를 조직하는 기능
	노동 조합 기능	노동 조합이 조직된 후 유지, 확장하는 기능
집행 기능	단체 교섭 기능	임금 및 근로 조건을 유지, 개선 등 경제적 이익과 권리를 위한 노동력의 판매자로서의 교섭 기능
	경제 활동 기능	• 경제적 보조 역할과 생산 현장 밖에서의 경제적 보호를 위한 활동 • 노동 능력의 변화에 대비한 기금 설치 및 상호 공제의 활동
	정치 활동 기능	• 근로 조건의 개선, 경제적·사회적 지위의 향상을 위해 정부나 사회 단체를 대상으로 협상하는 기능 • 최저 임금제의 실시, 노동 시간의 단축, 공해 등의 문제 포함
부가 기능	교육 홍보 활동	근로자들의 지적 능력과 의식 수준의 향상을 위한 활동
	조사 연구 활동	근로 환경 개선, 노동력 향상 등의 방안에 대한 연구 활동
	사회봉사 활동	사회 공헌과 이미지 제고를 위한 사회봉사 활동

3 단체 교섭과 노사 협의 제도

(1) 단체 교섭의 의의 ★

① 개개의 사용자, 하나 혹은 그 이상의 사용자 단체가 하나 또는 그 이상의 대표적 노동 조합을 다른 한쪽의 당사자로 하여 임금 및 근로 조건 등에 관한 협정을 이루려는 목적에서 행하여지는 협상이다.

② 노사의 대표자가 근로자의 임금, 근로 조건 등에 관하여 협정의 체결을 위해 평화적으로 타협을 모색하는 절차이다.

③ 근로자들의 단결만으로는 무의미한 것이고, 조직력을 바탕으로 사용자와 단체 교섭을 전개함으로써 노동 조합의 본래 목적을 달성할 수 있다.

(2) 단체 교섭의 기능 ★★

① 작업 현장의 제규율을 설정, 개정 및 운용하는 절차의 기능

② 근로자들의 경제적 보상을 결정하는 과정의 기능

③ 협약 유효 기간 중 협약의 종료 또는 개시 시기에 발생하는 노사 분쟁 해결 수단의 기능

④ 노사 일체감의 조성과 근로자의 욕구 불만을 조정하는 기능

(3) 노사 협의 제도의 의의 ★

① 경영자와 근로자가 대등한 입장에서 단체 교섭에서 취급하지 않은 사항으로서, 노사 쌍방이 이해관계를 공통으로 하는 사항에 대하여 협의함으로써 상호의 이해를 넓히고, 협력하는 기능

② 근로자와 사용자가 경영상의 모든 문제에 관한 협의와 공동 결정, 근로자의 복지 증진과 고충 처리 등에 관한 공동 협의 기구

(4) 노사 협의 제도의 목적 ★★

① 기업의 민주화와 생산성 향상을 목적으로 한 근로자와 경영자의 대화의 광장

② 단체 교섭 사항에 포함되지 않는 경제적 사항 및 기타 노사의 이해가 공통되는 문제

③ 노사가 조직적으로 협력하기 위한 상황

④ 자주적이고, 대등한 입장에서 대화

⑤ 협력에 필요한 상호 이해를 촉진하는 협의, 협력하는 제도

⑸ 노사 협의제와 단체 교섭의 비교 ★★

구분	노사 협의제	단체 교섭
목적	노사 공동의 이익 증진과 평화 도모	임금 및 근로 조건의 유지, 개선
배경	노동 조합의 성립 여부와 관계없이 쟁의 행위라는 압력 수단 없이 진행	노동 조합 및 기타 노동 단체의 존립을 전제로 하고 자구 행위로서의 쟁의를 배경
당사자	근로자 대표 및 사용자	노동 조합의 대표자와 사용자
대상 사항	기업 경영이나 생산성 향상 등과 같이 노사 간의 이해가 공통	임금 근로 시간 및 기타 근로 조건에 관한 사항처럼 이해가 대립
결과	법적 구속력 있는 계약 체결이 이루어지지 않음.	단체 교섭이 원만히 이루어질 경우 단체 협약 체결

서비스 인력의 노동 생산성 관리

출제 & 학습 포인트

출제포인트

5장 서비스 인력의 노동 생산성 관리에서는 직무 재설계와 갈등 관리 기법의 문제가 주로 출제됩니다.

학습포인트

1 직무 만족과 관련된 요인을 이해하고, 직원 만족도 지수 조사 시 활용되는 항목을 학습합니다.

2 직무 재설계의 개념을 이해하고, 다양한 직무 재설계의 종류를 학습합니다.

3 갈등 과정을 이해하고, 갈등의 순기능과 역기능을 학습합니다.

1 직원의 만족도 제고

(1) 직원 만족도 측정

① 직원 만족도 지수(Employee Satisfaction Index)는 기업이 어떤 방향과 방법으로 경영을 해야 할지에 대한 통찰력을 제공하는 좋은 자료가 된다.

② 직원 만족도 조사 결과가 기업에 유용하게 활용되기 위해서는 정확한 측정이 중요하다.

③ 직원 만족은 보상과 같은 경제적 요인과 내부 경영 환경, 제도와 같은 내부 서비스 품질 요인에 의해 영향을 받는다.

(2) 직원 만족과 관련된 요인

① 직무 자체와 관련된 요인: 직무에 대한 의미, 직무 범위, 역할 갈등과 역할 모호, 직무의 성격, 직무의 중요성, 자율성, 다양성, 학습 기회, 난이도, 직무량 등

② 근무 조건에 관한 요인

물리적 성격의 작업 조건	조명, 온도, 소음, 근무 분위기, 공간 배치 등
시간과 관계되는 작업 조건	근무 시간, 휴식 시간, 휴가 제도 등
사회적 작업 조건	복지 제도, 후생 제도 등
감독에 관한 요인 (Supervision)	감독 유형, 영향력, 인간적 관계, 관리 기술력 등
동료에 관한 요인 (Co-Workers)	우호적 동료 관계, 협조, 정보 제공, 친밀성, 신뢰성 등
회사의 경영 방침에 관한 요인 (Company & Management)	회사의 장래성과 안정성, 승진 제도의 공정성, 인사 정책의 공정성 등

급여에 관한 요인(Pay)	보상 관리 제도의 공정성, 성과에 대한 인정과 강화 등
승진에 관한 요인(Promotion)	승진 기회의 공정성, 기회의 다양성 등
안정성에 관한 요인(Stability)	직무의 보장성

(3) 직원 만족도 지수(ESI) 조사 항목 ★

① 인식 공유 정도

② 참여 정신

③ 직무 만족도

④ 제도 만족도

⑤ 조직 문화 만족도

⑥ 종합 만족도

2 직무 재설계 및 일정 조정 프로그램

(1) 직무 재설계의 개념

직무 설계란 몇 개의 과업(task)을 묶어서 1인의 직무를 구성하는 방법을 가리키는 말이고, 직무 재설계는 직무를 변경(변화)시키는 것과 관련 있는 것이다.

(2) 직무 설계의 종류

직무 순환 ★★	• 직원이 한 과업에서 다른 과업으로 주기적으로 이동하는 것이다. • 정기적 · 부정기적으로 인접 직무를 순환 담당하는 것이다. • 직원의 활동을 다양화함으로써 업무의 지루함은 감소, 동기는 증대한다. • 경영에 많은 신축성을 부여하여 조직에 간접적 이익을 부여한다. • 새로운 직무로의 이동은 훈련 비용이 증대되고, 생산성의 감소를 야기한다.
직무 확대 ★★	• 직무 이외 유사한 다른 보조적 직무를 함께 할당함으로써 직무의 다양성을 제고하는 것이다. • 개인이 수행하는 과업의 양과 종류가 증가함으로써 직무가 더욱 다양해지는 것이다. • 직무의 다양성이라는 장점이 있지만 직무의 본질적인 내용의 변화가 없어 작업량 증대와 인원감축의 한 수단이 된다는 단점이 있다.

직무 충실화 ★★	• 직무와 관련된 의사 결정권을 강화한다. • 직원이 자신의 업무를 계획, 실행 및 평가하는 정도를 증대시키는 직무를 수직적으로 확대한다. • 충실화된 직무는 직원이 완전한 업무를 계획하게 하여 자유와 독립성, 책임을 증대시킨다. • 직무 충실화는 개인이 자신의 성과를 평가, 수정할 수 있도록 피드백을 제공하기 위해 과업을 체계화한다. • 직무 충실화는 결근과 이직 비용은 감소, 만족도는 증가시킨다. • 과업 결합은 기존의 나누어진 과업을 선택하여 새로운 작업 모듈을 형성하거나, 재결합한다. • 피드백 채널 공개는 직원의 과업 수행 정도에 대한 평가를 공개하는 것이다.
근무 시간 자유 선택제	• 근무 시간을 신축적으로 운영한다. • 결근 감소, 생산성 증가, 시간 외 수당 비용 감소, 경영자에 대한 적대감 완화, 근무지 주변의 교통 혼잡 감소, 지각 근절, 직무 만족 등이 이점이다.
직무 공유	• 두 명 이상의 개인에게 전통적인 주당 40시간의 직무를 분배할 수 있게 해 주는 조정이다. • 주어진 직무에 한 명 이상의 재능 이용이 가능하다. • 직무 공유는 신축성의 증가, 동기 부여 및 만족도 증가를 가져온다. • 직무의 복잡성을 성공적으로 조절할 수 있는 직원 조합의 구성이 중요하다.
원격 근무	• 직원이 집에서 사무실과 연결된 컴퓨터로 일하는 근무 방식을 지칭한다. • 일상적 정보 처리 과업, 활동적 과업, 전문직 및 기타 지식 관련 과업 등에 적합하다. • 더 큰 노동 시장의 확보, 더욱 높은 생산성, 낮은 이직률, 사기 진작, 사무 공간 비용 감소 등이 장점이다. • 고용주 입장에서는 직접 감독, 팀워크 조정, 정성적 평가를 하기 어려운 점 등이 불리하다.

Part
04

3 갈등 관리

(1) 갈등의 개념

① 라틴어의 '콘플리게레(confligere)'에서 나온 말로 '상대가 서로 맞선다.'는 뜻을 의미한다.

② 의사 결정 과정에서 선택을 둘러싸고 곤란을 겪는 상황을 말한다.

③ 조직 및 집단 차원에서의 갈등은 둘 이상의 행동 주체 사이에서 상호 이해나 목표가 상충하거나 희소가치의 획득을 둘러싸고 서로 다투는 현상이라고 정의할 수 있다.

④ 집단이나 조직은 서로 다른 관심과 욕구를 가지고 있기 때문에 필연적으로 개인이나 집단으로서의 갈등이 야기된다.

(2) 갈등의 다양한 견해

전통적 견해	• 모든 갈등이 나쁘다고 가정한다. • 원만하지 못한 의사소통, 구성원 간의 개방성과 신뢰의 부족 그리고 경영자가 직원의 열망에 부응하지 못하는 점 등에서 기인하는 역기능적인 결과물로 간주한다.
인간관계적 견해	• 갈등은 모든 집단과 조직에서 자연적으로 발생한다. • 갈등은 제거할 수 없기 때문에 받아들여야 한다는 견해이다. • 어떤 때는 갈등이 집단의 성과를 향상시키기도 한다고 주장한다.
상호 작용적 견해	• 갈등은 집단에게 긍정적인 요소이다. • 집단이 효과적으로 성과를 올리기 위해 꼭 필요한 것이라는 견해이다.

(3) 원인에 따른 갈등 유형 ★

이해관계 갈등	• 한정된 경제적/물질적 자원 또는 권력에 대한 경쟁적 추구 • 정신적이나 심리적 욕구 충족을 위한 다툼 • 이해관계의 분배 방법, 절차 등에 대한 입장 차이
사실 관계 갈등	• 어떤 사건이나 자료, 상대방의 언행에 대한 해석의 차이나 오해 • 사실 관계에 대한 객관적 정보 및 평가의 부재 • 사실 관계의 확인 및 조사 절차에 대한 입장 차이
가치관 갈등	• 가치관, 신념 체계, 종교, 문화의 차이 • 사회적 편견, 고정관념(stereotype) • 정의, 공정성, 정당성 등의 기준에 대한 시각 차이
상호 관계상의 갈등	• 풀리지 않은 과거의 갈등으로 상호 관계에 금이 간 상태 • 분노나 증오, 서운함 등 상대에 대한 부정적인 감정 • 의사소통의 장애 • 오해나 편견 등 상대에 대한 부정적 인식 • 지배, 억압, 착취 등 일방 통행적인 관계 • 서로의 역할, 책임, 권한 등에 대한 입장 차이
구조적 갈등	• 사회 구조 · 제도나 시스템 등 분쟁 당사자 외부의 상황적 요인 • 구조적 폭력 • 왜곡된 제도나 관행

(4) 주체에 따른 갈등 유형 ★★

① 개인적인 갈등

목표 갈등(goal conflict)	여러 목적들 사이에서 의사 결정을 내리지 못하는 경우에 느끼는 갈등
좌절 갈등(frustration conflict)	공격, 철회, 고착 및 타협과 같은 행동 발생
역할 갈등(role conflict)	한 개인이 가지는 서로 다른 지위에 따른 역할 기대가 다양한 경우, 역할 기대들 간에 발생하는 긴장 또는 갈등

② 조직 내의 갈등

    ㉠ 구성원들의 목표와 가치관의 차이에서 발생하는 조직 구성 간의 갈등

    ㉡ 조직 내 그룹이나 팀, 부서 간에 발생하는 갈등

③ 조직 간의 갈등: 기업과 경쟁 기업 간의 갈등, 정부 부처와 기업 간의 갈등, 노동 조합과 그 기업 간의 갈등

(5) 갈등의 진행 과정에 따른 유형

① 잠재적인 갈등

② 인식되는 갈등

③ 감정적으로 느끼는 갈등

④ 표면적인 갈등

⑤ 결과적인 갈등

(6) 갈등 과정 ★★

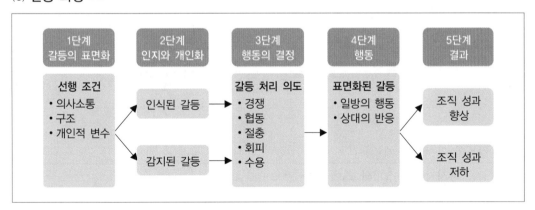

① 갈등의 표면화: 갈등의 잠재적 선행 조건

의사소통	불충분한 정보 교환, 오해, 부적절한 정보 등
구조	조직 내 집단의 다른 목표, 직원들에게 부과된 업무의 전문화 정도
개인적 변수	성격이나 행동 유형, 가치관 등의 차이

② **인지와 개인화** : 인지는 갈등의 선행 조건들을 인식하는 것이고, 개인화는 그 조건들로 인해 느낌이 있고 감정을 적용시키는 상황을 의미한다.

인식된 갈등	갈등이 일어날 수 있는 기회를 만드는 상황을 인식하는 것
감지된 갈등	감정이 적용되며 걱정, 긴장, 좌절, 그리고 적대감을 경험하는 것

③ **행동의 결정** : 협력성과 자기 주장성의 두 가지 차원을 이용해 구분한다.

　㉠ **협력성(Cooperativeness)** : 한 당사자가 다른 쪽의 관심사를 만족시켜 주려는 정도로 전체(상호)의 목표에 대한 관심의 정도

　㉡ **자기주장성(Assertiveness)** : 한 당사자가 자신의 관심사를 만족시키려는 정도로 자신의 목표에 대한 관심의 정도

경쟁(Competing)	상대방이 받을 충격에 상관없이 자기 자신의 이익을 만족시키려고 하는 경우
협동(Collaborating)	갈등 당사자들이 서로 상대방의 관심사를 만족시키길 원하는 상황
회피(Avoiding)	갈등으로부터 철회하거나 갈등을 억누르려고 하는 것
수용(Accommodating)	한 당사자가 상대방의 관심사를 자신의 관심사보다 우선시하려고 하는 것
절충(Compromising)	갈등의 당사자들이 서로 뭔가를 양보하려고 하는 것

🖐 **갈등 행동의 처리 의도**

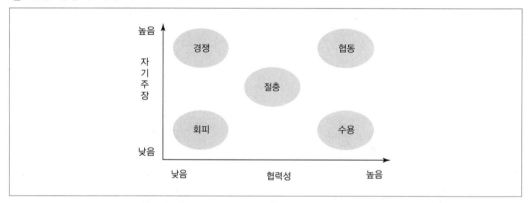

④ **행동**

　㉠ 갈등의 가시화 단계

　㉡ 갈등 당사자들의 실행과 그에 대한 반응

⑤ **결과**

　㉠ **갈등의 순기능** : 의사 결정의 질의 향상, 창의력의 자극 등의 조직 성과 향상

　㉡ **갈등의 역기능** : 의사소통의 마비, 조직 목표 상실 등의 조직 성과 저하

(7) 갈등의 순기능과 역기능 ★★

갈등의 순기능	갈등의 역기능
• 조직이나 개인의 문제점을 제공하여 변화를 초래할 수 있게 할 수 있다. • 갈등의 합리적인 해결은 조직이나 개인의 발전과 재통합의 계기가 될 수 있다. • 갈등은 조직이나 개인에게 창의성, 진취성, 적응성, 융통성을 향상시킬 수 있다. • 외부와의 갈등은 내부의 결속력을 다질 수 있는 기회가 되어 사회 통합에 기여를 할 수 있다. • 조직 내의 갈등을 관리, 방지할 수 있는 방법을 학습할 수 있는 기회를 제공한다. • 갈등은 침체된 조직을 생동하게 하는 계기가 되고, 구성원들의 다양한 심리적 요구를 충족시키는 계기가 될 수 있다.	• 갈등이 심화되면 조직의 안정성, 조화성, 통일성을 깨뜨려 불안정성이 증대된다. • 갈등이 장기화되는 경우 사회 구성원 간에 통합을 저해한다. • 사회 구성원 간의 이해관계가 대립된다. • 갈등이 극단화되면 사회 구성원 간의 불신뿐만 아니라 폭행, 살인, 방화 등 사회 병리 현상이 나타날 수 있다. • 정치적으로 불안정한 상황이 나타나게 된다. • 갈등을 해결하는 데 있어 사회적 비용이 많이 들어간다.

(8) 갈등 관리 기법 ★★

문제 해결	• 허심탄회한 토론을 통해 문제점을 발견 • 문제점을 해결하기 위해 직접 만나 회의
설득	• 적절한 타이밍에 타인에게 이야기하고자 하는 내용에 대한 명확성과 그 가치를 느끼게 하는 방법 • 타인의 니즈(needs)에 가장 부합되는 솔루션(해결책)과 가치를 제공
협상	• 상대와 내가 원하는 바를 둘 다 이루는 방안을 모색하는 것 • 갈등의 당사자들이 서로 조금씩 무언가를 포기하고, 합의점에 도달하는 것이 목표
상위 목표 설정	• 갈등 상대방의 협조 없이는 달성이 불가능한 공동의 목표 설정 • 서로 관계 개선을 위한 기회 확보
자원의 증대	자원(돈, 승진, 기회, 사무실 공간 등)의 희소성으로 인한 갈등 발생 시 효과적
회피	갈등으로부터 피하거나 갈등을 억누름.
완화	갈등 당사자 사이의 차이점은 축소시키고, 관심사를 강조
권위적 공식적 명령	• 경영진은 공식 권위를 갈등을 해결하는 데 사용 • 원하는 것을 갈등 당사자에게 공지
인적 변수의 변화	갈등을 일으키는 태도와 행동을 바꾸기 위해 대인 관계 훈련과 같은 행동 변화 기법을 사용
구조적 변수의 변화	직무 재설계, 이동, 조정 직위의 신설 등 환경의 변화 제공

4 복리 후생

(1) 복리 후생의 개념

① 복리 후생이란 기업 구성원의 경제적 안정과 생활의 질을 향상시키기 위해 제공되는 임금이나 제수당, 그리고 상여금 등 이외의 간접적인 급부를 말한다.

② 복리 후생은 오늘날 임금·노동 시간 등의 기본적인 노동 조건을 보완하는 부차적인 노동 조건이라고 이해되고 있다.

③ 넓은 의미에서 복리 후생은 직원과 그 가족을 대상으로 생활의 이상적 상태, 즉 물질적인 만족과 정신적인 안정을 통해 삶의 질을 향상시키기 위한 각종 제도나 시설을 의미한다.

④ 직원에게 일할 수 있는 기회와 장소가 주어지고, 임금과 그 외의 간접적으로 주어지는 조건이 확보되며, 의료의 보장, 문화, 체육, 오락 등 직원의 생활을 안정되고, 풍요롭게 할 수 있는 적극적인 활동의 종합적인 체계이다.

(2) 복리 후생의 목적 ★

경제적 목적	• 성과 향상 • 신체적, 정신적 성과 창출 능력 유지 • 결근율, 이직률 감소 • 노동 시장에서의 경쟁력 제고
사회적 목적	• 기업 내 주변 인력 보호 • 인간관계 형성 지원 • 국가 사회 복지 보완
정치적 목적	• 기업에 대한 정부의 영향력 감소 • 노조의 영향력 감소
윤리적 목적	직원의 생계 지원

(3) 복리 후생의 기능

① 사회적 책임

② 생산성과 능률의 향상

③ 사회적 통제

④ 근로자 소득의 안정화

⑤ 노동력의 확보 및 유지

⑷ 복리 후생 운영 내용

구분		분류
생활 시설	주거 시설	주택, 기숙사, 임대 주택 또는 임대 주택의 알선
	급식 시설	식당, 식료품의 배급 등
	기타	생활 상담소, 생활 필수품 대여, 생활 보호, 재해 구조
경제 시설	판매 시설	매점, 배급소, 소비조합, 쿠폰 제도, 각종 수리 시설 등
	금융 시설	주택 자금, 경조 관계 자금, 자제 육성 관계 자금, 불행 구제 자금 등의 자금 제도 및 저축 제도
	공제 제도	경조 관계 급부금, 재해 위문금 등
	기타	결혼식장 등의 설비, 가내직 알선 등
보건 시설	진료 시설	의무실, 진료소, 병원, 요양소 등
	보양 시설	보양소, 해변 휴양소, 산간 휴양소 등
	보건 시설	목욕탕, 미용실, 방역, 냉난방, 환기, 환경 위생 등
문화 · 체육 · 위안 · 여가 시설	문화 시설	학교, 도서관, 강연회, 강습회, 잡지 발행 등
	체육 시설	체육관, 운동장, 풀장 등
	위안 · 여가 시설	오락실, 클럽 하우스, 영화회, 연극회, 취미 동호회, 야유회
사회 보험 시설	법정 사회 보장 시설	산업 재해 보상 보험
	법정 외 보험 시설	개별 생명 보험 및 퇴직 보험
교육 시설	종사원 교육, 자녀 교육, 장려법, 교양회	

핵심 키워드 정리

경력 개발 관리	개인적인 경력 목표를 설정하고, 이를 달성하기 위한 경력 계획을 수립하여 조직의 욕구와 개인의 욕구가 합치될 수 있도록 경력을 개발하는 활동
선발	직무 분석이 제공한 합리적인 직원의 채용 기준에 의거하여 가장 적합한 직원을 채용하는 과정으로, 서비스 산업에서는 서비스 특성에 적합한 고객 만족형 인적 자원의 채용이 중요함.
직무 평가	조직 내에서 기대되는 공헌도의 크기를 일정한 기준에 의하여 직무별로 정하는 일
인사 고과	개개인의 업무 수행상의 능력과 업적, 근무 태도를 객관적으로 평가함으로써, 현재 및 잠재적 능력과 그 유용성을 체계적으로 평가하는 관리 기법
노동 조합	근로 조건의 유지 또는 개선을 목적으로 하는 임금 근로자의 지속적 단체
노사 협의 제도	경영자와 근로자가 대등한 입장에서 단체 교섭에서 취급하지 않은 노사 쌍방이 이해관계를 공통으로 하는 사항에 대하여 협의함으로써 상호 이해를 넓히고, 협력하는 기능
단체 교섭	개개의 사용자, 하나 혹은 그 이상의 사용자 단체가 하나 또는 그 이상의 대표적 노동 조합을 다른 한쪽의 당사자로 하여 임금 및 근로 조건 등에 관한 협정을 이루려는 목적에서 행하여지는 협상
직무 설계	몇 개의 과업(task)을 묶어서 1인의 직무를 구성하는 방법
직무 재설계	몇 개의 과업(task)을 새로 묶어서 1인의 직무를 변경하는 방법
직무 순환	직원이 한 과업에서 다른 과업으로 주기적으로 이동하는 것
직무 확대	개인이 수행하는 과업의 양과 종류가 증가함으로써 직무가 더욱 다양해지는 것
목표 갈등	여러 목적들 사이에서 의사 결정을 내리지 못하는 경우에 느끼는 갈등
상호 관계상의 갈등	갈등의 유형에서 분노나 증오, 서운함 등 상대에 대한 부정적인 감정이나 의사소통의 장애, 오해나 편견 등 상대에 대한 부정적 인식에 의한 갈등
복리 후생	기업이 직원에게 부가적으로 급여하는 부가 급여(fringe benefits)로, 직원들의 경제적 안정과 생활의 질을 개선시켜 높은 수준의 동기 부여와 만족을 가져올 수 있는 인적 자원 관리 방안

실전 예상 문제 TEST

01 서비스 인력에 대한 성과를 측정하는 방법 중 하나는 조직 몰입을 측정하는 것이다. 조직 몰입의 유형 중 지속적 몰입이 높은 직원이 보여 주는 행동으로 가장 적절한 것은?

① 회사에 대한 애착이 지속적이다.
② 고객에 대한 애착이 지속적이다.
③ 회사의 규범을 지속적으로 잘 지킨다.
④ 자신의 일을 지속적으로 열심히 한다.
⑤ 이직하지 않고 회사에 지속적으로 근무하고자 한다.

02 서비스 인력 수급 방법에 따라 내부 모집과 외부 모집으로 나눌 수 있다. 다음 중 인력 수급 방법이 나머지와 다른 것은?

① 연쇄 효과로 인한 혼란이 없다.
② 기업의 급격한 전환기에 적합하다.
③ 새로운 아이디어와 견해가 유입된다.
④ 신속한 충원과 충원 비용의 절감이 기대된다.
⑤ 선발 점수와 입사 후 성과 간의 불일치 가능성이 있다.

03 인적 자원 관리의 최근 경향에 대한 설명으로 가장 적절하지 못한 것은?

① 기업 경쟁력의 원천은 사람이며, 인적 자원은 기업의 가장 소중한 전략적 자산이다.
② 인적 자원 관리는 직원이 하나의 노동 상품이라는 인식에서 출발하여 발전해 왔다.
③ 각 개인의 노동력은 동질적인 것이 아니라 각 개인에게 체화된 인적 자원에 따라 다른 특성을 가지는 이질적인 특성을 가진다.
④ 경제적 합리성의 기반 없이는 기업 조직의 존재나 인적 자원의 개발은 불가능하기 때문에 경제적 합리성을 우선적으로 고려해야 한다.
⑤ 조직의 경영자가 인적 자원의 능동적이고 자율적인 특징을 어떻게 효율적으로 관리하느냐에 따라 경영 성과는 큰 차이가 발생한다.

04 집단이나 조직은 서로 다른 관심과 욕구를 가지고 있기에 필연적으로 갈등이 야기된다. 지배, 억압, 착취 등 일방통행적인 관계에서 비롯되는 갈등의 유형으로 적합한 것은?

① 구조적 갈등   ② 가치관 갈등
③ 사실 관계 갈등   ④ 이해관계 갈등
⑤ 상호 관계상의 갈등

05 단체 교섭과 노사 협의 제도에 대한 설명으로 가장 적절하지 않은 것은?

① 단체 교섭의 목적은 임금 및 근로 조건의 유지, 개선이다.
② 단체 교섭이 원만히 이루어진 경우 단체 협약이 체결된다.
③ 노사 협의제의 목적은 노사 공동의 이익 증진과 평화 도모이다.
④ 노사 협의제의 경우 법적 구속력 있는 계약 체결이 이루어진다.
⑤ 단체 교섭과 노사 협의제 모두 당사자는 근로자 대표 및 사용자이다.

06 갈등 발생 시 개인은 인식 혹은 감지된 갈등을 어떻게 처리할 것인지 행동을 결정하게 된다. 전체의 목표와 자신의 목표에 대한 관심이 모두 높을 때 나타나는 행동 유형은?

① 절충(compromising)   ② 회피(avoiding)
③ 수용(accommodating)   ④ 협동(collaboration)
⑤ 경쟁(competing)

07 다음의 인사 고과 평가 항목 중 업적 평가 요소에 포함되지 않는 것은?

① 업무 추진력   ② 부하 육성
③ 업무 처리 내용   ④ 섭외 활동 실적
⑤ 업적 달성도

08 노사 관계의 유형 및 발전 단계에 관한 설명으로 옳지 않은 것은?

① 주요 쟁점이 분배 임금인 노사 관계는 개별 노사 관계이다.

② 국가적 차원에서 노사 문제 해결을 위해 노력하는 것은 신협력적 노사 관계이다.

③ 대량 생산에서 일본식 생산 제도로 산업이 전환되던 시기의 노사 관계는 협력적 노사 관계이다.

④ 테일러리즘(Tailorism)과 포디즘(Fordism)에 근거한 대량 생산 제도 산업 사회에서는 대립적 노사 관계가 나타난다.

⑤ 노사 관계는 개별 노사 관계 ⇨ 대립적 노사 관계 ⇨ 협력적 노사 관계 ⇨ 신협력적 노사 관계순으로 발전했다.

09 인적 자원 관리의 내용에 대한 설명으로 옳은 것은?

① 보상 : 금전적인 면만을 강조한 보상 프로그램 운영을 통해 직원에게 동기 부여를 하고 능률을 향상시킨다.

② 평가 : 직원의 업무 수행 능력과 업적 그리고 근무 태도에 대한 객관적인 평가와 주관적인 평가를 실시한다.

③ 이직 관리 : 직원이 안정감과 생산성의 향상 그리고 기업에 대한 긍정적인 감정을 보유할 수 있는 효과가 있다.

④ 경력 개발 관리 : 경력 개발은 개인적인 경력 목표를 설정하고 개인의 자아 실현 욕구를 성취할 수 있도록 개발하는 활동이다.

⑤ 선발 : 기업에 적합한 인재를 채용하기 위해 직무 분석이 제공하는 일반적 채용 기준이 아니라 기존 구성원의 공통적 특성을 기준으로 인적 자원을 선발한다.

10 직무 기술서와 직무 명세서를 기초로 기업 내 각종 직무의 중요성, 직무 수행상의 복잡성, 위험도, 난이도, 책임성 등을 비교, 평가함으로써 직무 간의 상대적 가치를 체계적으로 결정하는 과정을 뜻하는 것은 무엇인가?

① 직무 평가   ② 인사 고과

③ 자기 고과   ④ 다면 평가

⑤ 보상 관리

11 다음 중 인적 자원 관리의 성격을 설명한 내용으로 적합하지 않은 것은?

① 경제적 합리성보다 조직 구성원의 존엄성을 더 중시한다.
② 인적 자원 관리는 직원이 창출하는 노동 상품이 하나의 인격체라는 인식에서 출발한다.
③ 인적 자원은 능동적이고 자율적인 성격을 띠고 있다.
④ 각 개인의 노동력은 체화된 인적 자원에 따라 이질적인 특성을 지닌다.
⑤ 기업의 지속적 성장은 각 개인 능력 및 인적 자원 활용에 의해 크게 좌우된다.

12 직무 재설계 및 일정 조정 프로그램에 대한 설명으로 맞는 것은?

① **직무 순환**: 직무 이외 유사한 다른 보조적 직무를 함께 할당하는 것
② **직무 충실화**: 직원이 한 과업에서 다른 과업으로 주기적으로 이동하는 것
③ **직무 공유**: 두 명 이상의 개인에게 전통적인 주당 40시간의 직무를 분배할 수 있게 해 주는 조정
④ **근무 시간 자유 선택제**: 직원이 원하는 대로 사무실 혹은 집에서 일하는 근무 방식
⑤ **직무 확대**: 직원이 자신의 업무를 계획, 실행 및 평가하는 정도를 증대시키는 직무의 수직적인 확대

13 다음 중 직원 만족도 지수(ESI)의 조사 항목에 해당하지 않은 것은?

① 참여 정신
② 연봉 만족도
③ 직무 만족도
④ 조직 문화 만족도
⑤ 종합 만족도

14 서비스 인적 자원 관리의 기능 중 하나는 인적 자원 개발이다. 다음 중 인적 자원 개발 활동에 해당하지 않는 것은?

① 경력 개발 프로그램 실시
② 교육 후 피훈련자에 의한 반응 평가
③ 멘토 시스템 실시
④ 신입 사원 오리엔테이션 프로그램 실시
⑤ 아웃플레이스먼트(outplacement) 프로그램 실시

15 서비스 인력을 선발할 때 '예측 타당성이 높은 선발'에 대한 설명으로 가장 적절한 것은 무엇인가?

① 입사 후 수행할 서비스 직무에 대한 지식이 많은 사람을 선발하였다.
② 입사 후 서비스 직무 성과가 높을 사람을 선발하였다.
③ 서비스 기업의 문화에 적절한 사람을 선발하였다.
④ 입사 후 1년 이내 이직 가능성이 높은 사람을 선발하였다.
⑤ 서비스 기업의 인재상과 어울리는 사람을 선발하였다.

16 서비스 직무에 관한 체계적인 정보를 수집하는 활동을 무엇이라고 하는가?

① 직무 분석
② 직무 평가
③ 직무 설계
④ 직무 정보 체계
⑤ 비즈니스 리엔지니어링

17 인적 자원 관리에 있어서 각자의 노력에 따른 성과가 능력 평가에 반영될 수 있다는 인적 자원 관리 원칙은?

① 전인주의의 원칙
② 능력주의의 원칙
③ 정보 공개의 원칙
④ 참가주의의 원칙
⑤ 공정성의 원칙

18 다음 중 갈등 프로세스의 단계가 순서대로 나열된 것은?

① 갈등의 표면화 ⇨ 의도 ⇨ 인지와 개인화 ⇨ 행동 ⇨ 결과
② 갈등의 표면화 ⇨ 행동 ⇨ 인지와 개인화 ⇨ 의도 ⇨ 결과
③ 갈등의 표면화 ⇨ 의도 ⇨ 행동 ⇨ 인지와 개인화 ⇨ 결과
④ 갈등의 표면화 ⇨ 인지와 개인화 ⇨ 행동 ⇨ 의도 ⇨ 결과
⑤ 갈등의 표면화 ⇨ 인지와 개인화 ⇨ 의도 ⇨ 행동 ⇨ 결과

19 다음 중 외부 모집에 대한 설명으로 적절한 것은?

① 훈련과 조직화 시간이 단축된다.

② 성장기 기업은 유자격자의 공급이 어렵다.

③ 조직 내부 정치와 관료제로 인해서 비효율적으로 될 수 있다.

④ 신속한 충원과 충원 비용의 절감이 가능하다.

⑤ 기업의 급격한 전환기에 효과적이다.

20 다음 중 직무 평가의 방법으로 적절한 것은?

① 요소 비교법은 간단하고 신속하다.

② 분류법은 사전에 만들어 놓은 등급에 직무를 판정하여 맞추어 넣는 방법이다.

③ 서열법은 기업들이 가장 많이 이용하는 직무 평가 방법이다.

④ 요소 비교법은 직무 요소마다 점수화, 통계화하여 직무 가치를 평가하는 방법이다.

⑤ 분류법은 평가 요소를 기준 직무의 평가 요소와 결부시켜 비교하는 것이다.

[21~25] 다음 문항을 읽고 옳고(O), 그름(X)을 선택하시오.

21 이직 관리는 개인적인 경력 목표를 설정하고 이를 달성하기 위한 경력 계획을 수립하는 활동이다.
(① ○ ② ×)

22 원만하지 못한 의사소통, 구성원 간의 개방성과 신뢰의 부족, 경영자가 직원의 열망에 부응하지 못하는 점 등에서 기인하는 역기능적인 결과물로 간주한 갈등은 모두 나쁘다. (① ○ ② ×)

23 직무 평가는 숙련, 노력, 책임, 작업 조건의 평가 요소가 있다. (① ○ ② ×)

24 인사 고과는 개개인의 업무 수행상의 능력과 업적, 근무 태도를 객관적으로 평가함으로써, 현재 및 잠재적 능력 및 그 유용성을 체계적으로 평가하는 관리 기법이다. (① ○ ② ×)

25 단체 교섭의 목적은 기업의 민주화와 생산성 향상을 목적으로 한 근로자와 경영자의 대화의 광장을 마련하는 데 있다. (① ○ ② ×)

[26~30] 다음 보기 중에서 각각의 설명에 알맞은 것을 골라 넣으시오.

① 임금 피크제	② 노동 조합	③ 노사 협의 제도
④ 단체 교섭	⑤ 복리 후생	

26 최근 인력 고령화에 따라 고령 인력에 대한 별도의 임금 관리 체계가 필요한 상황이다. 고령 인력에 대한 임금 관리 방안으로서 정년에 도달하기 몇 년 전부터 기존 임금보다 적은 임금을 주는 대신 정년까지 근무하거나 정년 이후에도 일정 기간 근무하도록 하는 제도이다.
( )

27 임금 및 근로 조건의 유지와 개선을 목적으로 노동 조합의 대표자와 사용자가 당사자가 되어 협정을 이루는 것이다. ( )

28 기업 구성원의 경제적 안정과 생활의 질을 향상시키기 위해 제공되는 임금이나 제수당, 그리고 상여금 이외의 간접적인 급부를 말한다. ( )

29 조직 기능과 집행 기능, 참모 기능이 있으며 근로 조건의 유지 또는 개선을 목적으로 하는 임금 근로자의 지속적 단체를 말한다. ( )

30 노사 공동의 이익 증진과 평화 도모를 위해 근로자 대표 및 사용자가 당사자가 되어 협력하는 제도이다. ( )

31 다음은 A 회사 마케팅 1팀의 팀장과 직원 간의 대화이다. 마케팅 1팀이 계획하고 있는 팀원 모집 방법에 대한 설명으로 가장 올바르지 않은 것은?

팀장 : "우리 팀이 맡은 대형 프로젝트가 계속해서 늘어나면서 다들 업무가 과중한 것 같습니다. 그래서 팀원을 신규로 충원할까 하는데 어떤 방식으로 하는 게 좋을지 의견을 말씀해 보세요."

팀장

직원 1 : "제 생각에는 외부 경력자를 채용하는 방법보다는, 회사 내부의 옆 본부에 있는 사람을 뽑는 게 보다 효율적일 것 같습니다."

직원 1

직원 2 : "저도 그렇게 생각합니다. 마케팅 3팀의 김 과장 같은 사람은 기존에 저희 팀 업무를 해 보았기 때문에 보다 효율적으로 업무를 할 수 있을 것입니다."

직원 2

① 훈련과 조직화 시간을 단축할 수 있다.
② 시간 비용 및 충원 비용이 많이 든다는 단점이 있다.
③ 능력이 충분히 검증된 사람을 채용할 수 있다.
④ 재직자의 개발 동기 부여와 장기 근속 유인을 제공한다.
⑤ 조직 내부 이동의 연쇄 효과로 인한 혼란이 야기될 수 있다.

32 다음은 S 회사에서 채용을 위해 실시한 면접 사례이다. 이 면접의 유형은 무엇에 해당하는가?

미국에서 젊은 나이에 실력을 인정받아 30대 초반에 은행 지점장에 올랐던 P 씨가 국내에서 활동하고자 한국에 왔던 차에 국내 증권사인 S사의 인터뷰를 하게 되었을 때 다음과 같은 질문을 통한 면접을 하였다.

"미국에선 잘했을지 모르지만 한국 시장이 호락호락할 것 같으냐?"
"왜 외국계 은행도 많은데 국내 증권사인 S사에 입사하려 하느냐?"
"한국에 쉬려고 온 것은 아니냐?"

S 회사의 면접관은 상기와 같은 매우 곤혹스럽고 자존심을 건드리는 질문만 한 후 나중에 연락하겠다며 면접을 끝냈다.

① 패널 면접
② 심층 면접
③ 구조적 면접
④ 스트레스 면접
⑤ 비지시적 면접

33 다음은 인사 고과의 유형 중 한 사례이다. 다음 사례의 평가 방법에 대한 설명 중 가장 올바르지 않은 것은?

> 김 대리는 이번 성과 평가 기간에 회사로부터 새로운 메일을 한 통 받았다. 김 대리 팀의 팀장인 박 부장에 대한 평가를 김 대리가 하도록 하는 내용이며, 조직 통솔력, 의견 수렴도, 업무 할당 및 지시 능력, 부하 육성 능력, 솔선수범, 고충 처리 능력 등의 평가 항목에 점수를 매기도록 되어 있었다.

① 부하 직원에게 참여 의식을 고취시킬 수 장점이 있다.
② 상사가 부하 직원에게 보복할 가능성이 있다는 단점이 있다.
③ 평가 실시가 용이하며, 직계 상사가 부하 직원을 잘 알고 있다는 장점이 있다.
④ 부하 직원이 직속 상사를 평가하는 것이므로, 상사의 입장에서 호의적이지 않을 수 있다.
⑤ 부하 직원이 본인이 좋아하는 상사에게만 좋은 평가를 주는 인기투표의 가능성이 있다.

34 다음은 S 회사의 출퇴근 시간 제도에 대한 내용이다. 다음 사례의 '시차 출퇴근 제도'에 대한 설명 중 가장 옳지 못한 것은?

> S 회사는 출퇴근 시간을 스스로 정해 원하는 시간에 출퇴근하는 '시차 출퇴근 제도'가 활성화되어 있다. 일반적인 회사에서는 오전 9시에 출근하여 오후 6시에 퇴근하는(점심시간 1시간, 하루 근무 시간 8시간) 방식을 취하고 있으나, S 회사에서는 본인이 원하는 경우 오전 8시 출근, 오후 5시 퇴근을 하거나, 오전 10시 출근, 오후 7시 퇴근 등으로 변경 가능한 '시차 출퇴근 제도'를 적용하고 있다.

① 일반적인 출근 시간보다 더 늦은 시간에 출근을 할 경우 교통 혼잡 시간을 피하여 출근할 수 있는 장점이 있다.
② 회사의 입장에서, 시간 외 수당 비용의 증가를 가져올 가능성이 높다.
③ 결근 감소, 지각 근절에도 도움이 될 가능성이 높다.
④ 고용주의 입장에서는 직원들을 직접 감독하거나 팀워크를 조정하기 어려운 문제점이 발생할 수도 있다.
⑤ 활용하기에 따라 자기 계발이나 육아 등에도 도움이 될 수 있다.

통합형

[35~36] 다음 사례를 보고 물음에 답하시오.

> H 리조트에서 운영하는 '휴일 산속 activity 프로그램'에 대한 불만이 접수되었다.
> 프로그램에 대한 상세한 설명이 제공되지 않아 임산부가 아침 이슬에 젖은 산길에서 미끄러질 뻔하였으며, 출발 장소에서 너무 멀리까지, 산속으로 이동하는 것에 대해서도 적절한 설명이 없었다는 것이다.
> 담당 직원 또한 이러한 사항을 인지하지 못하였으며, 특히 고객이 불만족을 제기한 이후 몇 시간 동안 계속 방치되어 많이 분노한 상황이다.

35 다음 사항이 모두 최초 접근 방법이라고 가정하는 경우, 다음 중 위와 같은 불만족의 접수 후 어떻게 처리하는 것이 서비스 실패 회복 절차상 가장 좋은 방법인가?

① 리조트 본사의 책임자가 출근한 다음날 직접 고객에게 사과하는 것이 좋다.
② 재발 방지를 위해 프로그램에 대한 보완을 실시한 후 고객에게 사과하는 것이 좋다.
③ 접수 직원의 실수가 분명하기 때문에 접수 직원이 직접 고객에게 사과하는 것이 좋다.
④ 프로그램을 진행하는 직원이 적절한 설명 없이 진행한 것에 대해 사과하는 것이 좋다.
⑤ 프로그램 또는 리조트 담당 책임자가 직접 고객에게 전반적인 절차에 대해 사과하는 것이 좋다.

36 현재의 조직 운영 과정을 쉽게 바꾸지 못하는 경우, 다음 중 서비스가 실패하는 과정에 대한 개선 노력으로 가장 적합한 것은 무엇인가?

① 직원별로 서비스 품질 수준을 평가하여 인사 고과에 반영한다.
② 외부에서 유능한 서비스 책임자를 영입하여 조직을 활성화시킨다.
③ 입사 오리엔테이션 교육 때 서비스 실패와 회복에 대한 교육을 실시한다.
④ 가능한 모든 다양한 관점별로 분석한 후 서비스 제공 과정을 재설계한다.
⑤ 외부 기관 평가를 통해 서비스 수준에 대해 평가하여 개선 방법을 마련한다.

Part

05

고객 만족
경영 전략

SMAT
Module ⓒ
서비스 운영전략

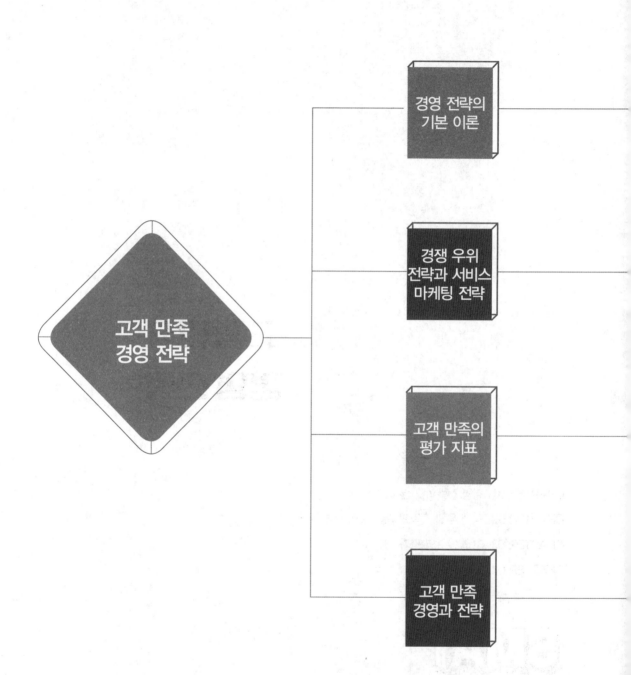

고객 만족
경영 전략

경영 전략의
기본 이론

경쟁 우위
전략과 서비스
마케팅 전략

고객 만족의
평가 지표

고객 만족
경영과 전략

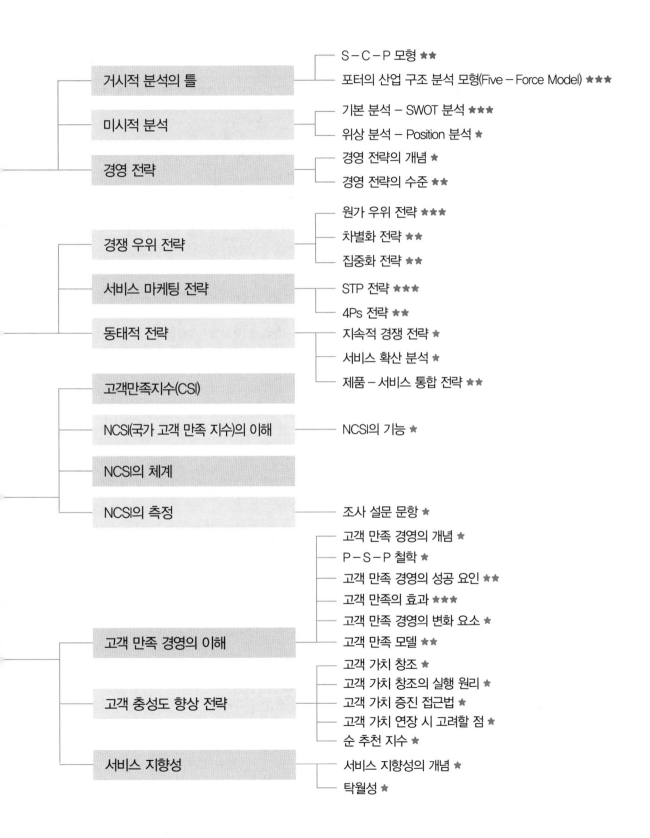

거시적 분석의 틀
- S－C－P 모형 ★★
- 포터의 산업 구조 분석 모형(Five－Force Model) ★★★

미시적 분석
- 기본 분석 － SWOT 분석 ★★★
- 위상 분석 － Position 분석 ★

경영 전략
- 경영 전략의 개념 ★
- 경영 전략의 수준 ★★

경쟁 우위 전략
- 원가 우위 전략 ★★★
- 차별화 전략 ★★
- 집중화 전략 ★★

서비스 마케팅 전략
- STP 전략 ★★★
- 4Ps 전략 ★★

동태적 전략
- 지속적 경쟁 전략 ★
- 서비스 확산 분석 ★
- 제품 － 서비스 통합 전략 ★★

고객만족지수(CSI)

NCSI(국가 고객 만족 지수)의 이해
- NCSI의 기능 ★

NCSI의 체계

NCSI의 측정
- 조사 설문 문항 ★

고객 만족 경영의 이해
- 고객 만족 경영의 개념 ★
- P－S－P 철학 ★
- 고객 만족 경영의 성공 요인 ★★
- 고객 만족의 효과 ★★★
- 고객 만족 경영의 변화 요소 ★
- 고객 만족 모델 ★★

고객 충성도 향상 전략
- 고객 가치 창조 ★
- 고객 가치 창조의 실행 원리 ★
- 고객 가치 증진 접근법 ★
- 고객 가치 연장 시 고려할 점 ★
- 순 추천 지수 ★

서비스 지향성
- 서비스 지향성의 개념 ★
- 탁월성 ★

CHAPTER 01 경영 전략의 기본 이론

출제 & 학습 포인트

★★★ 최빈출   ★★ 빈출   ★ 필수

출제포인트

1장 경영 전략의 기본 이론은 파트 5에서 출제 빈도가 높은 부분이므로 전체적으로 학습하되, 특히 일반 환경 분석의 모형과 SWOT 분석의 문제가 주로 출제됩니다.

학습포인트

1 일반 환경 분석의 개념을 이해하고, 일반 환경 분석 모형인 S - C - P 모형과 산업 구조 분석 모형 (Five - Force Model)의 특징을 학습합니다.

2 산업 구조 분석 모형(Five - Force Model)의 5가지 핵심 요소의 특성을 학습합니다.

3 미시적 분석의 기본 분석인 SWOT 분석의 개념을 정확히 이해하고, SWOT 분석 전략의 방향을 구분하여 학습합니다.

4 경영 전략의 개념을 이해하고, 경영 전략을 기업, 사업, 기능으로 구분하여 학습합니다.

1 거시적 분석의 틀(frame)

(1) 일반 환경(general environment) 분석

① 일반 환경 분석은 기업의 전략 선택에 영향을 주는 광범위한 동향에 대한 분석이다.

② 일반 환경의 분석 대상은 기술적 변화, 인구 통계적 동향, 문화적 동향, 경제적 환경, 법률 및 정치적 상황, 특정한 국제적 사건 등이 포함된다.

③ 환경 분석은 기업의 장기 사업의 방향과 기업의 경쟁 우위 전략, 핵심 성공 요인을 결정하기 위하여 진행한다.

분석 대상	내용
기술	• 사회적 기회와 위협 요소 • 기술 환경의 새로운 개발 방향 및 필요성 • 정보 통신 기술의 개발과 활용 • 기술 환경의 예측
경제	• 구체적이고 공식적인 경제 환경 변화에 대한 연구 • 회귀 분석, 시계열 분석 등을 이용하여 일반 자료의 통계 분석 • 세계화, 산업 구조에 대한 대비 방안

사회 문화	• 사회 계층 구조의 변화 • 각종 이익 단체(경제 단체, 소비자 단체, 노조 등)의 증가 현상 • 가치관 변화, 소비자 보호, 이익집단 형성 및 운동, 개인 및 집단의 상위 욕구의 충족 요구 상승
정치	• 기업 환경과 정부의 역할, 법규 변화 • 국가 주도 기업 환경에서 민간 주도 기업 환경으로 변화 상황 • 자유시장 경제 제도를 중심으로 보완 및 발전 방안 연구

(2) 일반 환경 분석의 모형

① S − C − P 모형 ★★

구조 − 행위 − 성과 모형(structure − conduct − performance model)은 산업에서 경쟁을 저해하는 요인을 찾아내기 위해 개발되었다.

산업 구조	산업 내 경쟁자의 수, 제품의 유사성, 진입과 퇴거 비용 등으로 구조를 설명
기업 행위	산업 내에서 기업이 행하는 전략 혹은 전략적 선택
성과	개별 기업의 성과와 사회 전반에 걸친 경제적 성과

② 포터(Porter)의 산업 구조 분석 모형(Five − Force Model) ★★★

㉠ 분석 목적

ⓐ 서비스 비즈니스 투자에 대한 의사 결정에 필요한 분석을 한다.

ⓑ 전략적 대응 방안의 수립에 사용한다.

ⓒ 경쟁자 출현, 대체품의 등장과 같은 분석 내용에 대한 전략적 방향을 정하고 실천적 대안을 마련한다.

㉡ Five − Force 모형의 분석 요소

산업 내 경쟁자	동일 산업 내 경쟁 관계에 있는 모든 기업
잠재 진입	시장에 새롭게 진출할 가능성이 높은 후발 기업
공급자	서비스 제공에 관계된 원자재나 부품 등을 공급하는 기업
구매자	서비스 자체 혹은 서비스 관련 부품을 구매하는 소비자 혹은 기업
대체재	산업 내 생산 및 거래되는 대체 서비스의 수, 다양성의 정도

ⓒ Five − Force 모형의 핵심 요소와 분석 요소

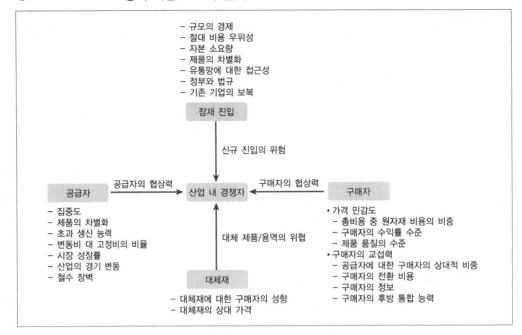

㉣ 서비스 산업에서 경쟁이 높아지는 원인 ★

   ⓐ 상대적으로 낮은 진입 장벽

   ⓑ 규모의 경제에 대한 기회가 적음.

   ⓒ 수요의 불규칙성

   ⓓ 소규모 기업

   ⓔ 잠재적 제품 혁신의 서비스 대체 가능

   ⓕ 고객 충성도 하락

   ⓖ 낮은 퇴출 장벽

2 미시적 분석: 기업 차원의 분석

기업 차원의 분석 도구

기본 분석 − SWOT 분석	기업 차원에서 공통적인 기본 분석에 사용
위상 분석 − Position 분석	기업과 비즈니스의 상대적 위치를 분석
분포 분석 − Portfolio 분석	비즈니스 구성을 분석
동태 분석 − Dynamism 분석	시간 변화, 수명주기의 진화에 따른 성장 동력 변화를 분석

(1) 기본 분석 - SWOT 분석 ★★★

SWOT 분석은 기업 외부의 기회(opportunity)와 위협(threat) 요인들, 기업 내부의 강점(strength)과 약점(weakness) 요인들을 분석한다. SWOT 분석을 통해 도출된 기본 전략 방향과 지침은 후속적으로 이루어지는 세부 전략의 수립에 활용된다.

① SWOT 매트릭스

구분		내부 요인	
		강점(S)	약점(W)
외부 요인	기회(O)	S − O Max − Max 전략	W − O Min − Max 전략
	위협(T)	S − T Max − Min 전략	W − T Min − Min 전략

② SWOT 분석 전략 방향

S − O 전략	• Max − Max 전략 • 기업의 내부적 강점을 극대화하여 외부 기회를 최대로 활용하는 전략
W − O 전략	• Min − Max 전략 • 기업 내부의 약점을 극복하여 외부 기회를 최대로 활용하는 전략
S − T 전략	• Max − Min 전략 • 기업 내부 강점을 극대화하여 외부 위협을 극복하는 전략
W − T 전략	• Min − Min 전략 • 기업 내부 약점을 극복하여 외부 위협을 극복하는 전략

(2) 위상 분석 - Position 분석 ★

① 분석 목적

상대적 경쟁력을 파악	상대 비교의 핵심이 되는 요인을 기준으로 경쟁 기업과 비교한 위치가 어디에 있는지를 알아보는 것이 중요한 목적이다.
벤치마킹	벤치마킹을 통해 현재의 위치에서 어느 방향으로 이동할 것인가에 대해 방향과 거리를 결정한다.

② 분석 방법

1단계	요인 선정	분석의 목적이나 대상에 따라 핵심 요인을 선정
2단계	매트릭스	여러 핵심 요소 중에 2가지를 선정하여 매트릭스 구성
3단계	맵핑	비교 대상이 되는 경쟁 기업의 수준을 측정하여 위치 표시
4단계	방향 제시	• 매트릭스에 맵핑된 자사의 위상과 경쟁사의 위상을 분석 • 어떤 위치로 어떻게 이동할 것인가를 결정

⑶ 분포분석 − Portfolio 분석

① 기업의 상품이나 서비스가 어떻게 분포되어 있는지를 파악하기 위하여 분석한다.

② 현재의 분포를 개선 내지 조정할 수 있는 전략적 방향과 구성 비율을 결정하는 데 목적이 있다.

👆 분석 방법

1단계	전체적인 분포도를 매트릭스나 지도(map) 형태로 만든다.
2단계	지도 위에 비즈니스나 상품의 비중을 동그라미 형태로 그린다.
3단계	동그라미의 크기는 매출액, 자원 투입, 투자 비용 등의 요인으로 차이를 시각화할 수 있다.

⑷ 동태분석 − Dynamism 분석

① 시간 흐름에 따라 분석 대상이 되는 요인의 상태가 어떻게 변화하는지를 분석한다.

② 시간 흐름 외에 다양한 요인들의 변화량에 따라 동태 분석을 사용할 수 있다.

③ 동태 분석은 분석 대상의 방향과 상태의 변화율, 중장기적 성장성이나 경쟁력을 초점으로 분석한다.

④ 동태 분석으로 다룰 수 있는 주제는 시장 진입과 퇴출 전략의 선택이다.

⑤ 제품 수명 주기상 언제 시장에 진입하고 퇴출할 것인가를 결정하는 데 활용한다.

👆 분석 방법

1단계	시간축의 결정
2단계	분석 요인의 결정
3단계	시간 흐름과 분석 요인의 변화를 분석

👆 제품 수명 주기상의 진입 − 퇴출 전략의 3가지 방향

조기 진입 − 후기 퇴출	• 수명 주기상 도입기에 시장 진입하여 쇠퇴기까지 남아 있는 전략 • 브랜드 이미지 선점, 시장 표준 선도 등의 장점 • 수명 주기에 따라 서비스 프로세스를 지속적으로 변경해야 하는 비용 발생
조기 진입 − 조기 퇴출	• 도입기에 시장에 진입하여 성장기 후반 혹은 성숙기 초반에 퇴출 • 초기 시장의 선점 이득을 누리면서 프로세스 변경 비용이 낮다. • 위험과 불확실성이 높고, 규모의 경제 효과를 누리지 못한다.
후기 진입 − 후기 퇴출	• 성장기에 시장 후발 기업으로 진입하여 쇠퇴기까지 남아 있는 전략 • 시장의 위험이 거의 없는 시기에 진입할 수 있다는 장점 • 후발 기업으로 진입에 따른 자본 소요가 매우 크다는 단점

3 경영 전략

(1) 경영 전략의 개념 ★

① 경영 전략은 변동하는 기업 환경 아래서 기업의 존속과 성장을 도모하기 위해 환경의 변화에 대하여 기업 활동을 전체적이고 계획적으로 적응시켜 나가는 전략이다.

② 경영 전략은 기업이 경영 자원을 배분하는 기본 원리이다.

③ 경영 전략은 경영 목적을 달성하기 위한 포괄적인 수단으로, 환경 적응의 기능을 가지며, 기업이 장차 당면할 전략적 문제나 전략적 기회를 발견하는 기능을 가진다.

④ 적은 규모의 조직들은 단 하나의 경영 전략 수준을 가지지만 기업의 규모가 점차 커지게 됨에 따라 조직 구조가 복잡화되고 전략 수준도 기업 수준(corporate level), 사업 수준(business level), 기능 수준(functional level)으로 나누어지게 된다.

(2) 경영 전략의 수준 ★★

① 기업 전략

    ㉠ 기업의 주력 사업이 경쟁하는 산업과 범위를 결정하며 신규 사업의 시장 진출에 대한 목표와 방향을 설정하는 전략이다.

    ㉡ 어떤 사업 또는 제품 분야를 선택하고 조직할 것인지가 중심 내용이 된다.

    ㉢ 본업 중심이나 다각화, 본업의 이동 등이 해당된다.

② 사업 전략

    ㉠ 기업 전략에서 확정된 각 사업·제품 분야에서의 경쟁 방법에 대한 전략이다.

    ㉡ 기업 내 특정 사업에 대한 전략으로 표적 시장 내에서의 경쟁 방안, 목표 고객, 시장 활동 수준, 자원 확보와 배분 방법 등에 대한 전략을 결정한다.

    ㉢ 원가 우위 전략, 차별화 전략, 집중화 전략 등 본원적 전략이 해당된다.

    ㉣ 시장 점유율 확대, 성장, 이익 추구, 자본 축소, 시장 축소, 철수 등의 전략이 있다.

③ 기능 전략

    ㉠ 기업의 생산, 마케팅, 재무, 인적 자원 관리 등 기능적 부문에서 수행하는 전략이다.

    ㉡ 사업 전략의 전략 목표 달성을 위한 하위 기능 활동을 조정하는 전략이다.

Part
05

CHAPTER 02
경쟁 우위 전략과 서비스 마케팅 전략

출제 & 학습 포인트

출제포인트
2장 경쟁 우위 전략과 서비스 마케팅 전략은 파트 5에서 출제 빈도가 높은 부분이므로 전체적으로 학습하되, 특히 경쟁 우위 전략과 서비스 마케팅 전략의 문제가 주로 출제됩니다.

학습포인트
1 경쟁 우위 전략을 원가 우위 전략과 차별화 전략, 집중화 전략으로 구분하여 개념과 특징을 학습합니다.

2 서비스 마케팅 전략은 STP 전략과 4Ps 전략으로 구분하여 개념과 특징을 학습합니다.

3 동태적 전략에서 제품 – 서비스 통합 전략의 개념을 이해하고, 제품 – 서비스 시스템의 유형을 학습합니다.

1 경쟁 우위 전략

(1) 원가 우위 전략 ★★★

① 원가 우위 전략의 개념
  ㉠ 경쟁 기업보다 낮은 원가로 재화와 서비스를 생산하여 제공함으로써 경쟁자에 대해 비교 우위를 확보하려는 전략이다.
  ㉡ 낮은 원가를 무기로 원가 선도 기업으로 시장을 주도할 수 있다.
  ㉢ 산업이 성숙기에 진입하게 되면 가격 경쟁이 치열해지고 원가 선도 기업은 유리한 위치를 차지하게 된다.

② 원가 우위 전략의 어려운 점
  ㉠ 목표 고객 발견
  ㉡ 서비스 시설 투자
  ㉢ 원가 관리와 비용 통제
  ㉣ 저가 전략의 위험성
  ㉤ 적용 범위의 제한성

③ 서비스 기업에서 원가 주도 전략

    ㉠ 서비스를 표준화한다.

    ㉡ 서비스 전달에서 개인적 요소를 줄인다.

    ㉢ 네트워크 비용을 감소시킨다.

    ㉣ 오프라인 서비스 운영을 활용한다.

    ㉤ 저가격 고객을 확보한다.

(2) 차별화 전략 ★★

① 차별화 전략의 개념

    ㉠ 기업은 차별화된 재화나 서비스의 제공을 통해 시장에서 독특함의 차별성으로 경쟁 우위를 달성하는 전략이다.

    ㉡ 일반적으로 차별성에 대한 프리미엄을 기꺼이 지불하고자 하는 성향 때문에 차별화 전략은 원가 우위 전략에 비해 수익성이 높다.

    ㉢ 차별화 전략은 품질, 디자인, 기술, 마케팅, 브랜드, 기업 이미지 등을 통해 이루어진다.

    ㉣ 차별화에 들어가는 서비스 비용 수준은 차별화된 서비스에 대해 고객이 지불하고자 하는 추가 비용의 수준을 넘어서는 안 된다.

② 서비스 기업에서 차별화 전략

    ㉠ 무형적 요소를 유형화한다.

    ㉡ 표준 제품을 고객화한다.

    ㉢ 인식된 위험을 감소시킨다.

    ㉣ 서비스 종업원의 숙련과 훈련에 관심을 기울인다.

    ㉤ 품질을 통제한다.

(3) 집중화 전략 ★★

① 집중화 전략의 개념

    ㉠ 특정 시장, 특정 소비자 집단, 특정 제품이나 서비스, 특정 지역 등과 같이 전체적인 시장을 목표로 하지 않고 특정한 시장만을 목적으로 한다.

    ㉡ 원가 우위 전략과 차별화 전략은 전체 시장을 대상으로 하지만, 집중화 전략은 특정 시장을 집중적으로 공략한다.

    ㉢ 기업은 제한된 자원으로 특정 시장만을 대상으로 차별화 전략이나 원가 우위 전략을 추구한다.

② 집중화 전략의 전개

원가 우위에 의한 집중화	목표하는 특정 시장에서 가격 경쟁력과 원가 우위를 점한다.
차별화에 의한 집중화	제품과 서비스에 차별화를 특정 시장에서 작은 범위를 대상으로 시도함으로써 대규모의 차별화를 시도하는 기업에 비해 더 적은 비용으로 더 빠른 혁신을 달성할 수 있다.

2 서비스 마케팅 전략

(1) 시장 조사와 소비자 분석

시장 조사와 소비자 분석은 마케팅 활동을 전개하기에 앞서 사전 조사로 수행하는 활동이다.

① 시장 조사

ㄱ 시장 특성과 현황을 설명하는 정보를 수집, 분석 및 보고하는 활동을 의미한다.

ㄴ 시장 조사의 내용으로는 시장 가능성 평가, 시장 점유율 분석, 시장 특성 분석, 지역별 특성 조사, 점포 조사 등이 포함된다.

② 소비자 분석

ㄱ 시장 조사가 거시적인 시장 환경을 다루는 데 비해, 소비자 분석은 소비자의 개별적이고, 내면적인 특성과 경향을 분석한다.

ㄴ 소비자 분석은 마케팅 활동의 일부이기도 하지만 동시에 새로운 서비스 기획 및 개발 활동과도 밀접한 관련이 있다.

소비자 행동 분석	• 배분 행동 : 경제적 자원의 배분 방법 • 구매 행동 : 구매 의사 결정 과정(욕구 인식 ⇨ 정보 탐색 ⇨ 대안 평가 ⇨ 구매 결정 ⇨ 구매 후 행동) • 사용 행동 : 사용 환경, 사용 맥락, 사용 상황에 대한 행동 분석
구매 결정 과정 분석	구매 결정 과정을 유형화하는 기준으로는 학습(learning), 감성(feel), 사용(do)의 행동 순서와 우선순위의 차지에 따라 나누는 접근법을 사용 • L − D − F 유형 • F − L − D 유형 • D − L − F 유형

(2) STP(segmentation, targeting, positioning) 전략 ★★★

① 시장 조사와 소비자 분석을 토대로 STP 전략을 수립한다.

② 시장과 고객을 여러 영역으로 세분화하고, 집중적으로 공략할 목표 시장을 선택하여 차별적인 서비스를 제공하는 기준과 절차를 다루는 것이 STP 전략의 수립이다.

시장 세분화 (segmentation)	• 전체 시장을 몇 개로 구분하기 위한 기준을 결정한다. • 세분된 시장의 특징을 기술한다. • 효과적인 시장 세분화를 위해서는 세분 시장의 규모가 적정 규모 이상이 되며, 서로 다른 니즈를 지니고 있어야 한다.
목표 시장 선택 (targeting)	• 세분화된 시장별로 매력도를 측정한다. • 매력도를 기준으로 목표 시장을 선정한다. • 목표 시장은 집중적으로 진출해야 할 세분 시장으로 표적 시장(target market)이라 한다.
포지셔닝 (positioning)	• 목표 시장 내 고객들에게 인지될 위치를 결정한다. • 시장 내에서 다른 경쟁 기업과 대비한 상대적 위치를 정한다. • 포지셔닝 전략에서는 고객은 누구이며(표적 시장), 그들에게 어떤 이미지를(서비스 콘셉트), 어떤 방법(마케팅 전략)으로 인식시키고 노력할지를 정하게 된다.

(3) 4Ps 전략 ★★

① 마케팅 믹스

마케팅 믹스	전략	분석 요소
제품(Product)	서비스 전략	서비스 종류, 서비스 특성, 서비스 상표 등
가격(Price)	가격 전략	가격 설정, 가격 조정 및 변경 등
유통(Place)	유통 전략	유통 형태, 유통 경로, 물류 관리 등
촉진(Promotion)	촉진 전략	광고, 홍보, 인적 판매원 관리 등

② 마케팅 믹스로서 4Ps의 문제점

  ㉠ 변화된 마케팅 환경을 반영하지 못한다.

  ㉡ 서비스 특성을 반영하지 못한다.

  ㉢ 공급자 위주의 개념이다.

③ 새로운 마케팅 믹스의 추가 : 3Ps

마케팅 믹스	전략	분석 요소
프로세스(Process)	프로세스 전략	프로세스 흐름, 프로세스 단계, 고객 참여
물적 증거 (Physical evidence)	물적 표시 전략	• 설비 및 장비의 설계와 표시 • 표시, 복장, 명함, 서류 등
사람(People)	인적 전략	종업원 선발/훈련, 고객 지원, 고객 학습 등

④ 4Ps에서 4Cs로 전환

  ㉠ 4Cs는 고객(Customer), 비용(Cost), 편의(Convenience), 소통(Communication)이 포함된다.

  ㉡ 4Ps는 공급자에서 소비자로 일방향 개념인 반면, 4Cs는 양방향의 개념이다.

⑤ IMC(integration marketing communication, 통합 마케팅 커뮤니케이션)

　㉠ 마케팅 믹스의 개념을 확장하여 통합적인 마케팅 계획을 수립하는 것을 말한다.

　㉡ IMC는 다양한 마케팅 믹스와 수단들이 통합적 개념을 갖고 명확한 이미지를 형성하기 하는 목적을 지니고 있다.

　㉢ 전술적 관점에서의 실행 방법들로 광고, PR, 인적 판매, 판촉 등의 마케팅 수단들을 통합적으로 사용할 수 있는 접근법을 일컬어 IMC라고 한다.

　㉣ 최근에는 브랜드가 마케팅의 핵심 이슈가 되고 있기 때문에 브랜드를 강조하는 통합적 브랜드 커뮤니케이션이라고도 한다.

👆 단계별 IMC 활동 수준

1단계	일관된 메시지의 전달	• 마케팅 전달 과정에서 일관된 메시지를 전달하는 것 • 고객이 쉽게 브랜드에 대한 광고를 인지할 수 있도록 커뮤니케이션 활동을 하나의 콘셉트로 연결 • TV에서 활용한 콘셉트를 잡지나 옥외 광고에도 적용하고 그 장면을 웹 사이트 비주얼이나 배너에도 적용
2단계	소비자의 시각에서 전달	• 서비스 사용에 따른 다양한 층의 고객과 상호 작용을 개발하고 관리하기 위한 활동 • 고객 개개인의 브랜드에 대한 가치와 라이프 사이클, 문화적인 코드를 분석하여 새로운 마케팅 전략 도구로 활용하는 단계 • 최근에는 LCM(Life Cycle Management)으로 표현 • 웰빙, 파티 문화 등을 활용한 마케팅 콘셉트와 디지털 세대의 문화 코드를 활용한 마케팅 활동 등
3단계	기존 마케팅과 통합하여 시너지 창출	• 정보 기술을 활용하여 기존의 매스 마케팅과 함께 시너지 효과를 얻어내는 것 • 1~2 단계들이 복합적으로 활용되기 위해 정보 기술이 활용된 커뮤니케이션이 보편화되는 단계 • 채널의 특성이 점점 극명하게 발전하는 동시에 여러 채널들이 통합되는 현상 발생
4단계	모든 활동의 전략적 구현	• 상기의 단계별 활동들이 전략적으로 구현됨으로써 성공적인 IMC 활동으로 이끌어 낼 수 있는 수준 • 무조건적인 통합이 아닌 상황에 따른 전략적인 선택과 집중, 비용 등을 고려한 집행이 IMC 활동의 궁극적인 지향점 • 다양한 커뮤니케이션 채널을 자유롭게 오가며 커뮤니케이션 할 수 있는 하이브리드(hybrid) 마케팅이 활발

3 동태적 전략

(1) 지속적 경쟁 전략 ★

① 경쟁 우위 전략으로 비교 우위를 확보할 수 있지만 이러한 경쟁력은 환경 변화나 경쟁 변화로 지속성을 잃게 된다.

② 지속적 경쟁력을 위해서는 차별화된 서비스 개발이 이루어져야 한다.

③ 지속적 경쟁 우위는 기업 내부에서 강화되는 경쟁력 요소가 진입 장벽으로 작용될 수 있다.

④ 지속적 경쟁 우위를 위한 차별화 전략

   ㉠ 새롭고 독특한 가치의 창출

   ㉡ 대체가 어려운 서비스의 확보

   ㉢ 서비스 인프라의 구축

   ㉣ 진입 장벽이 높은 서비스의 제공

(2) 서비스 확산 분석 ★

① 서비스 확산 분석의 개념

   ㉠ 신서비스가 시장에서 어떤 방향과 속도로 확산되는지를 분석하고 예측하는 것이다.

   ㉡ 신서비스 확산의 정량적 모형은 '신서비스 확산은 커뮤니케이션 채널을 통해서 이뤄진다.'는 가정을 기반으로 한다.

   ㉢ 새로운 것이 사람들에게 전해지고 받아들여지는 과정에서 커뮤니케이션이 발생될 수 있도록 매개체 역할을 하는 채널이 존재한다.

   ㉣ 채널은 외부의 매스 미디어 채널과 내부의 대인 채널이 있다.

   ㉤ 서비스 확산 분석의 대표적인 함수 모형이 Bass 모형이다.

② 서비스 확산 분석의 기본 모형

외부 채널 확산	• 확산이 외부 채널만을 통해 일어난다고 가정 • 광고나 인터넷 등을 통해 얻은 정보만을 가지고 구매 결정
내부 채널 확산	• 확산이 내부 채널만을 통해 일어난다고 가정 • 서비스를 사용하고 있는 사람들의 입소문을 통해 구매 결정
내·외부 채널 확산	• 확산이 외부 채널과 내부 채널 모두의 영향을 받아 일어난다고 가정 • 가장 현실적이고 균형적인 접근법

③ Bass 모형

㉠ Bass 모형은 새로운 서비스의 채택자가 두 가지 커뮤니케이션 채널에 영향을 받고, 그 영향의 차이에 따라 크게 혁신자와 모방자, 두 그룹으로 나눌 수 있다고 가정한다.

혁신자	외부 채널의 영향을 받은 사람들 중에 남의 말에는 상관없이 본인이 얻은 객관적인 정보를 토대로 독자적인 구매 결정
모방자	내부 채널에 영향을 받는 그룹은 이미 구매한 다른 사람들을 모방하여 구매 결정

㉡ 채택자의 수는 혁신자와 모방자의 수를 합한 것과 같다. 이는 외부 채널의 그룹과 내부 채널의 그룹을 합한 값이다.

㉢ 채택자의 수는 벨 모양으로 나타나고, 시간 흐름에 따라 채택자의 누적 수는 S자 형태를 보인다.

🖐 Bass 모형의 도식

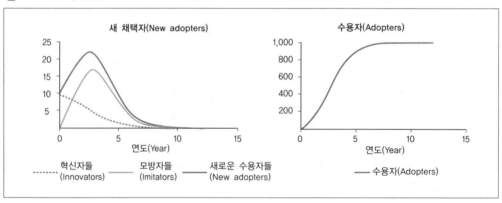

✏️ 알아두기

수리적 모형
- 정량 분석을 위해서 개념적 모형을 수리적 모형으로 변환이 필요하다.

> **Bass 모형의 기본식**
> $$n(t) = \frac{dN(t)}{dt} = p[m - N(t)] + \frac{q}{m}N(t)[m - N(t)]$$

- 서비스가 확산되는 비율은 모집단 안에서 서비스를 채택한 고객과 아직 채택하지 않은 고객의 크기가 어떻게 변하는가에 따라 결정된다.
- 아직 채택하지 않은 고객의 크기인 $m - N(t)$가 변화율을 결정하게 된다. 아직 서비스가 확산될 여지가 많이 남아 있을 때는 빠른 속도로 확산되다가 더 이상의 여지가 없어지는 수준에 오면 천천히 확산될 것이다.
- Bass 모형은 외부 채널로부터 영향을 받는 혁신자와 내부 채널로부터 영향을 받는 모방자의 계수가 다르다고 가정한다.
- $p[m - N(t)]$는 채택한 고객의 수인 $N(t)$의 영향을 받지 않는 혁신자의 채택을 의미한다.
- $\frac{q}{m}N(t)[m - N(t)]$는 채택자 수인 $N(t)$의 영향을 받는 모방자의 채택을 의미한다.
- 그러므로 p를 혁신 계수라고 하며, q를 모방 계수라 한다.
- Bass 모형에 포함된 세 개의 모수, 외부 영향의 혁신 계수(p), 내부 영향의 모방 계수(q), 잠재 시장의 규모(m)는 주로 과거의 데이터를 수집한 후 회귀 분석을 이용하여 추정한다.

(3) 제품 - 서비스 통합 전략 ★★

① 제품과 서비스를 묶어서 하나의 패키지로 제공하는 전략이다.

② 제품의 효용과 기능은 품질이나 성능이 좋은 것에 의해 평가되는 것이 아니라 고객이 원하는 서비스를 제공할 수 있는가에 따라 결정된다.

③ 고객 만족을 위해 기업은 제품과 서비스의 융합에 대해 내부 자원뿐만 아니라 외부 조직과의 협력(collaboration)까지도 확대하고 있다.

👆 제품 - 서비스 시스템(PSS : product - service system)의 유형

제품 중심의 PSS	제품을 판매하거나 사용하는 것을 촉진시키기 위해 서비스가 부가적으로 추가되어 제공되는 형태이다.
사용 중심의 PSS	제품을 판매하는 대신에 '사용 및 기능'을 판매하는 형태이다.
결과 중심의 PSS	• 사용 중심의 PSS에서 '사용 및 기능'을 판매하는 관점을 발전시킨 형태이다. • 사용하지 않은 채 그 제품으로부터 나오는 결과물만을 이용하는 형태이다. • 고객에게 최종적으로 전달되는 것은 기능의 사용이 아닌 결과와 경험인 서비스 결과물이다.

고객 만족의 평가 지표

출제 & 학습 포인트

출제포인트

3장 고객 만족의 평가 지표는 파트 5에서 출제 빈도는 높진 않지만 꾸준히 출제되는 부분으로, 국가 고객 만족 지수(NCIS)의 개념과 측정에 대한 내용이 주로 출제됩니다.

학습포인트

1 국가 고객 만족 지수(NCIS)의 개념을 이해하고, 고객 만족 지수(NCIS)의 기능을 학습합니다.

2 국가 고객 만족 지수(NCIS)를 측정할 수 있는 조사 설문 문항을 학습합니다.

1 고객만족지수(CSI : Customer Satisfaction Index)

(1) 고객만족지수의 개념

① 제품을 직접 사용하고 서비스를 받아 본 고객이 평가한 만족수준의 정도를 지표에 근거아여 측정, 계량화한 지수이다.

② 조사 결과를 통해 시장에서 자사의 경쟁력을 파악할 수 있고, 고객의 불만을 일으키는 상품이나 서비스 문제를 개선함으로써 고객지향적인 경영활동을 펼칠 수 있다.

③ 자사의 미래 성장 가능성을 예측할 수 있어 미래에 대비할 수 있는 자료로도 활용된다.

(2) 고객만족지수 측정 원칙

계속성의 원칙	• 정기적인 조사로 고객의 만족도를 과거, 현재, 미래와 비교할 수 있어야 함. • 미래에 대비할 수 있어야 함.
정량성의 원칙	• 조사는 비교가능하도록 정량적으로 수행 • 과거와 비교해서 얼마나 개선되었는가를 파악할 수 있도록 항목별로 정량적 비교 가능하도록 조사
정확성의 원칙	• 정확한 조사와 해석, 답변이 나올 수 있도록 설문지를 설계해야 함. • 조사 대상은 적절한지, 조사항목이 경영상태를 충분히 조사할 수 있는 내용인지, 조사방법이 실제적으로 적정한지 등을 파악

2 NCSI(국가 고객 만족 지수 : National Customer Satisfaction Index)의 이해

(1) NCSI의 개념

① 가장 널리 쓰이고 있는 고객 만족 평가 지표이다.

② NCSI는 한국생산성본부가 1997년부터 미국 미시간 대학의 국가품질연구소와 공동으로 개발하였으며, 1998년부터 지금까지 매 분기별로 측정 및 발표되고 있다.

③ NCSI는 질적인 측면에서 경쟁력을 평가하는 데 유용하게 활용된다. 단순히 만족도를 측정하는 평가 모델이 아니라 해당 기업의 품질 경쟁력을 가늠할 수 있는 성과 평가 지표이다.

④ NCSI 모델의 측정 방법론은 미국, 일본, 싱가포르 등 11개국과 EU 16개국이 활용하고 있는 Global Standard로서 국가 차원의 고객 만족 지수의 비교를 통해 국가 간 품질 경쟁력 수준을 가늠할 수 있다.

(2) NCSI의 기능 ★

① 동종·이업종 간 고객 만족도 비교 가능

ㄱ NCSI 모델은 품질 요소의 합산 방식이 아닌 전반적, 포괄적 개념으로 고객 만족도를 측정하는 방식을 채택함으로써 동종 업계 내뿐만 아니라 이업종 간 고객 만족도를 비교할 수 있다.

ㄴ 고객 만족도 비교를 통해 이업종 간의 벤치마킹을 용이하게 하여, CS 개선을 위한 다각적인 시각과 정보를 제공할 수 있다.

② 고객 만족 향상을 위한 전략 수립 가능 : NCSI를 통해 자사 및 경쟁사의 CS 강·약점을 진단하고 문제점을 규명함으로써 고객 만족 향상을 위한 전략 수립이 가능하다.

③ 마케팅 전략 수립에 유용한 정보 제공

ㄱ 고객 만족에 대한 선행 변수(고객 기대 수준, 고객 인지 품질, 고객 인지 가치)의 영향 정도를 분석함으로써 고객 만족 향상을 위한 자원 배분의 최적화를 이룰 수 있도록 한다.

ㄴ 업종 전체에 대한 CS 수준을 다차원적으로 분석함으로써 개별 기업에 유용한 정보를 제공한다.

④ 기업의 미래 수익률을 예측하는 데 활용

ㄱ NCSI 측정을 통해 기업들은 시간 경과에 따른 고객 만족 수준의 변화와 그 원인을 추적할 수 있으며, 고객 만족도 향상이 고객 충성도와 고객 유지율에 미치는 영향을 파악할 수 있다.

ㄴ 고객 충성도와 고객 유지율을 기업의 재정적 성과 지표와 연동함으로써 기업의 미래 수익률을 예측할 수 있는 자료를 제공한다.

⑤ 고객들의 제품 및 서비스 선택에 영향

ㄱ 많은 소비자들은 NCSI 결과를 참고하여 제품 또는 서비스를 선택하고 있다.

ㄴ 소비자에게는 소비자 주권의 보호를 통한 삶의 질 제고, 기업과 산업 측면에서는 품질 경쟁력을 높이는 기능을 수행한다.

3 NCSI의 체계

(1) NCSI 모델

모델을 측정하는 주요 목적은 현재와 미래의 사업 성과(Business Performance)를 평가하는 데 있어 중요한 구성 개념인 고객 충성도를 설명하는 데 있다.

✋ NCSI(국가 고객 만족 지수) 모델

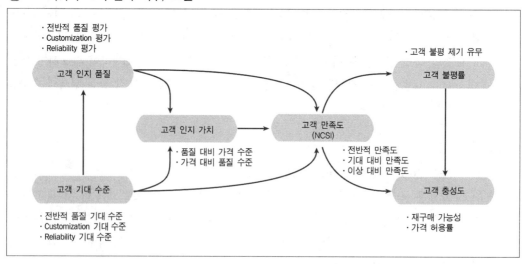

(2) NCSI 선행 변수 – 시장 품질 성과 지표로서의 기능

① NCSI 모델에서 고객 만족도에 영향을 미치는 3개의 선행 잠재 변수(Leading Variables)는 고객 기대 수준(Customer Expectations), 고객 인지 품질(Perceived Overall Quality), 고객 인지 가치(Perceived Value)이다.

② 세 가지 잠재 변수는 고객 만족도에 영향을 미치는 선행 변수이자, 고객 만족도에 어느 정도 영향을 미쳤는지를 가늠할 수 있는 성과 지표이다.

✋ NCSI 선행 변수 – 시장 품질 성과 지표

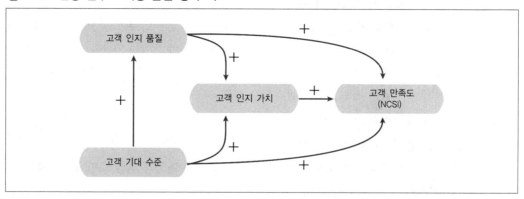

(3) NCSI 후행 변수 – 수익성 예측 지표로서의 기능

고객 만족에 대한 기업의 궁극적 목표는 고객에게 양질의 제품과 서비스를 제공하고 이를 통해 재구매를 유도함으로써 기업의 안정적인 수익을 확보하는 데 있다.

👆 NCSI 후행 변수 – 수익성 예측 지표

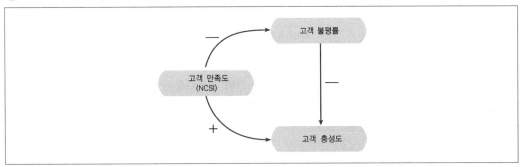

4 NCSI의 측정

(1) 조사 설문 문항 ★

NCSI의 모델에서는 17가지의 질문들이 사용되었다. 응답자들은 또한 8가지의 인구 통계학적 사항에 대한 질문을 받는다.

👆 NCSI 모델의 조사 설문 문항

설문 번호	측정 변수		잠재 변수
1 2 3	구입 전 평가	• 전반적 품질(Overall Quality) 기대 수준 • 고객의 개인적 요구 충족도(Customization) 기대 수준 • 제품의 예상 고장 및 문제 발생 빈도(Reliability) 기대 수준	고객 기대 수준
4P * 5P * 6P *	구입 후 평가	• 전반적 제품 품질(Overall Product Quality) 평가 • 고객의 개인적 제품 요구 충족도(Customization) 평가 • 제품의 예상 고장 및 문제 발생 빈도(Reliability)	고객 인지 제품 품질
4S * 5S * 6S *	구입 후 평가	• 전반적 서비스 품질(Overall Service Quality) 평가 • 고객의 개인적 서비스 요구 충족도(Customization) 평가 • 서비스상의 문제 발생 빈도(Reliability)	고객 인지 서비스 품질
8 9		• 가격 대비 품질 수준(Price given Quality) • 품질 대비 가격 수준(Quality given Price)	고객 인지 가치
10 11 12		• 종합 만족도(Overall Satisfaction) • 기대 수준 대비 만족 수준(Confirm/Disconfirm Expectation) • 이상적인 제품/서비스 대비 만족 수준(Comparison with Ideal)	고객 만족(NCSI)
13		• 고객의 공식/비공식적 제품 및 서비스에 대한 불평(Complaints)	고객 불평률
15 16 17		• 재구매 가능성 평가(Repurchasing Likelihood) • 재구매 시 가격 인상 허용률(High Price Tolerance) • 재구매 유도를 위한 제품의 가격 인하 허용률(Low Price Tolerance)	고객 충성도

* P: 제품 / S: 서비스 / * : 제조업 · 내구재의 경우 제품과 서비스 품질을 측정함.

(2) 조사 방법

① NCSI는 특정 제품과 브랜드에 대한 만족이라기보다 특정 기업이 생산, 판매하는 전 제품과 서비스에 대한 기업 차원의 만족도를 측정하는 것이다.

② NCSI 조사 대상은 재무 자료가 공시되어 있어 이의 이용이 가능한 기업들이 대부분이고, 특정 산업 내에서 시장 점유율이 높은 기업들이 조사 대상에 포함된다.

③ NCSI 설문 조사는 특정 제품 또는 서비스를 경험한 고객을 대상으로 일대일 개별 면접 방식(Face to face interview)을 활용한다.

④ 표본은 조사의 정확성과 신뢰성을 높이기 위해 기업(관)별 평균 278명을 조사하며, 산업의 특성에 따라 기업별 100~500여 명이 할당되기도 한다.

> 🖉 **알아두기**
>
> 고객 만족 평가 지표의 종류
> 1. 국가 고객 만족 지수(NCSI : National Customer Satisfaction Index)
>   한국생산성본부의 국가 고객 만족 지수는 국내 및 외국 기업의 제품과 서비스 간의 고객 만족도를 비교할 수 있으며, 공공 기관과 민간 기관에 의해 제공되는 서비스 만족도도 비교할 수 있다.
> 2. 한국 서비스 품질 지수(KS – SQI : Korean Standard Service Quality Index)
>   (1) 한국표준협회가 주관하는 KS – SQI는 서비스 산업의 품질 평가를 위해 개발된 국내 첫 서비스 품질 평가 지수이다. KS – SQI는 서비스의 고유한 특성을 반영한 다차원적인 모형으로 일반적인 서비스 업종에 범용적으로 사용될 수 있다.
>   (2) KS – SQI는 SERVQUAL과 SERVPERP 모델을 기초로 성과를 측정하고 있으며, 서비스 품질에 있어서 성과 품질과 과정 품질을 균형적으로 고려하였다.
> 3. 한국 산업의 고객 만족도(KCSI : Korean Customer Satisfation Index)
>   한국능률협회 컨설팅에서 주관하는 KCSI는 한국 산업의 주요 제품 및 서비스의 고객 만족도 수준을 측정하여 각 산업 및 기업의 현재 위치, 고객의 불만 요인을 확인하여 고객 만족 경영 전략 수립의 기초 자료를 제공하는 데 의의가 있다.
> 4. 서울시 서비스 지수(SSI : Seoul Service Index)
>   SSI는 서울시의 고품질 경영 시정 구현을 목적으로 개발된 서울시 행정 서비스의 품질 평가 지표이다.
> 5. 공공기관 고객 만족도 지수(PCSI : Public Sector Customer Satisfaction Index)
>   2004년 공기업 및 「정부산하기관관리기본법」을 제정하고 고객 만족도 조사를 도입 실시하였다. PCSI는 공공 부문의 특성을 선행 요인, 만족 개념, 성과 변수에 모두 반영한 모형이다.

고객 만족 경영과 전략

출제 & 학습 포인트

출제포인트
4장 고객 만족 경영과 전략에서는 고객 만족 경영의 효과와 서비스 지향성의 문제가 주로 출제됩니다.

학습포인트
1 고객 만족 경영의 개념을 이해하고, 고객 만족 경영의 성공 요인을 학습합니다.

2 고객 만족 경영을 통한 고객 만족의 효과를 학습합니다.

3 고객 만족 모델을 기대 성과와 지각 성과를 중심으로 그 특징을 학습합니다.

4 서비스 지향성의 개념을 이해하고, 서비스 지향성의 측정과 활용을 학습합니다.

1 고객 만족 경영의 이해

(1) 고객 만족 경영의 개념 ★

① 고객 만족은 고객이 제품에 대해 처음 기대했던 성능과 구매 후 제품을 소비하면서 얻은 실제 성능에 대한 비교로, 제품 또는 서비스에 대하여 구매 후 기대를 충족시키는 경험을 했을 때 느끼는 상태이다.

② 고객 만족 경영은 고객 만족도를 정량적으로 파악하고, 객관적으로 판단하여 이를 제고하기 위한 경영 노력을 의미한다.

③ 고객들의 만족 수준을 조사하고 이를 바탕으로 불만족 요인을 찾아내어 신속하게 개선함으로써 고객의 만족 수준을 높이는 경영 활동이다.

④ 경쟁사에 비해 더 훌륭하거나 차별화된 제품이나 서비스를 찾아 개선하여 고객만족을 높이는 경영활동이다.

⑤ 고객만족경영의 가치는 고객에게 비용부담은 줄이고 더 나은 가치를 제공하는 것이다.

(2) P - S - P 철학에 근거한 고객 만족 경영의 선순환

① P - S - P(People - Service - Profit) 철학 ★

P(People)	내부 고객인 직원에게 지극히 잘 대해 주면
S(Service)	내부 고객인 직원은 자신의 직무인 서비스를 열정적으로 수행할 것이며,
P(Profit)	내부 고객인 직원의 열정적인 서비스를 이용하는 외부 고객은 이에 만족하여 지속적인 재구매를 하게 될 것이다.

② 고객 만족 경영의 선순환

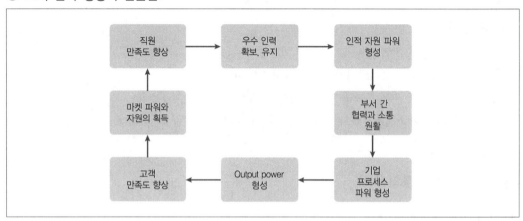

(3) 고객 만족 경영의 성공 요인 ★★

① 최고 경영자의 리더십

② 고객 중심의 조직 문화

③ 충분한 보상과 지원

④ 혁신적 프로세스 기법

⑤ 지속적인 고객 욕구 파악

⑥ 직원의 만족

(4) 고객 만족의 효과 ★★★

고객 충성도 향상	서비스에 만족한 고객들은 기업 및 서비스에 좋은 이미지를 가지게 되고, 재구매를 유도할 수 있다.
비용 절감 효과	고객 만족은 기존 고객을 충성 고객으로 이끌 수 있으며, 신규 고객 창출보다 기존 고객 창출에 더 적은 비용이 들어 비용 절감이 가능하다.
불만족한 고객 활용	불만족한 고객을 만족시키기 위한 노력은 기업의 성장에 보탬이 되며, 성장의 기반이 된다.
광고 마케팅 효과 증대	만족한 충성 고객은 구전을 통하여 신규 고객을 창출하므로 기업의 마케팅 효과를 증진시키고, 전환비용 극대화로 재구매를 활성화한다.

(5) 고객 만족 경영의 문제점과 환경 변화

① 고객의 다양한 요구는 점점 구체화되어 대응 비용이 증가하게 되었다.

② 경쟁자는 서비스의 경쟁을 심화시켜 마진 구조가 악화되고 있다.

③ 고객 만족의 평가 요소에는 다양한 주관성과 불합리성을 포함하고 있어 평가에 대한 수용도가 낮아지고 있다.

④ 직원들의 피로는 점점 높아지고, 감정 노동 피해가 발생하고 있다.

⑤ 새로운 경험을 요구하는 고객을 위해 창의적 서비스의 혁신 요구가 높아지고 있다.

⑥ 고객 만족 경영에 대한 기업의 활동은 증가했으나 성과는 모호하다.

⑦ 어떤 활동이 진정으로 고객 만족과 관련이 있는지에 대한 인과 관계가 모호하다.

(6) 고객 만족 경영의 변화 요소 ★

기업 환경	• 인터넷의 발달로 경쟁이 심해졌다. • 시장에서 더 높은 서비스 품질을 요구한다. • 기업은 다양한 고객 만족 활동을 수행함에도 불구하고 고객의 만족은 비례적으로 늘어나지 않고 있다.
소비자	• 소비에 대한 가치관이 변화하였다. • 기존의 필수적 소비는 선택적 소비로 관점이 변화되었다. • 구매 후 소유라는 단순한 소비 행태에서 다양한 소비 행태로 변화되었다. • 기업과 대등한 관계에서 소비하기를 원한다. • 수동적인 소비자에서 능동적인 소비자로 변화되었다.
마케팅	• 마케팅 성공의 기준이 우수한 제품의 생산에서 고객이 만족하는 경험의 제공으로 변화하였다. • 기업 내부 자원만이 마케팅의 범위였으나, 고객의 니즈를 충족시키기 위해 기업 외부 자원까지 마케팅의 범위에서 다루게 되었다. • 고객의 사용 가치를 높이는 것에 관심이 있다. • 고객 중심적 마케팅이 필요하다.

(7) 고객 만족 경영의 새로운 방향

극적인 성장	• 기업은 고객에게 가치 있는 서비스를 제공해야 한다. • 고객의 사용 가치 증가는 다양한 수익원을 제공한다. • 산업 평균을 능가하는 성장과 수익을 달성하는 것이다.
탁월한 운영	• 고객 만족은 탁월한 운영을 기본으로 한다. • 탁월한 운영이란 새롭고 혁신적인 운영을 달성하는 것이다. • 고객은 자신이 이용하는 기업에 대해서 자부심을 느끼고 싶어 한다. • 기업은 제품과 서비스의 제공이라는 기능적 관계 이상의 관계를 고객에게 제공해야 한다. • 탁월성이란 Routine work와 Value work의 비율로 파악된다.

시민 행동	• 고객과 기업의 관계는 경제적이고 기능적인 관계에서 서로에게 시민 행동을 보여 주는 관계로 진화되어야 한다. • 시민 행동이란 기업 − 고객, 고객 − 고객의 관계에서 시민 의식을 보여 주는 행동을 의미한다. • 직원은 고객에게 시민 행동을 보여 주고, 고객은 직원에게 시민 행동을 보여 주는 쌍방향의 시민 행동이 교환되는 커뮤니티 문화가 형성된다.

(8) 고객 만족 경영의 체계

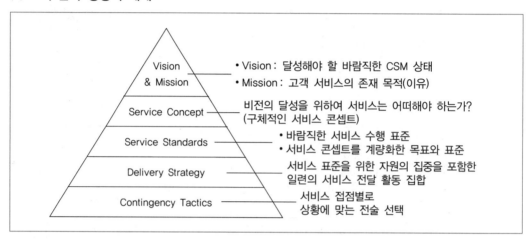

① 고객 만족 경영 체계의 올바른 방향

고객 만족 경영의 비전과 미션	• 비전과 미션은 달성해야 할 바람직한 상태와 존재 목적을 의미한다. • 고객 만족 경영을 통해서 달성해야 할 비전과 미션은 성장, 혁신, 기반에 대한 것이다.	
	성장	산업 평균 이상의 높은 수준으로 지속되어야 한다.
	혁신	탁월한 운영을 통해 지속적으로 새로운 서비스와 가치가 나타나야 한다.
	기반	고객 만족 경영의 구성원인 기업과 종업원, 그리고 고객 간의 시민의식과 시민 행동으로 구축되어야 한다.
서비스 콘셉트	• 서비스 콘셉트는 비전 달성을 위해서 서비스가 무엇을 지향해야 하는 것인가를 제시해야 한다. • 서비스 콘셉트 개발의 방향	
	소비자 중심 콘셉트	속성/편익, 이미지, 사용 상황, 사용자 중심의 콘셉트
	경쟁자 대응 콘셉트	경쟁자에 집중하는 콘셉트
	재콘셉트	기존의 콘셉트가 경쟁 우위를 잃거나 적합하지 못할 때 재콘셉트

② 서비스 콘셉트의 도출 과정

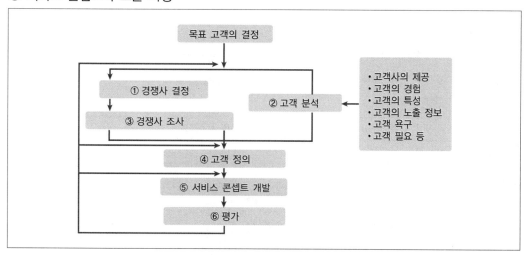

(9) 고객 만족 모델 ★★

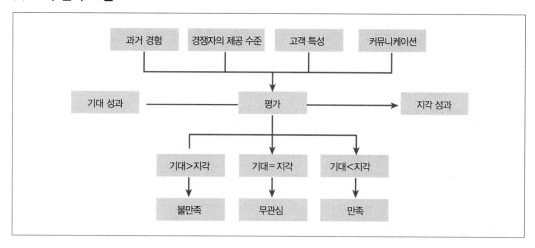

고객 만족 모델의 특징	• 기대불일치 패러다임 • 전통적 경영 범위가 기대 관리까지 확대됨. • 기대가 형성되는 채널에 대한 이해와 관리가 필요

2 고객 충성도 향상 전략

(1) 고객 가치 창조 ★

① 고객 가치 창조는 고객에게 더 높은 가치를 더 낮은 비용으로 창출하여 제공하는 활동이다.

② 고객 가치 창조를 위한 혁신은 가치 혁신과 비용 혁신이고, 고객 가치 창조를 위해서 두 가지 혁신을 동시에 추구한다.

가치 혁신	기업이 고객에게 제공하는 가치의 현재 수준을 높이고자 하는 활동
비용 혁신	기존보다 더 낮은 비용으로 현재와 같거나 더 높은 가치를 고객에게 제공하기 위한 활동

✎ 알아두기

가치

$$가치 = 혜택 - 비용$$

- 가치란 재화나 서비스를 사용함으로써 인식되는 혜택의 크기이다.
- 고객 만족의 개념에서 고객은 지불한 비용을 초과하는 혜택을 느낄 때 가치를 인식한다.
- 기업이 제공하는 혜택이 경쟁사에 비해 훌륭하거나 차별화되면서 동일한 가격이라면 고객은 더 높은 가치를 인식할 것이다.
- 동일한 혜택을 제공함에도 불구하고 더 낮은 가격을 제시한다면 고객은 더 높은 가치를 인식할 것이다.

(2) 고객 가치 창조의 실행 원리 ★

고객 관점에서 출발	고객에 대한 통찰력을 찾고, 고객 관점에서 출발
미 충족 고객니즈 해결	미충족된 니즈를 해결함으로써 고객의 실질 가치가 증가
상대적 가치 추구	가치 창조는 경쟁사나 현재보다 나은 수준으로 혁신하는 상대적 가치를 높이는 것에 집중
고객을 위한 혁신	경쟁 중심적인 혁신이 아닌 고객 중심적인 혁신이 중요
고객 중심의 문제 해결	경영 중심이 아닌 고객 중심의 문제 해결
B2B의 접근법	B2B에서는 최종 사용자, 고객의 고객 관점까지 인식한 가치 창조

(3) 고객 가치 증진 접근법 ★

① 고객 가치 증진의 개념

   ㉠ 고객 가치 증진은 지각되는 가치를 높이는 방법이다.

   ㉡ 지각되는 고객 가치를 높이기 위해서 기존의 제품이나 서비스 속성들에 부가적인 혜택을 제공한다.

   ㉢ 제품이나 서비스의 혜택 속성이나 경쟁 속성을 분석하고 경쟁자에 비교해서 상대적으로 우수한 수행을 하는 것이다.

   ㉣ 고객 가치 증진은 절대적인 가치보다는 상대적인 가치 인식을 높이는 데에 집중한다.

② 고객 가치 증진 접근법 프로세스

ㄱ 1단계 : 제품과 서비스에 대한 주요 혜택 도출

ㄴ 2단계 : 주요 혜택별로 경쟁사와 비교분석

ㄷ 3단계 : 주요 혜택 중 고객혜택에 강한 인식을 줄 수 있는 혜택 선택

ㄹ 4단계 : 고객 가치 증진 프로그램 시행

ㅁ 5단계 : 고객 가치 증진 프로그램에 대한 고객인식 평가

(4) 고객 가치 연장 접근법

① 고객 가치 연장의 개념

ㄱ 고객의 가치 인식 접점을 전 단계와 후 단계로 연장하는 것이다.

ㄴ 고객 가치 연장과 고객 충성도는 밀접한 관계를 갖고 있으며, 반복 구매 고객을 충성 고객으로 만들기 위해서는 새로운 혜택을 제공해야 한다.

ㄷ 서비스 이용 전, 이용 중, 이용 후의 접점으로 연장한 상태에서 새롭게 추가될 수 있는 혜택이 무엇인가를 파악하고, 가치를 증가시킬 수 있는 새로운 혜택을 제공한다.

② 고객 가치 연장 시 고려할 점 ★

- 새로운 혜택 추가
- 전환 비용 높이기
- 공동 이익 추구
- 교차 판매 기회 제공
- 고객 기대의 진화 파악
- 고객 사용 가치의 이해

③ 고객 가치 연장에서 주의할 점

ㄱ 고객 행동에 대한 분석을 기초로 새로운 혜택을 개발해야 한다.

ㄴ 고객 행동 분석으로 충족시켜 주지 못한 고객의 요구를 발견하고 충족시키는 순서로 접근해야 한다.

ㄷ 서비스 개발이 고객 행동 기반이 아닌 기업의 자원을 기반으로 이루어지면 추가적인 서비스가 제공되지만, 고객은 혜택을 인식하지 못할 수 있다.

(5) 순 추천 지수(NPS : net promoter score) ★

① 기업이 충성도 높은 고객을 얼마나 보유하고 있는지를 측정하는 지표다.

② 고객이 제품이나 서비스, 기업 브랜드를 타인에게 추천하고자 하는 의지의 정도를 나타내는 지수이다.

③ 기업 성과에서 고객 만족도보다 중요한 것은 고객의 추천 의도이다.

④ 순 추천 지수가 높은 기업은 충성 고객의 비율이 높고, 경쟁 기업에 비해 낮은 마케팅 비용을 사용하는 것을 의미한다.

✎ **알아두기**

순 추천 지수의 측정

순 추천 지수 = 추천 비율 − 비추천 비율

• 질문 문항 : "현재 거래하고 있는 회사를 친지나 주변 사람에게 추천할 의향이 얼마나 있는가?"
• 질문 문항에 대해 0~10점으로 측정한다.
• 비추천(0~6점), 중립(7~8점), 추천(9~10점)으로 응답을 구분한다.
• 순 추천 지수는 −100점에서 +100점까지 분포한다.

3 서비스 지향성

(1) 시장 지향성의 개념

시장의 욕구와 기회를 확인하기 위해서 고객과 경쟁자에 관한 정보를 지속적으로 획득, 창출하고 수집된 정보를 기업 전체에서 공유하여 시장에 대응할 수 있는 해결책을 만들기 위해 역량을 집중하는 것을 의미한다.

(2) 시장 지향성의 하위 차원

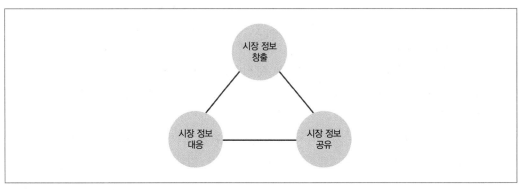

시장 정보 창출	시장 정보의 창출은 마케팅이나 서비스 접점에서만 창출되는 것이 아니고, 전사적인 관점에서 창출되어야 한다.
시장 정보 공유	• 창출된 시장 정보는 전사적으로 공유한다. • 전사적 공유를 위해서 지식 경영 시스템과 같은 시스템적인 공유가 필요하다. • 전사적인 관점에서 시장과 고객의 정보가 업무 수행에 중요한 기준으로 인식되어야 한다.
시장 정보 대응	• 공유된 시장 정보는 전사적 관점에서 대응한다. • 모든 부서의 업무 영역은 시장을 기반으로 하며, 모든 직원의 업무는 시장과 고객 요구에 대한 대응으로 인식한다.

⑶ 서비스 지향성의 개념 ★

① 서비스 지향성은 시장 정보에 대한 전략적 반응으로 <mark>탁월한 서비스가 최우선이라는 조직 전체의 믿음</mark>이다.

② 서비스 지향성에는 조직 가치가 영향을 미친다.

③ 서비스 지향성은 절대적 개념이 아니라 상대적 개념으로 경쟁자와의 상대적 우위를 더 중요한 지표로 사용해야 한다.

④ 우수한 내부 서비스 품질이 탁월한 외부 서비스 품질로 연결되므로 서비스 지향성은 접점과 비접점을 모두 포함하여 탁월성을 파악한다.

⑤ 서비스 지향성을 통해 <mark>탁월한 서비스를 제공하는 방법은 고객에게 핵심 가치를 제공하는 것</mark>이다.

⑥ 실패에 대한 인식과 책임은 전사적인 관점에서 인식되어야 한다.

⑦ 조직 가치는 서비스 지향성에 영향을 주는 주요 요인으로 고객 중심 지향, 직원 만족, 혁신성 등의 조직 가치가 중요한 요인으로 작용할 수 있다.

⑧ 서비스 지향성에는 조직 가치가 주요한 영향을 미친다. 조직 가치는 고객중심 강조, 직원 만족, 내부 갈등 조절, 혁신성, 체계적인 노력 등이 있다.

⑨ 서비스 지향성을 평가하는 요소
- ㉠ 고객 및 직원 만족도
- ㉡ 외부 서비스 및 내부 서비스 품질
- ㉢ 조직 몰입도
- ㉣ 접점에서의 반응도, 실패에 대한 회복률
- ㉤ 서비스 전달 프로세스의 대응성

> **✎ 알아두기**
>
> 탁월성 ★
> - 고객 만족 경영에서 탁월성은 내부 지향적인 업무의 비율을 낮추고, 외부 지향적인 업무의 비율을 높이는 것이다.
> - 외부 지향적인 업무는 주로 시장과 고객에 관련된 업무를 의미한다.
> - 서비스 전략은 고객 지향을 기반을 수립되어야 하고, 시스템은 고객을 중심으로 설계되어야 한다.
> - 직원의 업무 수행이 고객 지향적이고, 고품질 서비스를 기준으로 수행될 때 고객 만족 경영의 탁월한 성과를 달성할 수 있다.

핵심 키워드 정리

Five - force 모형	• 마이클 포터 교수가 개발한 것으로 기업이 직면하게 되는 환경적 위협에 대한 요인을 찾아내고, 그 위협의 크기를 결정짓는 상황을 설명하는 모형 • 5세력의 구성 요소 – 시장 내 경쟁의 크기, 공급자 협상력, 구매자 협상력, 신규 진입자, 대체재 위협도
SWOT 분석	기업 내부의 강점과 약점, 외부 환경에서의 기회와 위협 요인을 종합적으로 분석하는 방법으로 기업 차원의 전략 분석 틀
위상 분석 (Position 분석)	분석과 조사의 대상이 되는 중요한 요인들에 대해서, 기업이나 서비스 비즈니스가 다른 기업이나 다른 서비스와 비교하여 상대적으로 어떤 위상(position)을 차지하고 있는지, 어느 영역에 존재하고 있는지를 살펴보는 분석
동태 분석 (Dynamism 분석)	동태 분석은 시간의 흐름을 하나의 축으로 설정하고, 분석 대상이 되는 요인의 상태가 시간의 흐름에 따라 어떻게 변화하는지를 살펴보는 분석
STP 전략	시장 세분화(Segmentation), 표적 시장 선정(Targeting), 포지셔닝(Positioning)으로 이어지는 마케팅 전략
원가 우위 전략	기업이 선택할 수 있는 서비스 경쟁 우위 전략으로 서비스에 들어가는 원가를 줄이고, 서비스의 가격을 낮추어 경쟁 우위를 확보하는 전략
집중화 전략	기업이 선택할 수 있는 서비스 경쟁 우위 전략으로 성격이 다양한 전체 시장을 겨냥하기보다는 크기는 작지만 성격이 분명한 목표 시장에 집중하는 전략
차별화 전략	기업이 선택할 수 있는 서비스 경쟁 우위 전략으로 소비자가 다른 서비스와는 다르다는 인식을 가질 수 있는 독특한 서비스를 제공함으로써 경쟁력을 확보하는 전략
4Cs	고객의 입장에서 기존의 4Ps를 Customer(고객), Cost(비용), Convenience(편익), Communication(소통)으로 대체한 것
7Ps	기존의 마케팅 믹스의 개념에 물적 증거(physical evidence), 프로세스(process), 사람(people)을 포함한 확장된 마케팅 믹스
Bass 모형	잠재적인 새로운 서비스의 채택자들이 두 가지 형태의 커뮤니케이션 채널에 의해 영향을 받고, 그 영향의 차이에 따라 크게 두 그룹으로 나눌 수 있다고 가정하는 모형으로 서비스 확산 분석의 대표적인 함수 모형
고객 만족 경영	기업이 제공하는 상품이나 서비스에 대한 고객의 기대 대비 만족 수준을 높이기 위하여 계속적으로 고객들의 기대와 만족 수준을 조사하고, 이를 바탕으로 불만족 요인을 찾아내어 개선함으로써 고객의 만족을 높이는 경영 활동
고객 만족 지수	현재 생산, 판매되고 있는 제품 및 서비스 품질에 대해 해당 제품을 직접 사용해 보고 이 제품과 관련된 서비스를 받아 본 고객이 직접 평가한 만족 수준의 정도를 모델링에 근거하여 측정, 계량화한 지표

감성 경영	• 고객이나 직원의 감성에 그들이 좋아하는 자극이나 정보를 전달함으로써 기업 및 제품에 대한 호의적인 반응을 일으키는 경영 방식 • 리더십, 조직 운영 및 인재 관리 등 모든 경영 활동에 감성을 반영
NPS(순 추천 지수)	• 어떤 기업이 충성도(로열티) 높은 고객을 얼마나 보유하고 있는지를 측정하는 지표 • 특정 제품, 서비스, 기업 혹은 브랜드에 대해 고객이 타인에게 추천하고자 하는 의지의 정도를 나타내는 지수
서비스 삼각형	• 알브레히트가 고객 만족 경영을 위한 탁월한 운영의 기본 철학을 제시한 모형 • 서비스 전략, 직원, 시스템이 고객 지향성을 기반하여야 함을 제시한 모형

PART 05

실전 예상 문제 TEST

01 다음 중 서비스 원가 경쟁에서 우위를 점하기 위한 방안으로 가장 적절한 것은?

① 철저한 품질 통제　　　　　　② 표적 시장에 집중
③ 고객 서비스 표준화　　　　　　④ 무형적 요소의 유형화
⑤ 서비스 종업원 역량 개발

02 다음 중 고객 만족 경영에 대한 설명으로 가장 적절한 것은?

① 기업이 제공하는 모든 활동에 대해 고객의 종합적 인식에 의한 판단 평가이다.
② 시장을 세분화하여 다양한 고객의 소리를 청취하고, 시장의 변화를 파악하는 노력이다.
③ 기업이 고객을 발굴, 선정, 획득, 개발, 유지하는 모든 비즈니스 프로세스를 말한다.
④ 고객 만족도를 정량적으로 파악하고, 객관적으로 판단하며 이를 제고시키기 위한 경영 노력 그 자체를 말한다.
⑤ 직원 만족도/충성도, 생산성, 고객 만족도/충성도, 수익 창출 및 지속 성장의 관계를 정의하는 것이다.

03 다음 중 고객 만족도 향상 전략을 수립하기 위한 조사 프로세스에 대한 설명으로 가장 적절한 것은?

① 조사 자료를 분석하여 고객 만족도 수준이 파악되면 조사 프로세스를 종료한다.
② 모든 고객에게 제공되는 모든 서비스를 통합한 종합 서비스를 만족도 조사 대상 서비스로 설정한다.
③ 자료 조사가 어렵기 때문에 온/오프라인 등 다양한 방법을 통해 수집된 모든 자료를 분석에 활용한다.
④ 기존 마케팅 데이터 및 고객 불평 자료 등을 분석하고, 영업 사원 인터뷰 및 설문 조사 등을 통해 고객 요구를 파악한다.
⑤ 기존 마케팅 데이터 및 서비스의 속성별/차원별 만족도보다는 전반적 만족도를 중심으로 최소한의 항목으로 설문지를 작성한다.

04 다음 중 서비스 산업의 경쟁 환경에 대한 설명으로 가장 적절한 것은?

① 서비스 산업은 혁신에 대한 특허를 인정받기 쉽기 때문에 상대적으로 진입 장벽이 높다.

② 서비스 산업은 규모의 경제 효과를 창출할 기회가 상대적으로 많다.

③ 서비스는 시간과 요일 또는 계절에 따른 수요 변화를 최소화하기 쉽다.

④ 서비스 기업에 대한 높은 고객 충성도는 경쟁자의 진입 장벽이 될 수 있다.

⑤ 잠재적 제품 혁신이 기존 서비스를 대체할 가능성이 낮다.

05 다음 중 고객 설문 시 표본 조사로부터 발생할 수 있는 오차에 대한 설명 중 옳은 것은 무엇인가?

① 표본 크기와 발생 오차의 크기는 비례한다.

② 비표본 오차는 사후적으로 확인하여 제거할 수 있다.

③ 일반적으로 비표본 오차는 표본 오차에 비해 통제하기 쉽다.

④ 비표본 오차는 전수 조사가 아닌 모집단의 일부를 추출하는 과정에서 발생한다.

⑤ 과학적인 통계 표본 조사를 위해 연구자는 신뢰 수준과 허용 오차에 대한 사전 의사 결정이 있어야 한다.

06 다음 중 고객 가치 창조의 실행 원리로 옳지 않은 것은 무엇인가?

① 고객 입장에서 출발한다.

② 충족되지 못한 고객 니즈를 해결한다.

③ 절대적 가치보다는 상대적 가치를 고려한다.

④ 고객 가치 창조를 위해 경쟁사 벤치마킹에 집중한다.

⑤ 고객 중심에서 문제를 해결하고 개선하려고 노력한다.

07 다음 중 내부적으로 자사가 보유한 강점과 약점, 외부적으로 환경 변화에 따른 기회 요인 및 위협 요인을 규정하고, 이를 토대로 경영 전략을 수립하는 기법을 무엇이라고 하는가?

① SWOT 분석   ② Position 분석

③ Portfolio 분석   ④ Dynamism 분석

⑤ STP 분석

08 다음 중 서비스 산업에서의 경쟁 환경에 대한 설명 중 적합도가 낮은 것은?

① 서비스는 혁신에 대한 특허를 인정받지 못하며, 대부분의 경우 노동 집약적이기 때문에 상대적으로 낮은 진입 장벽의 특성을 지니고 있다.

② 서비스는 생산과 동시에 소비되기 때문에 규모의 경제에 대한 기회가 적다.

③ 제품 혁신이 서비스를 대체할 수 있다.

④ 고객 충성도는 신규 진입의 진입 장벽으로 인식된다.

⑤ 한계 기업은 이익이 별로 없으면 퇴출하므로 퇴출 장벽이 낮다.

09 다음 중 고객의 입장에서 기존의 마케팅 믹스인 4Ps를 4Cs로 대체하자는 주장에서 4Cs가 아닌 것은?

① customer

② cost

③ convenience

④ community

⑤ communication

10 한국생산성본부가 측정, 발표하고 있는 국가 고객 만족도 NCSI(National Customer Satisfaction Index)가 바탕을 두고 있는 측정 방법론과 모델은 무엇인가?

① JCSI(일본)

② ACSI(미국)

③ EPSI(유럽)

④ CSISG(싱가포르)

⑤ TCSI(터키)

11 다음 중 고객 만족도를 측정하기 위한 시장 조사 방법 가운데 정량적인 방법에 속하는 것은?

① 그룹 좌담회(FGI : Focus Group Interview/FGD : Focus Group Discussion)

② 고객 관찰법(Observation)

③ 심층 면접법(In-depth Interview)

④ 설문 조사(Survey)

⑤ 델파이법(Delphi)

12 다음 중 고객 만족 경영이 출현하게 된 배경과 관련된 내용으로 가장 적절하지 않은 것은?

① 기업들 간의 치열한 경쟁 과정에서 제품이나 서비스 품질상의 차별화 요인이 점차 사라지고 있다.

② 각종 정보 매체의 발달로 고객들은 점점 더 똑똑해지고 있다.

③ 제품 및 서비스가 다양해지면서 고객으로부터 선택받지 못한 기업은 더 이상 살아남을 수 없다.

④ 기존 고객을 관리하는 데 드는 비용은 신규 고객 창출 비용의 1/5이면 가능하다.

⑤ 국내외 많은 시장이 본격적인 성장기에 돌입함에 따라 생산자의 의사 결정이 중요해지고 있다.

13 다음의 여러 지표에 대한 설명 중 틀린 것은?

① 한국 산업의 고객 만족도(KCSI : Korean Customer Satisfaction Index)는 한국능률협회 컨설팅에서 매년 조사 및 발표하고 있다.

② 한국생산성본부의 국가 고객 만족도(NCSI : National Customer Satisfaction Index)는 국내 및 외국 기업의 제품 및 서비스 간의 고객 만족도를 비교할 수 있으며, 공공 기관과 민간 기업에 의해서 제공되는 서비스 만족도도 비교할 수 있다.

③ 한국표준협회에서 발표하는 한국 서비스 품질 지수(KS - SQI : Korean Standard Service Quality Index)는 국내에서 가장 오래된 서비스 품질 측정 지표이다.

④ 한국 서비스 품질 지수(KS - SQI : Korean Standard Service Quality Index)는 성과를 측정하는 SERVQUAL과 SERVPERP 모델을 기초로 한다.

⑤ 국가 고객 만족도(NCSI : National Customer Satisfaction Index)는 매분기별로 조사 및 발표되고 있으며 대면 면접 조사로 이루어진다.

14 다음 중 고객 만족 경영의 효과로 가장 거리가 먼 것은?

① 재구매 고객 창출

② 고객 전환 비용(Switching Cost) 최소화

③ 고객에 의한 구전(WOM : Word of Mouth)

④ 임직원 이직률 감소

⑤ 마케팅 비용 절감

15 다음 중 서비스 가치와 고객 충성도에 대한 설명으로 가장 적절한 것은?

① 고객이 인지하는 서비스 가치란 지불한 가격 대비 객관적으로 측정할 수 있는 효용의 비율이다.

② 모든 서비스에서 고객 만족도와 고객 충성도는 비례 관계를 보인다.

③ 기존 고객과 좋은 관계를 유지하고 보다 차별화된 서비스를 제공하여 일반 고객을 우량 고객으로 만들 수 있다.

④ 신규 고객 확보에 많은 비용이 소요되기 때문에 이탈 고객이 경쟁사 고객이 되더라도 큰 손해가 발생하지는 않는다.

⑤ 고객으로부터 만족도에 대한 피드백 획득은 고객 이탈 방지에 도움이 되지만 충성도 제고와는 무관하다.

16 다음의 차별화 전략과 집중화 전략에 대한 내용으로 틀린 것은?

① 집중화 전략을 구사하더라도 대형 기업이 쉽사리 진출할 수 있다면 경쟁 우위 확보는 어렵다.

② 집중화 전략은 '규모의 경제' 효과를 누리지 못하는 소기업에 유리할 때가 많다.

③ 차별화 전략을 통해 고객들의 브랜드 충성심을 이끌어 내도록 해야 한다.

④ 차별화 전략을 통해서 타사와 경쟁적인 가격 정책을 내놓는다.

⑤ 차별화 전략을 위해 무형적인 요소도 유형화한다.

17 다음 중 고객을 계속 유지하기 위한 방법으로 가장 적절하지 않은 것은?

① 종업원의 표준화된 서비스 제공을 위한 자율성 제한

② 위험 감수, 새로운 아이디어 창출을 위한 기업 문화 조성

③ 모든 의사 결정, 시스템 및 공정을 고객의 욕구와 기대에 초점

④ 고객 서비스에 대한 원활한 정보 전달

⑤ 내부 고객에게 제공하는 서비스 향상

18 다음 중 고객의 불평과 불만을 피드백 받기 위한 VOC의 성공 조건으로 가장 적절하지 않은 것은?

① 제품과 서비스의 수명 주기를 통해 적극적으로 추구

② 고객으로부터의 피드백 발생 시 반드시 기록

③ 고객으로부터의 피드백을 분류하여 신뢰성 제고

④ 고객의 불평 추세 판단을 위한 통계 보고서 작성

⑤ 고객 만족 관리 임원들만 VOC 이용

19 다음 중 (   )에 가장 적절한 것은?

> (   )는(은) 현재 생산·판매되고 있는 제품 및 서비스 품질에 대해 해당 제품을 직접 사용해 보고 이 제품과 관련된 서비스를 받아 본 고객이 직접 평가한 수준을 모델링에 근거하여 측정, 계량화한 지표를 의미한다.

① 고객의 기대   ② 고객의 니즈
③ 고객 만족도   ④ 브랜드 충성도
⑤ 고객 충성도

20 어떤 기업이 충성도 높은 고객을 얼마나 보유하고 있는지를 측정하는 지표로 소비자에게 "우리 기업 또는 브랜드를 친구나 동료에게 추천하겠습니까?"라는 질문에서 출발하는 이 측정 지표를 무엇이라 하는가?

① CSI   ② NPS
③ HPG   ④ MOT
⑤ CRM

21 다음 중 고객 만족에 대한 설명이 바르지 않은 것은?
① 고객 만족은 기대 가치(E)와 인식 가치(P)의 차이 분석을 통해 측정이 가능하다.
② 기대 가치(E)보다 인식 가치(P)가 높을 경우 '매우 만족'이라 한다.
③ 기대 가치(E)보다 인식 가치(P)가 낮을 경우 '매우 만족'이라 한다.
④ 기대 가치(E)와 인식 가치(P)가 같을 경우 '대체로 만족'이라 한다.
⑤ 고객 만족은 고객이 기대하는 바와 고객이 지각한 것의 차이를 반영한다.

O / X형

[22~25] 다음 문항을 읽고 옳고(O), 그름(X)을 선택하시오.

22 고객의 입장에서 기존의 마케팅 믹스인 4Ps를 4Cs로 대체하자는 주장이 있으며, 4Cs는 제공자
와 고객 간의 양방향 상호 작용 중심 성격이 있다. (① O ② X)

23 제품 − 서비스 통합 전략인 PSS 전략을 구사하게 된 가장 큰 원인은 비즈니스 모델과 소비 추
세의 변화이다. (① O ② X)

24 서비스 품질 경쟁력을 향상시키기 위해서는 신뢰성과 타당성이 확보된 평가 지표가 요구된다.
(① O ② X)

25 P(people) − S(service) − P(profit) 경영 철학은 고객 만족 경영의 기본 원리이다.
(① O ② X)

연결형

[26~30] 다음 보기 중에서 각각의 설명에 알맞은 것을 골라 넣으시오.

① SWOT 분석	② ERG 이론	③ 포지셔닝
④ STP 전략	⑤ Five − force 모형	

26 서비스 마케팅 전략 중 STP 전략에서 목표 시장 내 고객들에게 인지될 위치를 결정하는 것을
의미하는 용어 ( )

27 기업의 내부 환경과 외부 환경을 분석하여 강점, 약점, 기회, 위협 요인을 규정하고 이를 토대로
경영 전략을 수립하는 기법 ( )

28 인간 행동의 동기가 되는 욕구를 존재 욕구, 관계 욕구, 그리고 성장 욕구로 구분하여 설명한
알더퍼(Alderfer)의 동기 부여 이론 ( )

29 시장 세분화, 표적 시장 선정, 포지셔닝으로 이어지는 마케팅 전략 ( )

30 기업이 직면하게 되는 환경적 위협에 대한 요인을 찾아내고 그 위협의 크기를 결정짓는 상황을
설명하는 모형 ( )

31 다음은 마이클 포터가 개발한 것으로 기업이 직면하게 되는 환경적 위협에 대한 요인을 찾아내고 그 위협의 크기를 결정하는 상황을 설명하는 모형이다. 다음의 사례를 읽고 산업 경쟁을 유발하는 요인 중 공급자 교섭력에 해당되는 항목을 고르면?

마이클 포터(M. Porter)는 산업 구조가 기업 전략적 관점에서 이루어진다고 보고 5 - FORCE 모델을 통하여 산업 구조의 경쟁 정도는 우연히 결정되는 것이 아니라 근본적인 산업의 구조와 경쟁자들 간의 상호 대응 방식에 의해 결정된다고 주장하고 5가지 유발 요인을 제시하였다.

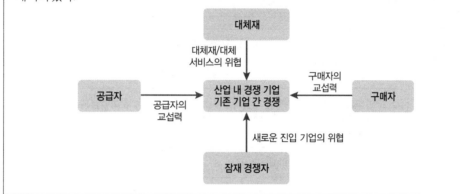

① 한국의 휴대폰 생산 업체가 세계 휴대폰 시장을 장악하게 되자 중국의 휴대폰 생산 기업들이 가격을 낮추고 휴대폰 시장에 적극 진출하고 있다.

② 한국의 휴대폰 통신 업체 3사는 시장 점유율을 높이기 위해 전쟁과 같은 극심한 경쟁을 벌이고 있다.

③ 플라스틱 제품을 생산하는 H 중소기업은 최근 원유 가격 인상을 이유로 원자재 가격 5% 인상을 일방적으로 통보해 왔다.

④ 세계 최대 휴대폰 생산 업체였던 A사는 혁신적인 제품인 스마트폰을 무시하며 적극적으로 변화하는 환경에 대응하지 못하고 결국 새로운 트렌드에 밀려 휴대폰 사업부가 타사에 인수되고 말았다.

⑤ 글로벌 패스트푸드점은 세계화가 충분히 진행되어 각지의 다양한 패스트푸드점들과 지속적인 경쟁 관계를 유지하고 있다.

32 다음 사례에서 상담원은 무엇을 측정하기 위해 고객에게 질문을 한 것인가?

상담원: 고객님, 지난번 저희 서비스 센터에서 스마트폰을 수리하셨는데, 수리 후 잘 작동되는지 다시 한 번 확인하고자 전화를 드렸습니다. 수리하신 스마트폰은 잘 작동이 되나요?

고객: 네, 수리 후에 고장 없이 잘 작동되고 있습니다.

상담원: 지난번 수리를 담당하신 서비스 기사님이 고객님께서 원하시는 대로 서비스를 잘 하셨는지요?

고객: 네, 서비스 기사님이 친절하게 잘 대해 주셨습니다. 물론 스마트폰도 잘 고쳐 주시고요.

상담원: 네, 감사합니다. 저희 회사의 서비스를 파악하기 위해 고객님께 한 가지 질문을 드리려고 합니다. 시간이 괜찮으신지요?

고객: 네, 말씀하세요.

상담원: 지난번 수리를 받은 서비스 센터의 서비스에 만족하셨다고 말씀해 주셨는데 주변의 지인이나 친지들에게도 추천을 하시겠습니까? 추천을 하신다면 10점 만점에 몇 점을 주시겠습니까?

① 고객 만족도
② 서비스 품질도
③ 순 추천 지수
④ 재방문 의도

33 A 항공사는 새롭게 등장한 저가 항공사들의 가격 경쟁에 대해 많은 고민을 하고 있다. 기존에는 2개의 대형 항공사만이 영업을 하면서 경쟁을 했는데, 새롭게 저가 항공사들이 우후죽순으로 생겨나 파격적인 가격으로 항공권을 판매하여 고객 이탈이 발생되고 있다. A 항공사는 고객의 이탈을 막고, 충성 고객을 유지하고 싶어 하지만 저가 항공사와 가격 경쟁을 펼치기 어려운 입장이며, 가격 변경은 전혀 고려하지 않고, 현재의 가격을 유지할 생각이다. A 항공사의 경영자는 아래의 여러 가지 대안을 고려 중이다. A 항공사의 경영자로서 선택하지 말아야 할 것은?

① 고객의 관점에서 비행 전, 비행 중, 비행 후의 행동을 관찰하여 추가적으로 서비스를 제공하여 고객 가치를 높일 수 있는 방법을 찾는다.
② 비용을 절감하여 항공권 판매를 통한 마진을 높인다.
③ 교차 판매를 통해 고객과 기업이 공동의 이익을 추구할 수 있는 방안을 모색한다.
④ 고객 행동을 분석하여 충족되지 못한 고객 요구가 있다면 서비스를 추가하여 고객의 문제를 해결할 수 있는 방안을 찾는다.

[34~35] 다음 사례를 보고 물음에 답하시오.

> 파리미키(Paris Miki)는 1930년 일본에서 시작하여 14개 국가에 1,200개의 안경점을 운영
> 하는 글로벌 안경 기업이다. 안경 구매는 까다로운 과정이다. 좋아 보이는 안경을 고르고,
> 그 다음에 안경을 착용해 보아야 한다. 마음에 드는 안경을 찾을 때까지 이러한 과정을
> 반복해야 한다.
> 파리미키는 안경 선택에 도움을 주는 쌍방향 프로그램으로 고객의 번거로움을 줄여 주었
> 다. 고객이 매장에 들어서면 직원은 인사를 하고, 고객의 디지털 사진을 찍는다. 그러면
> 프로그램이 두 눈 사이의 거리와 코의 길이를 측정한다. 그런 다음 고객은 이미지를 나타
> 내는 60개의 단어 가운데서 마음에 드는 것을 고른다. 예를 들면, '매혹적', '지적', '스포티',
> '섹시', '튀는 스타일' 등의 이미지 단어가 제시된다. 고객의 얼굴 형태와 선택한 단어를
> 바탕으로 인공 지능 프로그램이 안경테와 렌즈를 추천해 준다. 그 결과는 고객 얼굴에
> 안경을 씌워 놓은 사진으로 스크린에 나타난다. 따라서 고객은 안경 선택의 번거로운 과
> 정을 지원받아 편리한 선택을 할 수 있다.
> 만약 제시된 안경이 원하는 것에 근접하지만 완전히 일치하지는 않을 경우 원하는 것을
> 새로 주문할 수도 있다. 전체 과정은 15분에서 20분 정도 소요되며, 주문 안경은 2주일이
> 걸린다. 안경 이외에도 안경과 관련된 다양한 액세서리와 여러 개의 모니터를 통해 눈과
> 관련된 지식, 3D 명화, 안경 만드는 공정 등 재미있는 영상들도 감상할 수 있다. 특히 3D
> 명화는 안경을 착용하고 보면 입체적으로 새로운 체험을 하게 된다.
> 개인의 기호에 맞춘 이런 방식을 고객들은 매우 좋아하며, 고객 가운데 50% 이상이 친구
> 의 권유로 매장을 찾고 있다. 파리미키는 고객과 협력하여 정확한 사양에 맞는 고객 맞춤
> 형 안경을 생산함으로써 고객에게 구매 경험을 높이는 차별성을 제시하고 있다.

34 파리미키의 전략을 가장 적절하게 설명한 것은?

① 안경 선택 과정을 표준화하여 원가를 낮추는 원가 우위 전략의 활용을 성공 전략으로 볼
수 있다.

② 14개 국가에서 1,200여 개의 매장을 운영함으로써 규모의 경제를 추구할 수 있는 것을 성
공의 요소로 볼 수 있다.

③ 안경 선택 과정 프로그램과 주문 안경 시스템 등의 대규모 시설 투자로 매장을 첨단의 장
비로 설계하여 다른 안경점들의 접근을 차단시킬 수 있는 진입 장벽을 수립한 것이 성공
의 요소라 볼 수 있다.

④ 타 안경점이 갖추지 못한 차별적 고객 가치를 제공하는 차별화 전략과 경험 전략을 주요
한 성공 요인으로 볼 수 있다.

35 위의 사례에 제시된 파리미키의 고객 만족 경영 전략에 대한 설명으로 가장 적합한 것은?

① 파리미키는 시장 정보 창출, 시장 정보 공유, 시장 정보 대응을 유기적으로 구성하여 기업의 시장 지향성을 높였다.

② 파리미키는 고객 가치 창조를 위해 더 낮은 비용으로 더 높은 가치를 창출하여 고객에게 제공하는 비용 혁신을 추구하였다.

③ 파리미키는 경험 가치를 높여서 만족한 고객의 추천을 통해 신규 고객을 확보하는 정도가 50%를 상회하고 있다. 순 추천 지수가 높다는 것은 고객에게 좋은 가치와 이익을 제공하고 있음을 반영하는 것이다.

④ 파리미키는 고객 가치 연장의 접근법을 통해서 고객 충성을 유도하고 있다. 고객이 왜 안경을 구매하고, 구매한 안경을 통해서 무엇을 추구하는지를 분석하고, 이러한 활동에서 충족되지 못한 고객 가치를 추가적으로 제공하는 노력을 하였다.

MEMO

- 일반형
- O/X형
- 연결형
- 사례형
- 통합형

FINAL
실전 동형
모의고사

Final 실전 동형 모의고사 TEST

01 다음 중 서비스업에 대한 내용으로 가장 적절한 것은?

① 서비스는 제조업의 보조적 역할을 담당한다.

② 많은 OECD 선진국들의 GDP에서 제조업 산업의 비중은 80%를 차지하고 있다.

③ 새로운 직업이나 고용 창출은 대부분이 서비스에 의해 창출되고 있다.

④ 서비스업보다 제조업의 평균 마진이 훨씬 높다.

⑤ 유형적 자원과 자연 조건은 서비스 시설과 관련이 낮다.

02 서비스 패러독스가 발생하는 원인으로 가장 적절하지 않은 것은?

① 고객의 기대 수준 상승으로 고객 만족을 달성하기가 더 어렵다.

② 셀프 서비스 기술의 발달로 복잡한 제품 사용에 있어 어려움이 발생한다.

③ 모든 경쟁자들이 높은 수준의 서비스를 제공함에 따라 차별화가 어렵다.

④ 표준화된 서비스로 개별적 서비스가 증가하게 되었다.

⑤ 인간을 서비스 과정의 도구로 인식하게 되어 인간적 배려가 상실된다.

03 다양한 서비스 유형에 대한 다음의 설명 중 적절하지 않은 것은?

① 호텔에서 서비스는 일관성을 유지하는 것이 중요하므로 모든 직원들은 고객의 요구에 응답할 수 있는 능력을 갖추어야 한다.

② 패스트푸드 서비스의 경우 서비스 생산의 행위가 표준화되어 있으므로 매뉴얼이 잘 정비되어 있다.

③ 법률 서비스의 경우, 서비스를 제공하는 직원은 고객의 문제를 효과적으로 해결해 줄 수 있는 전문적 능력이 매우 중요하다.

④ 고객 참여도가 높은 서비스의 경우, 개별적 차원의 서비스가 필요하므로 직원의 집중력과 전문성이 요구된다.

⑤ 온라인 매장이 기존 오프라인 매장보다 직원의 고객 응대가 더 중요하다.

04 서비스의 기본적인 특징에 대한 설명으로 적절하지 않은 것은?

① 서비스는 생산과 분배 과정에서 사람이 개입하므로 품질이 동일할 수 없다.

② 서비스는 시간이 경과하면 자동적으로 가치가 상실된다.

③ 서비스 생산 과정에 고객의 참여가 발생한다.

④ 서비스는 보고, 듣고, 만질 수가 없다.

⑤ 서비스에 문제가 생기면 저장된 서비스를 다시 판매할 수 있다.

05 다음 중 서비스 품질 갭(gap)에 대한 설명으로 가장 적절한 것은?

① 경영자 인지 격차는 체계적이지 못한 서비스 개발에 원인이 있다.

② 서비스 전달 격차는 시장 조사 결과가 경영층까지 도달하지 못하는 경우에 발생한다.

③ 경영자 품질 명세 격차는 과도한 판매를 지향할 때 발생하게 된다.

④ 시장 커뮤니케이션 격차는 서비스 수행 기준 설정이 잘못된 경우 발생한다.

⑤ 경험한 서비스 격차는 기대된 서비스와 실제 지각된 서비스의 차이로 발생한다.

06 서비스 프로세스 설계와 관련된 설명으로 가장 적절하지 않은 것은?

① 서비스 프로세스 설계는 직원과 고객의 역할을 동시에 고려해야 한다.

② 내부 프로세스를 수행하는 종업원은 기능적 사고를 갖는 것이 필요하다.

③ 서비스 프로세스의 각 단계마다 고객 요소와 고객 가치가 잘 반영되어야 한다.

④ 잘못 설계된 프로세스는 고객 불만을 유발하여 서비스의 품질을 저하시킬 수 있다.

⑤ 서비스 프로세스 설계 시에는 목적을 잘 달성할 수 있는 적합한 업무 흐름을 바탕으로 한다.

07 다음 서비스 품질 비용에 대한 설명으로 가장 부적절한 것은?

① 예방 비용이란 서비스 실패가 발생하지 않도록 하거나 평가 비용을 최소화하기 위한 노력과 관련된 비용이다.

② 평가 비용이란 자사에서 제공한 서비스에 대한 고객 만족도를 평가하는 데 소요되는 비용이다.

③ 내부 실패 비용이란 서비스를 고객에게 전달하기 전에 오류를 찾아 해결하는 데 소요되는 비용이다.

④ 외부 실패 비용이란 고객에게 서비스를 전달한 후에 오류를 찾아 해결하는 데 소요되는 비용이다.

⑤ 품질 관련 비용을 최소화하기 위해서는 예방에 더 많은 노력을 해야 한다.

08 다음 중 서비스 프로세스 매트릭스와 관련된 설명으로 가장 부적절한 것은?

① 항공사와 같은 서비스 공장은 노동 집약도와 고객화 정도가 매우 낮다.

② 변호사, 회계사, 컨설턴트 같은 전문 서비스는 높은 고객화와 노동 집약도가 결합된 서비스를 제공한다.

③ 소매상, 도매상과 같은 대량 서비스는 노동 집약도는 높지만 고객화 정도는 높지 않다.

④ 학교와 같은 서비스 숍은 높은 자본 비용이 소요되지만 고객화 정도는 높다.

⑤ 서비스 프로세스 매트릭스는 상호 작용과 고객화 정도 및 노동 집약도 정도에 따라 서비스를 분류한다.

09 다음 중 서비스 수요를 예측하는 기법에 대한 설명으로 적절하지 않은 것은?

① 정성적 예측 방법은 주관적으로 미래의 수요를 예측하는 방법이다.

② 시장 조사법은 사용자와의 인터뷰, 설문 조사 등의 방법을 사용하는 수요 예측 방법이다.

③ 시계열 분석법은 과거의 추세를 순서대로 나열하여 변화를 예측하는 정성적 예측 방법이다.

④ 델파이 기법은 집단의 의견을 조정, 통합, 개선시키는 방법으로 정성적 예측 방법 중 하나이다.

⑤ 정량적 예측 방법은 과거의 데이터를 이용하여 수요를 예측하는 방법으로 자료가 객관적이다.

10 다음 중 비수기 수요 진작 전략이 아닌 것은?

① 호텔은 비수기에 객실요금을 할인하여 수요를 조정한다.

② 예약 제도를 활용하여 수요의 변동을 조정한다.

③ 현재 서비스를 이용하는 수요를 추가 촉진하여 확장시킨다.

④ 비수기에 호텔객실 이용 시 객실업그레이드 서비스를 실시한다.

⑤ 스키장은 비수기를 대비하여 워터파크나 골프장 등 다양한 시설로 용도를 변화한다.

11 서비스 대기 행렬 이론과 관련된 설명으로 가장 옳지 않은 것은?

① 행렬의 구성 요소에 따라 다양한 형태의 대기 행렬이 만들어진다.

② 서비스 시스템이 한 고객을 처리하는 데 걸리는 서비스시간은 지수분포를 따른다고 가정한다.

③ 고객 대기로 발생되는 간접비용에는 직원의 수, 작업 기계의 수 등이 포함된다.

④ 대기 행렬 이론의 목적은 서비스 용량 증가 비용과 고객 대기 시 발생 비용을 합친 총비용을 최소화하는 데 있다.

⑤ 우선순위 규칙 중 선착순 규칙(FCFS)은 서비스 상황을 고려하지 않는 것이 한계이다.

12 서비스를 공급하는 방식 중 주문 공급 방식에 대한 설명으로 옳지 않은 것은?

① 고정 주문량 모형은 주문 시점은 고정되어 있고, 주문량과 간격을 바꾸는 방법이다.

② 고정 주문량 모형은 주문량과 재주문 시점에 대한 결정을 내려야 한다.

③ 주문량을 결정할 때 많이 사용되는 기준은 EOQ 모형으로, 수요가 일정하다는 것을 가정한다.

④ 고정 주문 간격 모형은 주문 간격은 고정되어 있고, 주문량을 신축적으로 바꾼다.

⑤ 고정 주문 간격 모형은 주기적으로 재고 수준을 점검하기 때문에 통제 비용이 적게 든다.

13 다음 중 직무 평가의 방법으로 적절한 것은?

① 요소 비교법은 전체적, 포괄적 관점에서 직무를 상호 비교하여 그 순위를 결정한다.

② 분류법은 사전에 만들어 놓은 등급에 직무를 판정하여 맞추어 넣는 방법이다.

③ 점수법은 간단하고 신속하지만 일정한 기준이 없어 유사 직무 간 혼란을 야기할 수 있다.

④ 서열법은 직무 간의 상대적 가치 평가가 용이하다.

⑤ 분류법은 기업들이 가장 많이 이용하는 직무 평가 방법이다.

14 다음 중 내부 모집에 대한 설명으로 적절한 것은?

① 새로운 아이디어와 견해가 유입된다.

② 급성장기의 수요를 충족시킨다.

③ 시간 비용과 충원 비용이 소요된다.

④ 능력이 충분히 검증된 사람을 채용할 수 있다.

⑤ 재직자의 사기 저하의 위험이 있다.

15 인적 자원 관리에 대한 설명 중 가장 옳지 않은 것은?

① 인적 자원의 개발은 경제적 합리성보다 우선적으로 고려해야 한다.

② 인적 자원은 고객 만족과 성과에 영향을 주므로 적절한 인적 자원 관리가 필요하다.

③ 인적 자원을 통해 창출되는 조직 역량은 차별적 경쟁력이 될 수 있다.

④ 각 개인의 노동력은 이질적이고, 각 인적 자원은 그들이 담당할 수 있는 직무가 다르다.

⑤ 인적 자원 관리의 원칙은 직원의 인간적 측면을 중시하고 인간성 실현에 중점을 두고 있다.

16 다음 중 고객 만족 경영의 효과로 가장 거리가 먼 것은?

① 재구매 고객 창출

② 마케팅 비용 절감

③ 임직원 이직률 감소

④ 고객 전환 비용(Switching Cost) 최소화

⑤ 고객에 의한 구전(WOM : Word of Mouth)

17 다음 중 전략 수립 과정에 포함되는 내용에 대한 설명으로 적절하지 않은 것은?

① 사업 전략이란 기업의 장기적 계획이며 어떻게 사명을 달성할 것인가를 지시하는 역할을 한다.

② 경쟁 우선순위를 설정한 후 외부 환경 평가와 기업의 강·약점 파악을 바탕으로 기업 전략을 수립한다.

③ 외부 환경 평가는 조직 외부 환경 분석을 통해 기회 및 위협 요인을 확인하고, 이들이 기업에 미치는 직·간접적인 영향을 분석한다.

④ 조직의 핵심 능력 발견은 내부 보유 자원 및 능력을 경쟁자와 대비하여 상대적 강·약점을 파악하고 특유 능력이 발휘될 여지를 결정한다.

⑤ 기업 사명이란 조직의 특유한 목표 집합이며 사업 영역, 목표 고객, 사업에 관한 기본 믿음으로서의 생존, 성장, 수익성에 대한 목표를 나타낸다.

18 서비스 지향성에 관한 설명 중 가장 적절하지 않은 것은?

① 탁월한 서비스는 접점에서 전달되므로, 서비스 지향성은 접점 위주로 포커스를 두어야 한다.

② 서비스 지향성은 시장 정보에 대한 전략적 반응으로, 탁월한 서비스가 최우선이라는 믿음을 반영하는 성향이다.

③ 서비스 지향성은 절대적 개념이 아닌 상대적 개념으로, 이를 평가할 때에도 경쟁자와의 상대적 우위가 중요한 지표일 수 있다.

④ 조직 가치는 서비스 지향성에 영향을 주는 주요 요인으로, 고객 중심의 강조·종업원 만족·혁신성 등의 조직 가치가 중요한 요인으로 작용할 수 있다.

⑤ 고객의 불만이 발생된 것은 서비스 제공에 대한 전사적인 실패로 인식하고 고객 불만의 해결도 전사적 관점에서 접근하여야 본질적 개선을 이룰 수 있다.

O / X형   5문항

[19~23] 다음 문항을 읽고 옳고(O), 그름(X)을 선택하시오.

19 내부 마케팅은 서비스 품질 관리를 위해 직원을 교육, 훈련시키고 동기 부여하는 활동을 의미하며, 외부 마케팅 다음으로 수행한다.　　　　　　　　　　　（ ① O　　② X ）

20 서비스 청사진은 고객의 시야 범위를 기준으로, 가시권 안에서 고객과 직접 대면하여 서비스를 생산하고 제공하는 데 필요한 모든 활동과 절차를 구상해 놓은 계획이다.　（ ① O　　② X ）

21 EOQ 모형에서 Q(주문량)가 증가하면 평균 재고는 커지고 주문 횟수는 감소하므로, 연간 재고 유지 비용은 커지는 반면 주문 비용은 감소한다.　　　　　　　（ ① O　　② X ）

22 주어진 직무 이외 유사한 보조적 직무를 함께 할당함으로써 직무의 다양성을 제고하는 것은 직무 공유이다.　　　　　　　　　　　　　　　　　　　　　　（ ① O　　② X ）

23 7Ps는 기존의 마케팅 믹스의 개념에 물적 증거(physical evidence), 프로세스(process), 장소(place)를 포함한 확장된 마케팅 믹스이다.　　　　　　　　　（ ① O　　② X ）

연결형   5문항

[24~28] 다음 보기 중에서 각각의 설명에 적합한 단어를 선택하시오.

① 서비스 채널	② 서비스 지향성	③ 서비스 숍
④ 서비스 패키지	⑤ 서비스 수율 관리	

24 특정한 환경에서 서비스가 재화 및 정보와 함께 결합되어 제공되는 상품의 묶음을 말한다.
（　　　　　）

25 슈매너의 서비스 프로세스 매트릭스 중 노동 집약도의 정도는 낮고, 상호 작용과 고객화의 정도는 높은 특성을 지닌 서비스 영역을 말한다.　　　　　　　　　　（　　　　　）

26 서비스를 처리하는 인력이나 시설을 의미하고, 복잡한 대기 행렬 문제를 해결하기 위해 이러한 인력이나 시설을 다수 운영한다.　　　　　　　　　　　　　　　　（　　　　　）

27 가용 능력이 제한된 서비스에서 수요 - 공급의 관리를 통해 수익을 극대화하는 것으로, 항공사·호텔 등 서비스 기업은 성수기와 비수기 가격을 달리 사용하여 관리한다.　（　　　　　）

28 고객과 경쟁자에 관해 수집된 정보를 기업 전체에서 공유하여 시장에 대응할 수 있는 해결책을 만들기 위해 역량을 집중하는 것을 말한다.　　　　　　　　　　　（　　　　　）

사례형   2문항

29 다음은 S 회사에서 실시한 채용 면접이다. 이 면접의 유형에 해당하는 것은?

> 미국에서 젊은 나이에 실력을 인정받아 은행 지점장에 올랐던 P씨가 국내에서 활동하기 위해 국내 증권사인 S 회사에서 인터뷰를 보았다. 면접관은 P씨에게 "미국에선 잘했을지 모르지만 한국 시장이 호락호락할 것 같으냐" / "왜 외국계 은행도 많은데 국내 증권사인 S 회사에 입사하려 하느냐" / "한국에 쉬려고 온 것은 아니냐" 등 상기와 같은 매우 곤혹스럽고 자존심을 건드리는 질문만 한 후 나중에 연락하겠다며 면접을 끝냈다.

① 패널 면접
② 심층 면접
③ 구조적 면접
④ 스트레스 면접
⑤ 비지시적 면접

30 다음은 유럽 A 항공사의 경쟁 우위 확보를 위한 서비스 마케팅 전략들을 설명하는 사례이다. 가장 관련이 적은 전략은?

> A 항공사는 항공 시장에서 경쟁이 심화하면서 한때 큰 위기를 맞았었다. 그 이후 A 항공사는 당일 출장이 가능하도록 이른 새벽과 늦은 항공편을 증편하고, 대형 항공사가 취항하지 않는 노선에 신규 취항하였고, 대형 항공사와의 경쟁 노선에서는 낮은 가격의 상품을 출시하는가 하면, B 항공사를 인수하여 렌터카, 크루즈 여행, 영화관 등을 항공 상품과 연계하는 전략을 구사하면서 제2의 전성기를 구가하고 있다.

① 차별화 전략
② 원가 우위 전략
③ 틈새시장 전략
④ 다각화 전략
⑤ 집중화 전략

통합형 2문항

[31~32] 아래 대화를 읽고 물음에 답하시오.

31 손님이 지난번 스타일과 다르다고 인식하는 이유는 서비스의 어떤 특징 때문인가?
① 무형성   ② 비분리성
③ 이질성   ④ 소멸성
⑤ 측정곤란성

32 손님이 아이라인을 약간 더 얇게 그려달라고 요구하고, 지난번 스타일과 다르다고 하여 메이크
업 시간이 더 많이 소요되었다. 이처럼 고객 관여 때문에 일정 통제가 어려운 것은 서비스의 어
떤 특성 때문인가?
① 무형성   ② 이질성
③ 소멸성   ④ 비분리성
⑤ 측정곤란성

정답 및 해설

SMAT

Module ⓒ

서비스 운영전략

정답 및 해설

PART 01 | 실전 예상 문제 | p.47 |

01 ④	02 ③	03 ②	04 ⑤	05 ⑤	06 ⑤	07 ①	08 ⑤	09 ⑤	10 ③
11 ④	12 ①	13 ②	14 ③	15 ②	16 ②	17 ①	18 ①	19 ①	20 ①
21 ③	22 ⑤	23 ①	24 ①	25 ②	26 ①	27 ①	28 ②	29 ①	30 ③
31 ⑤	32 ④	33 ②	34 ①	35 ②					

01 ① 회원제 서비스의 경우, 고객에 대한 파악이 쉽고, 계속적인 관계가 유지되기 때문에 충성도를 향상시키기 용이하다.
② 서비스 수요 변동의 폭을 기준으로 서비스를 분류할 수 있으며, 이때 수요가 공급을 초과하는 정도도 함께 고려한다.
③ 공공 서비스는 서비스의 경제 주체를 기준으로 분류할 경우에 해당된다.
⑤ 고객 참여도가 낮은 경우 표준화된 서비스를 제공하기 용이하다.

02 ① 서비스 산업과 제조업의 구분이 필요하며, 특히 최근 제조업의 산출물인 제품의 차별화를 위해 서비스가 활용되고 있다.
② 서비스의 경우 임대의 개념으로 보는 것이 적절하다. 예를 들어 의료 서비스의 경우 병원의 시설과 의사의 전문 지식을 빌리는 것으로 이해할 수 있다.
④ 도시화가 진행됨에 따라 서비스 산업이 성장하였다.
⑤ 서비스는 무형재이기에 첫 구매 시 기대 형성이 어렵다.

03 ① 소비자가 제품 자체가 아닌 여러 가지 부수적인 서비스가 포함된 제품 패키지를 구매하는 경향이 커지고 있다.
③ 정보 통신 기술로 인해 다양한 신종 서비스가 등장하고 있다.
④ 소비자 욕구가 다양해짐에 따라 제품으로 이를 충족시키기 어렵게 되어 서비스의 중요성이 더욱 커졌다.
⑤ 일반적으로 선진국의 국내 총생산 중 서비스 산업이 차지하는 비중이 높다.

04 ⑤ 호로비츠의 서비스 분류와 운영은 일반화된 서비스, 안정된 서비스, 개인화된 서비스, 사려 깊은 서비스, 서비스 유형별 서비스 자원 관리 전략과 선택이다.

05 ① 공업화의 폐해로 인한 것이며, 공업화가 직접적인 원인은 아니다.
② 기술이 발전하였으나, 소비자와 직원이 이를 따라가지 못할 경우 서비스 패러독스 현상이 발생할 수 있다.
③ 서비스 표준화가 지나치게 강조될 경우 서비스가 획일화되어 서비스 패러독스 현상이 발생할 수 있다.
④ 효율성 지향성, 규모의 경제 지향성이 서비스 패러독스의 원인으로 제시되고 있다.

06 ① 서비스 생산 과정에 고객의 개입으로 불확실성이 높아질 수 있기 때문에 적정 수준으로 조절해야 한다. 그러나 고객의 참여를 제한하면 서비스하기 어렵다.
② 미리 서비스를 생산하여 검사할 수 없으므로 품질 관리가 어렵다.
③ 서비스 활동의 가시적 부분을 고객은 자세히 평가한다.
④ 서비스는 재고로 저장이 어렵기 때문에 수요 변화에 대응하기 어렵다.

07 ① 서비스 패러독스가 발생하게 된 원인으로는 서비스 표준화, 기술 기반의 비인간적 서비스 증가, 숙련되지 않은 일선 근무자의 서비스 제공, 셀프서비스 증가, 일부 기업의 좋은 서비스로 인한 고객의 기대 증가, 약속한 양질의 서비스 미제공 등이 있다.

08 ① 저접촉 시스템은 안정적 서비스 생산이 가능하다.
② 고접촉 시스템은 저접촉 시스템보다 제어하기 어렵다.

③ 고접촉 시스템에서 고객의 관여가 많아 서비스 품질에 영향을 미칠 수 있다.
④ 고접촉 시스템은 서비스 설계 시 서비스 자체뿐만 아니라 주변 환경을 중요하게 고려해야 한다.

09 ① 서비스 활동은 자급자족 시대부터 인간의 기본 생활 영위에서 유래되었다.
② 서비스업은 선진국 경제에서 큰 비중을 차지하지만, 후진국은 여전히 서비스업 비중이 낮다.
③ 서비스는 향후 기술 발전에 따라 사업 기회의 확대, 환경 서비스의 확대 등으로 발전할 것으로 예상된다.
④ 서비스업은 경제의 부수적 활동이 아니라 사회의 핵심적 활동 영역이다.

10 ③ 제조업은 같은 기계에서 같은 재료를 사용하여 동일한 제품 생산이 가능하다. 그러나 서비스업은 서비스 제공자의 상태 및 고객의 요구 사항 등에 따라 서비스가 달라진다. 즉, 동일한 서비스 제공자가, 동일한 고객에게 같은 서비스를 제공하더라도 서비스가 달라진다.

11 ④ 서비스 프로세스에 따른 투입 요소별 분류는 모리와 존스턴의 일차원적 분류법에 의한 분류이다.

12 서비스의 기본적 특성에 따른 관리적 이슈들

특성	관리적 이슈들
무형성	• 서비스는 저장할 수 없다. • 서비스는 특허를 낼 수 없다. • 서비스는 전시하고, 전달하는 것이 쉽지 않다.
이질성	• 서비스 제공과 고객 만족은 종업원 행위에 영향을 받는다. • 서비스 품질은 통제 불가능한 많은 요인에 영향을 받는다. • 제공된 서비스가 계획된 것과 일치하는지를 확신하기 어렵다.
비분리성	• 고객이 서비스의 생산과 전달에 존재하거나 참여하여 역할을 수행한다. • 고객은 서로에게 영향을 미친다. • 종업원이 서비스 성과에 영향을 미친다. • 집중화보다는 분권화를 해야 할 상황이 많다. • 대량 생산이 어렵다.
소멸성	• 수요와 공급을 맞추기가 어렵다. • 서비스는 교환, 반품, 환불에서 어려움이 발생된다.

13 ① 호텔 및 콘도와 같이 많은 자본 투자가 이루어지는 서비스업은 성수기 수요를 비수기로 전환하는 수요 관리가 중요하다.
③ 상호 작용과 고객화가 높은 서비스업은 서비스 제공 인력의 전문성을 높이고, 수평적 상하 관계 관리가 필요하다.
④ 상호 작용과 고객화가 낮은 서비스업은 표준화된 운영 절차와 엄격한 상하 관계 관리가 필요하다.
⑤ 고객 접촉도가 높은 서비스업의 업무 효율성 제고를 위해 접촉이 꼭 필요한 부문은 접촉 강화 전략, 그렇지 않은 부문은 접촉 감소 전략을 활용하는 것이 필요하다.

14 ③ 서비스는 산출 표준 설정이 어렵기 때문에 고객에게 균일한 서비스를 제공하기 어렵다.

15 ① 오프라인 서점은 고객과 가까운 곳에 위치해야 하지만, 온라인 서점은 집중화된 입지를 선정해도 된다.
③ 오프라인 서점은 고객 접촉 시간이 많지만, 온라인 서점은 고객 접촉 시간이 적다.
④ 오프라인 서점의 직원은 고객 응대가 중요하지만, 온라인 서점의 직원은 정보 통신 기술 능력이 중요하다.
⑤ 오프라인 서점과 온라인 서점 모두 시간당 최대 수요에 맞춰 수용 능력을 계획해야 한다.

16 ① 서비스 패키지란 특정 환경에서 제공되는 재화와 서비스의 묶음이다.
③ 보조 용품이란 서비스 이용 시 고객들에 의해 소비되거나, 구매되는 물품 또는 고객에 의해 제공되는 물건이다.
④ 명시적 서비스란 서비스를 받은 후 감각에 의해 직접적으로 알 수 있는 것으로 서비스의 본질적이고 핵심적 특색이다.
⑤ 묵시적 서비스란 고객이 심리적으로 느끼는 혜택이나 서비스의 외관적 특색을 의미한다.

17 ① 기술 발전으로 경제적 풍요와 다양하고 편리한 서비스가 제공되는 서비스 경제 시대가 도래했음에도 불구하고, 고객들의 서비스에 대한 만족도는 오히려 떨어지는 역설적 현상을 서비스 패러독스라고 한다. 서비스 패러독스가 발생하게 된 원인으로는 서비스 표준화 및 인간성 상실, 기술의 복잡화 등이 있다.

18 ① 제조업의 고용창출과 부가가치는 점점 낮아지는 추세이다.

19 ① 매트릭스를 작성 활용하는 이유는 고객의 참여성, 수요 관리의 중요성, 정보 기술의 활용, 부가 서비스 영역의 증가, 고객 접촉도에 따른 접점 관리이다.

20 ① 틈새시장 또는 니치 마켓(Niche Market)이라고 한다.

21 ③ 전통적 서비스 산업은 특정한 인적 서비스에 한정되어 대규모의 투자를 유치하기 어렵다.

22 ⑤ 서비스＋서비스 융합의 사례는 의료관광, 실버타운, 복합문화공간 등이 있다.

23 ① 과거 산업화 시대의 제조 우위를 벗어나, 새로운 지식과 정보를 강조하는 서비스 우위로 전환되고 있다.

24 ① 서비스 패키지란 특정한 환경에서 서비스가 재화 및 정보와 함께 결합되어 제공되는 상품의 묶음을 의미한다.

25 ② 서비스 경제의 환경에서 기업의 생존 전략 중 하나로 제조업에서 서비스업으로 전환, 경영의 패러다임을 서비스 경영 방식으로 전환, 고객 혜택을 중심으로 융합 상품을 생산하는 것을 들 수 있다.

26 ① 가치 흐름이란 제품을 생산할 때 공급자부터 고객에 이르기까지 자재와 정보의 흐름을 말한다. 서비스업의 가치 흐름은 product in(PI) 방식의 흐름을 갖는다.

27 ① 고객의 요구를 충족할 수 있도록 새로운 기술이나 process를 적용, 도입하는 활동이다.

28 ② 서비스 제공과 고객 만족은 종업원 행위에 영향을 받으므로 이를 위해 서비스 요원 선발, 훈련 제공 및 이에 대한 프로세스가 표현된 청사진을 제시하여 관리할 수 있도록 하는 서비스의 기본적 특성은 이질성이다.

29 ① 서비스 경제의 시대에 고객의 체감 서비스 품질 하락에 대한 현상을 말한다.

30 ③ 서비타이제이션을 일컫는다.

31 ⑤ 서비스 패키지의 구성 요소로 고객 경험을 중심으로 구성되는 요소의 하나이다.

32 ④ 서비스 패키지의 구성 요소로서 '나는 신속함을 위해 항공기를 이용한다'라는 것은 서비스 선택 요소 중 명시적 서비스에 대한 경험 요소를 표현한 것이다. 명시적 서비스는 욕구에 부합하는 실체적 서비스라고 할 수 있다.

33 ② 서비스 패러독스에 대한 설명이다.

34 ① 서비스의 특성은 변동성을 주요 성격 중 하나로 정의하고 있다. 서비스 제공자나, 수혜자 모두 각각의 상황에 따라 동일한 서비스도 서로 다르게 인지할 수 있다는 것을 포함하는 개념이다. 따라서 동일한 촉진 제품에 대해서도 다르게 인지할 수 있다는 점을 감안하여 서비스 매뉴얼에 포함시키는 것이 좋다. 따라서 올바른 서비스를 제공하려 한다면, 고객의 다양성을 감안하여 서비스 접점 시스템과 대응 프로그램을 마련하여야 한다.

35 ② 서비스의 특성 중 변동성 때문에 발생하는 상황에 대한 설명이다. 매뉴얼을 모든 고객에게 일률적으로 적용시키다 보면 해당 서비스에 불만족한 고객이 예기치 않게 발생할 수 있다. 따라서 서비스 제공자에게 충분한 권한 위양을 통해 다양한 상황에 대해 대처할 수 있게 하는 것이 필요하다.

PART 02 실전 예상 문제 | p.97 |

01 ①	02 ②	03 ③	04 ①	05 ⑤	06 ①	07 ①	08 ④	09 ④	10 ⑤
11 ③	12 ④	13 ③	14 ①	15 ②	16 ④	17 ⑤	18 ②	19 ⑤	20 ①
21 ③	22 ①	23 ⑤	24 ①	25 ④	26 ②	27 ①	28 ③	29 ①	30 ②
31 ②	32 ②	33 ①	34 ②	35 ②	36 ①	37 ②	38 ①	39 ⑤	40 ②
41 ③	42 ④	43 ④	44 ⑤	45 ②	46 ③				

01 ② 일본의 품질 전문가 카오루 이시가와(Kaoru Ishkawa)에 의해 고안된 개선 도구이다.
③ 서비스 품질 향상을 위해 잘못된 결과에 대해 원인을 찾아 연결하는 것이다.
④ 주요 원인과 하위 원인들이 하나의 결과(증상)를 불러오는 인과 관계 도표이다.
⑤ 문제 해결을 위한 차트로 문제를 머리에 두고 원인을 찾아 나가는 방법이다.

02 ② 가치 공동 창조의 3요소는 고객, 기업, 상호 작용이다.

03 ③ 기업은 고객뿐만 아니라 모든 이해관계자들 간의 상호 작용과 공유를 할 수 있는 기반을 제공해야 한다.

04 ① DART 모델은 Dialogue, Access, Risk/Benefit, Transparency의 두문어이다.

05 ⑤ 이용 고객의 만족 여부가 재구매 의도에 결정적인 영향을 준다.

06 ① 서비스 디자인은 서비스 제공자와 고객, 고객의 경험 사이의 상호 작용이다.

07 ② 객관적 데이터 수집이 곤란하다.
③ 누구나 잘할 수 있는 것은 아니다.
④ 고객이 서비스 프로세스 일부로 참여한다.
⑤ 서비스 품질이 우수한 기업을 경쟁자가 따라 하기 어렵다.

08 ① 공감성(empathy)은 고객에 대한 배려와 개별적 관심을 보이는 정도이다.
② 대응성(responsiveness)은 고객을 돕고 신속한 서비스를 제공하겠다는 의지이다.
③ 신뢰성(reliability)은 약속된 서비스를 믿음직스럽고 정확하게 수행할 수 있는 능력이다.
⑤ 확신성(assurance)은 직원의 능력뿐만 아니라 그들의 지식과 예의 바른 근무 자세이다.

09 ① 기대한 서비스와 경험(인지)한 서비스의 차이는 경험한 서비스 격차이다.
② 기대된 서비스와 고객 기대에 대한 경영진의 인식 차이는 경영자 인지 격차이다.
③ 서비스 전달과 경영진 인지의 품질 명세화의 차이는 서비스 전달 격차이다.
⑤ 경영자 인식의 품질 명세화와 고객 기대에 대한 경영진의 인식 차이는 경영자 품질 명세 격차이다.

10 ① 전방 업무와 후방 업무는 물리적으로 분리되지만 커뮤니케이션으로 연결되어 있다.
② 필요한 경우 서비스 과정은 몇 가지 다른 유형의 소과정으로 나눌 수 있으므로 다양하게 이용될 수 있다.
③ 가시적 경계는 고객에게 보이는 전방 업무를 보이지 않는 후방 업무와 분리한다.
④ 서비스 제공자는 고객들의 서비스 효과성을 인지하는 가시적 부분에 특별한 관심을 기울인다.

11 ① 최소한의 보증은 무보증보다 효율적이다.
② 서비스 설계 단계에 고객과 종업원 등 모든 이해관계자를 포함시킨다.
④ 복잡하고 법률적 언어는 피하는 것이 바람직하다.
⑤ 고객이 보증을 요구할 경우 즉각적으로 대응한다.

12 ① 기존 고객이나 시장을 대상으로 새로운 서비스 사업을 시작하는 경우
② 시장에서 수요가 형성되지 않은 상태에서 새로운 서비스를 출시하는 경우
③ 새로운 선택 옵션의 추가, 새로운 코스 추가 등과 같이 기존 서비스 라인에 새로운 것을 추가
⑤ 기존의 서비스에 대한 고객의 인식, 감정, 태도에 영향을 주는 변화를 시도

13 ③ 우수한 품질의 서비스가 전달되기 위해서는 품질 계획 – 품질 통제 – 품질 개선 활동이 유기적으로 구조화되어야 한다.

14 ① 서비스 숍(예 병원, 자동차 정비소 등)은 상호 작용과 고객화의 정도는 높고, 노동 집약도의 정도는 낮다. 상호 작용과 고객화의 정도가 높고, 노동 집약도의 정도 역시 높은 것은 전문 서비스이다.

15 ② 서비스 품질은 고객의 인지이다. 때문에 고객의 기대, 필요와 경험, 이미지의 정도 또는 비교적 주관적인 감정으로 지각하고 평가하게 된다.

16 ④ 전문 서비스의 경우 고객의 문제를 해결하는 과정에서 매우 다양한 접근법을 사용할 수 있으므로 표준화된 프로세스를 갖추기가 어렵다.

17 ⑤ 새로운 서비스 혁신에 대한 아이디어는 고객, 직원 등 다양한 원천으로부터 획득할 수 있다.

18 ① 서비스 품질은 모두가 잘할 수 있는 것이 아니기 때문에 서비스 품질이 우수한 기업은 경쟁자가 따라 하기 어렵다.
③④⑤ 서비스 품질 측정이 어려운 이유를 설명한 것이다.

19 ① 고객 기대치 − 경영자 인식 간 격차는 마케팅 리서치 및 상향 커뮤니케이션 등을 통해 줄일 수 있다.
② 경영자 인식 − 서비스 품질 규격 간 격차는 서비스 품질에 대한 관리자들의 몰입, 업무 표준화 등을 통해 줄일 수 있다.
③ 서비스 품질 규격 − 서비스 전달 간 격차는 역할 모호성 및 역할 갈등을 해결함으로써 줄일 수 있다.
④ 서비스 전달 − 외부 의사소통 간 격차는 수평 커뮤니케이션 및 과잉 약속 배제를 통해 줄일 수 있다.

20 ② 관리도에 주기별로 측정하여 표기한 자료를 통해 이상한 변동을 관찰할 수 있다.
③ 측정치가 관리 한계 밖으로 나갈 때 프로세스가 관리되지 않는 것으로 간주하여 시스템에 주의를 기울인다.
④ 관리도를 그리는 것은 평균에 대한 신뢰 구간을 정하는 것과 유사하다.
⑤ 관리도는 성과 척도 유형에 따라 계량형 관리도(variable control chart)와 계수형 관리도(attribute control chart)로 구분된다.

21 ① 이 모델은 서비스 경험과 기대 사이에 발생 가능한 5가지 격차를 밝히는 것이다.
② 서비스 품질은 이 격차가 적을수록 우수하다고 할 수 있다.
④ 품질 명세 격차는 서비스 품질 명세가 경영자가 인지하는 고객 기대와 불일치할 때 발생한다.
⑤ 품질 명세 격차는 고객 기대를 정확하게 품질 명세화할 수 있는 계획 과정의 확립이 전제되어야 해결할 수 있다.

22 ① 서비스 디자인의 세 가지 핵심 요소는 '가치 중심성, 관계 지향성, 지속성'이다.

23 ⑤ 서비스 디자인의 프로세스 다섯 단계는 '정보 수집 ⇨ 아이디어 창출 ⇨ 아이디어 공유 ⇨ 프로토타입 ⇨ 아이디어 통합'이다.

24 ③ 스캠퍼(SCAMPER)는 대체, 결합, 적용, 수정/최소화/최대화, 다르게 활용하기, 제거, 반대로 하기의 영문 두문어이다.

25 ④ 자원이 고객과 함께 이동하므로 고객은 자원의 변화를 관찰할 수 있다.

26 ② 서비스 프로세스가 일관된 경우 각각의 고객들을 위해 서로 다른 서비스 제공 프로세스를 개발하여야 하므로 종류와 다양성이 증가하게 된다.

27 ① 서비스 프로세스의 개선은 서비스 제공자의 입장이 아닌 고객의 입장에서 개선되어야 한다.

28 ③ 당연적 품질은 기본적인 품질 요소로 충족이 당연하다고 여겨지기 때문에 만족을 주지 못하지만 불충족 시에는 불만족을 일으킨다.

29 ① 파레토 차트는 서비스 프로세스 개선 시 어떤 것을 우선적으로 해결하는 것이 좋을지를 결정하기 위해 활용할 수 있다.

30 ② 고객은 교환 가치뿐만 아니라 사용 가치의 창조에 참여를 통해 공동 생산자로서의 역할을 하게 된다.

31 ② 이해관계자 지도는 특정 서비스와 관련된 다양한 이해관계자 그룹을 시각적이거나 물리적으로 표현하고, 이해관계자들을 보여 주며, 관계를 도식화해서 분석하기 위한 목적으로 사용한다.

32 ② 서비스 디자인 방법론에서 페르소나는 목표 시장에 존재하는 다양한 관심 그룹을 정의하고 이들을 가상으로 활용하여 해당 서비스에 대한 다양한 관점을 도출해 내기 위해 사용된다.

33 ① 서비스 프로토타입은 완성된 서비스를 실제 사용자를 참여시켜 시뮬레이션으로 서비스를 경험하게 하는 것으로 시뮬레이션 과정에 실제 사용자들이 참여하여 실제 상황을 전제로 롤플레이를 하며, 물리적 터치 포인트와 소품에 이르기까지 상세한 실제 상황을 재현하여 실시한다.

34 ② 서비스 숍은 상호 작용과 고객화의 정도가 높다.

35 ② 서브퀄 모형의 5개의 차원은 유형성, 신뢰성, 반응성, 확신성, 공감성으로 구성된다.

36 ① 서비스 품질의 삼박자가 조화롭게 이루어질 때 우수한 서비스 품질을 고객에게 전달할 수 있다.

37 ② 서비스 품질의 개념이 주관적이기 때문에 객관화하여 측정하기 어렵다.

38 ① 대량 서비스란 노동 집약도가 높고, 상호 작용과 고객화 정도는 낮은 서비스 유형이다.
예 도소매, 학교, 은행 지점 등

39 ⑤ 'SERVQUAL'이란 Parasuraman, Zeithaml, Berry가 1988년에 서비스 품질을 측정하기 위해 다섯 가지 차원을 구분하여 22개 측정 항목을 제시한 모델이다. 다섯 가지 차원은 신뢰성(reliability), 확신성(assurance), 유형성(tangibles), 공감성(empathy), 대응성(responsiveness)이며, 다섯 가지 차원의 머리글자를 따서 RATER라고도 부른다.

40 ② 서비스 숍은 상호 작용과 고객화의 정도가 높다.

41 ③ 피쉬본 다이어그램은 개선 과제에 대한 근본적인 원인을 8가지로 찾을 수 있다.

42 ④ 데밍의 Plan − Do − Check − Act(PDCA 사이클)는 4단계를 반복하여 업무를 지속적으로 개선할 수 있다.

43 ①② 직원 1의 발언은 예방 비용과 관련 있다.
③ 직원 2의 발언은 외부 실패 비용과 관련 있다.
⑤ 서비스 품질 관리가 우수한 기업은 서비스 실패 사전 방지를 위한 비용의 비중이 높다.

44 ⑤ 많은 판단력과 유연성이 요구되어 서비스 제공자의 능력 수준이 높아야 하는 것은 고객화된 서비스 프로세스의 경우이다.

45 ② 환자들에게 지각되는 의료비는 교환 가치이다. 가격, 즉 교환 가치는 제공자에 의해서 결정된 것이며, 병원이 제공하는 진정한 가치는 사용 가치에 있다. 따라서 사용 가치를 먼저 파악해 보는 것이 필요하다. 또한 고객, 병원, 재화의 역할에 대해서 가치 공동 창조의 관점으로 재해석을 하고, 방향을 새롭게 정립해야 한다. 이러한 과정에서 내부 이해관계자뿐만 아니라 고객 및 외부 이해관계자들이 폭넓게 참여할 수 있도록 혁신의 플랫폼이 만들어져야 한다.

46 ③ 고객 세분화를 통해 세분화된 서비스로 맞춤형 서비스를 제공하는 것은 가치 공동 창조의 관점에서 적합도가 낮다. 제공자와 고객의 상호 작용을 통한 가치의 창조가 아니라 제공자의 입장에서 고객을 분석하고, 제공할 수 있는 서비스의 가치를 높이는 관점이므로 가치 공동 창조의 관점에 따른 개선 방안으로써 적합도는 낮다. 가치 공동 창조의 3요소인 '고객, 기업, 상호 작용'의 관점에서 ①은 고객의 지식과 스킬의 정도 및 임무의 복잡성을 고려하여 고객 참여 수준을 다양하게 제시하고, 이를 통해 고객이 개인화된 경험을 추구하므로 적합한 방법이다. ②는 가치 공동 창조에서 기업의 역할로 '기업은 고객과 직원이 상호 작용할 수 있는 플랫폼을 제공'하는 것이다. ④는 가치 공동 창조의 상호 작용 중 DART 모델의 'Dialogue'로 서비스를 제공받는 동안에 고객이 기업 및 타 고객들과 자유로운 대화나 정보 교환이 가능하도록 지원을 받는 것을 의미하므로 적합하다.

PART 03 | 실전 예상 문제 | p.148 |

01 ⑤	02 ②	03 ③	04 ⑤	05 ③	06 ⑤	07 ④	08 ①	09 ②	10 ⑤
11 ④	12 ⑤	13 ②	14 ②	15 ③	16 ⑤	17 ②	18 ⑤	19 ⑤	20 ③
21 ③	22 ③	23 ④	24 ④	25 ③	26 ①	27 ①	28 ①	29 ①	30 ①
31 ①	32 ③	33 ②	34 ④	35 ①	36 ⑤	37 ④	38 ③	39 ③	40 ②
41 ③	42 ①								

01 ⑤ 서비스 수요의 변동성: 서비스 수요는 높은 변동성을 보인다. 월별, 주별은 물론 요일이나 시간대에 따라 수요가 변한다. 서비스 수요가 일정 시점에 집중되거나 시간별로 급격한 변동을 보일수록 수요예측은 더욱 어려워진다.

02 ① 델파이 기법은 대표적인 정성적 예측 기법이다.
③⑤ 정성적 예측 사용
④ 정량적 예측 기법

03 ③ '주기(cycle time)'는 한 번의 주문량이 도착하고, 그 다음번 주문량이 도착할 때까지의 시간을 의미한다.

04 ⑤ 서비스 처리 평균 시간 최소화 − 처리 시간이 긴 작업은 우선순위에서 뒤로 밀림.
① 긴급률 − 마감 시간을 확인한 후에 마감 시간이 가장 임박한 서비스부터 먼저 처리하는 규칙
② 도착률 − 고객이 서비스 시스템에 들어오는 빈도
③ 선점 규칙 − 높은 우선순위를 가진 고객이 나타나면 다른 모든 서비스를 중단하고 그 서비스부터 처리
④ 선착순 기준 − 먼저 온 순서대로 서비스를 제공

05 ③ 원가의 구성 요소가 원자재가 아닌 직원의 시간이므로 계산하기가 복잡하다.

06 서비스에서 수율(yield) 관리는 가용 능력이 제한된 서비스에서 수요 − 공급의 관리를 통해 수익을 극대화하는 것을 말한다.
⑤ 서비스 가용 능력을 변경하는 비용이 높아서 수요의 변동에 맞추어 서비스 공급 능력을 쉽게 조절할 수 없는 경우, 즉 서비스 공급이 제한되어 일정 수준 이상의 서비스 수요가 발생되면 공급량 이상의 수요에 대해서는 포기해야 하는 상황에서 수율 관리의 적합성은 높아진다.

07 ④ 성수기에 몰리는 수요를 분산시키는 방법을 모색하여야 한다.

08 ① 수요 추구형 전략의 단점은 서비스 인력을 그때그때 채용하거나 해고하는 데 많은 비용이 든다는 것이다.

09 ② 성수기 수요 감소 전략

10 ⑤ 수요와 공급이 적절한 수준에서 균형을 맞게 되는 것이 가장 이상적이다. 서비스 공급자 입장에서도 양질의 서비스를 제공할 수 있고, 고객의 입장에서도 오래 기다리지 않고 쾌적한 상태에서 좋은 서비스를 받을 수 있으므로 서비스 품질에 대한 지각도 높아질 수 있다.

11 ④ 성수기 수요 감소 전략은 고객 우선순위관리를 통해 중요 고객이나 긴급 고객에게 우선적인 서비스를 제공하는 것이 바람직하다.

12 ⑤ 비수기 공급 조정 전략
①②③④ 성수기 공급 조정 전략

13 ② 대기 행렬이 증가하면 서비스 시설 및 장비의 활용률이 높아져 유휴 장비의 수가 감소하게 된다.

14 ② 서비스는 시간 단위에 따른 변화가 크게 발생하기 때문에 가급적 시간 경과의 세분화 단위에 따라 수요를 예측하고 관리하는 것이 좋다.

15 ③ 구매 동기가 강한 사람은 그렇지 않은 사람보다 더 혼잡하다고 인식한다. 구매하고자 하는 뚜렷한 목표를 지닌 경우 자신의 목표를 달성하기 위해 점포 내의 사람들과 상호 작용, 공간적 부딪힘 등을 극복해야 하기 때문에 더 높은 혼잡을 인식하게 된다.

16 ⑤ 혼잡한 상황에서 고객들은 바쁜 직원들에게 물어보는 행위를 꺼리게 되어 대인 커뮤니케이션은 전반적으로 감소하게 되고, 자신이 알고 있는 정보의 범위 내에서 내적 정보 탐색만으로 결정하려는 경향을 보인다.

17 ② 고객 이동이 가능한 다중 행렬 시스템은 고객 판단에 의해 서비스 제공자를 선택하고, 기다리는 과정에서도 서비스 제공자를 변경할 수 있어 어느 정도의 공평성을 유지하면서 대기 시간을 감소시킬 수 있는 방법이다.
④ no show는 예약 고객이 나타나지 않은 현상을 표현한다.

18 ⑤ 적정 활용도에 맞는 대학 강의, 레스토랑 등의 서비스도 있지만 스포츠 이벤트 관람이나 야외 공연과 같이 최대 활용도에 맞는 서비스를 제공하는 것이 좋은 경우도 있다.

19 ⑤ 명절이나 휴가 시즌 동안에만 일회성 수요가 몰리는 서비스의 경우, 그 기간이 지나면 더 이상 수요가 발생하지 않는다. 따라서 공급량에 대한 주문량이 수요량보다 적을 경우 수요를 포기할 수밖에 없고, 반대로 많은 경우 주문한 공급량을 그대로 버릴 수밖에 없다.

20 ③ 현재 프로세스의 성과와 이상적 프로세스의 성과 간 차이를 프로세스 성과 격차라고 한다.

21 ③ 대기 행렬 이론에서는 서비스 시스템이 한 고객을 처리하는 데 걸리는 서비스 시간은 지수 분포를 따른다고 가정한다.

22 ③ 서비스 제공자는 허용 구간의 범위뿐만 아니라 언제, 어떻게 이 허용 구간이 확장되고 줄어드는지에 대해 이해해야 한다.

23 ④ 지수평활법 $= (0.4 \times 14{,}000) + \{(1 - 0.4) \times 16{,}700\}$
$= 15{,}620$

24 ④ 단순 이동 평균법 $= \dfrac{14 + 9 + 13 + 15}{4} = 12.75$

25 ③ Q = $\sqrt{\dfrac{2 \times 1회당\ 발주\ 비용 \times 1년간\ 수요량}{1년간\ 단위\ 재고\ 비용}}$

= $\sqrt{\dfrac{2 \times 100 \times 10,000}{40}}$ = 224

- 1회당 발주 비용 = 100
- 1년간 수요량 = 10,000
- 1년간 단위 재고 비용 = 40
- 연간 재고 유지비 = {(10,000*200)*0.2} = 400,000
- 단위당 재고 비용 = 400,000/10,000 = 40

26 ① 서비스에 대한 고객의 기대는 주관적이기 때문에 고객마다 기대 수준이 다를 것이다. 고객은 자신의 과거 경험, 주변의 추천이나 불평, 언론 기사, 서비스 제공자의 광고 등을 통해 자신만의 기대 수준을 결정한다.

27 ① 성수기, 비수기에 수요, 공급 조정 전략 중 파트타임 종업원 추가 고용은 성수기 공급 증대 전략에 해당한다.

28 ① 기업의 입장에서 이미 투자하여 갖추어 놓은 공급 능력을 충분히 활용하지 못하게 되므로 매몰 비용이 발생한다.

29 ① 과잉 수요만큼 기업이 제공할 수 없는 영역에 해당하므로 기업의 입장에서는 수익을 잃어버린 경우에 해당한다.

30 ① 서비스는 수요적인 측면에서 서비스의 기본적 특성으로 인해 높은 변동성이 발생하며, 재고의 저장이 곤란하여 재고 관리의 어려움, 종류가 다양하고, 이질적인 특성, 시간과 공간의 이동이나 변경이 어려운 점이 있다.

31 ① 고객을 가장 잘 파악하고 있는 사람과 조직이 가장 현실적이고 직접적인 정보를 바탕으로 예측하기 때문이다.

32 ③ FCFS(선착순 기준, 선착순 규칙)에 대한 설명이다.

33 ② 포아송 분포에 대한 설명이다.

34 ④ 서비스 수율 관리에 대한 설명이다.

35 ① 리드 타임에 대한 설명이다.

36 ⑤ 이동 평균법에 대한 설명이다.

37 ④ N 회사가 적용한 기법은 델파이 기법에 해당한다.

38 ③ 기사의 내용은 항공사의 정책 중 수율 관리에 관한 내용에 해당한다.
가용 능력 변경 비용은 높고, 한계 판매 비용은 낮은 상황의 경우, 즉 서비스 공급이 제한되어 일정 수준 이상의 서비스 수요가 발생되면 공급량 이상의 수요에 대해서는 포기해야 하는 상황에서 수율 관리의 적합성이 높아진다.

39 ③ 호텔에 예약한 고객이 초과 예약으로 인해 서비스 제공을 받지 못하여 발생하는 비용을 재고 부족 비용이라 한다.

40 ② 빙수 매장의 경우는 성수기 공급 증대 전략에 해당한다.

41 ③ 비수기 인센티브를 제공하는 전략으로 성수기 수요 감소 전략에 해당한다.

42 ① 원인이 설명되지 않았을 때의 기다림을 더 길게 느낀다.

PART 04 | 실전 예상 문제 | p.197 |

01 ⑤	02 ④	03 ②	04 ⑤	05 ④	06 ④	07 ①	08 ①	09 ③	10 ①
11 ①	12 ③	13 ②	14 ⑤	15 ②	16 ①	17 ②	18 ⑤	19 ⑤	20 ②
21 ②	22 ②	23 ①	24 ①	25 ②	26 ①	27 ④	28 ⑤	29 ③	30 ③
31 ②	32 ④	33 ③	34 ②	35 ⑤	36 ④				

01 ① 조직 몰입 유형 중 정서적 몰입에 해당한다.
②④ 조직 몰입 유형에 해당하지 않는다.
③ 조직 몰입 유형 중 규범적 몰입에 해당한다.

02 ①②③ 외부 모집의 장점에 관한 설명이다.
⑤ 외부 모집의 단점에 관한 설명이다.

03 ② 인적 자원 관리는 직원이 창출하는 노동 상품이 하나의 인격체라는 인식에서 출발한다.

04 ① 구조적 갈등 : 사회 구조 제도나 시스템 등 분쟁 당사자 외부의 상황적 요인
② 가치관 갈등 : 가치관, 신념 체계, 종교, 문화의 차이
③ 사실 관계 갈등 : 어떤 사건이나 자료, 상대방의 언행에 대한 해석의 차이나 오해
④ 이해관계 갈등 : 한정된 경제적/물질적 자원 또는 권력에 대한 경쟁적 추구

05 ④ 법적 구속력 있는 계약 체결이 이루어지지 않음.

06 ① 절충 : 갈등의 당사자들이 서로 뭔가를 양보(협력성 보통, 자기 주장 보통)
② 회피 : 갈등으로부터 철회하거나 갈등을 억누르려 함(협력성, 자기 주장 낮음).
③ 수용 : 한 당사자가 상대방의 관심사를 자신의 관심사보다 우선시하려고 하는 것(협력성 높음, 자기 주장 낮음)
⑤ 경쟁 : 상대방이 받을 충격에 상관없이 자신의 이익을 만족시키려고 하는 경우(협력성 낮음, 자기 주장 높음)

07 ① 업무 추진력은 능력 평가 요소이다.

08 ① 개별 노사 관계의 주요 쟁점은 제조 원가 절감으로, 분배 임금이 쟁점인 것은 대립적 노사 관계이다.

09 ① 보상 : 금전적, 비금전적 보상 프로그램의 운영을 통해 직원을 인정해 주고 동기 부여를 시켜 능률을 향상한다.
② 평가 : 직원의 업무 수행 능력과 업적 그리고 근무 태도를 객관적으로 평가하여 그 자료를 근거로 직원의 직무 수행 능력을 유지, 개선, 발전시키고자 한다.
④ 경력 개발 관리 : 경력 개발은 개인적인 경력 목표를 설정하고 이를 달성하기 위한 경력 계획을 수립하여 조직의 욕구와 개인의 욕구가 합치될 수 있도록 경력을 개발하는 활동이다.
⑤ 선발 : 선발이란 직무 분석이 제공한 합리적인 직원의 채용 기준에 의거하여 가장 적합한 직원을 채용하는 과정이다. 서비스 산업에서는 서비스 특성에 적합한 고객 만족형 인적 자원을 선발해야 한다.

10 ① 직무 평가의 정의
• 조직 내에서 직무들의 상대적 가치를 평가하는 것
• 직무 분석의 결과로 작성된 직무 기술서와 직무 명세서를 기초로 기업 내의 각종 직무의 중요성, 직무 수행상의 복잡성, 위험도, 난이도, 책임성 등을 비교, 평가함으로써 직무 간의 상대적 가치를 체계적으로 결정하는 과정
• 조직 내에서 기대되는 공헌도의 크기를 일정한 기준에 의하여 개별 직무별로 정하는 일
• 직무 평가는 조직 내에서의 상대적인 중요도를 평가하므로 동종의 직무라 해도 어느 조직에 속하였는가에 따라 직무 평가 결과가 다를 수 있다.

11 ① 인적 자원 관리는 경제적 합리성과 조직 구성원의 존엄성을 동시에 추구한다.

12 ① 직무 순환 : 직원이 한 과업에서 다른 과업으로 주기적으로 이동하는 것
② 직무 충실화 : 직원이 자신의 업무를 계획, 실행 및 평가하는 정도를 증대시키는 직무의 수직적인 확대
④ 근무 시간 자유 선택제 : 직원이 신축적으로 근무 시간을 조정하는 것
⑤ 직무 확대 : 직무 이외 유사한 다른 보조적 직무를 함께 할당하는 것

13 ② 직원 만족도 지수(ESI) 조사 항목
• 인식 공유 정도
• 참여 정신
• 직무 만족도
• 제도 만족도
• 조직 문화 만족도
• 종합 만족도

14 ⑤ 인적 자원 이직 관리에 해당한다.
① 인적 자원 개발 활동 중 경력 관리에 해당한다.
② 인적 자원 개발 활동 중 교육 훈련에 해당한다.
③ 인적 자원 개발 활동 중 신입 사원 교육 훈련에 해당한다.
④ 인적 자원 개발 활동 중 신입 사원 조직 사회화에 해당한다.

15 ② 선발 도구가 입사 후 성과가 높을 사람을 선발하였다면 선발의 예측 타당성이 높다고 할 수 있다.
① 선발 방식에 대한 내용이다.
③⑤ 인재 선발 방침과 관련이 있다.
④ 잘못된 선발의 예이다.

16 ① 직무 분석은 직무에 관한 체계적 분석을 실시하는 것이다.
② 직무 평가는 직무들의 가치를 상대적으로 비교하는 것이다.
③ 직무 설계는 직무 구조와 직무 과정, 근무 시간 등을 정하는 것이다.
④ 직무 정보 체계는 인사 관리의 전형적인 직무 관리 유형이라고 볼 수 없다.
⑤ 비즈니스 리엔지니어링은 직무 프로세스를 혁신하는 직무 재설계 방법이다.

17 ① 전인주의의 원칙 : 직원의 인간적 측면의 중시 및 인간성 실현에 중점을 두고 있는 원칙
③ 정보 공개의 원칙 : 인사 정보 자료의 공개로 직원의 인사 처우를 공정하게 실현해 가는 원칙
④ 참가주의의 원칙 : 인적 자원 관리의 실시 과정에 직원의 적극적 참여와 의견 수렴으로 경영의 민주화를 이루어 가는 원칙
⑤ 공정성의 원칙 : 공정한 평가와 공정한 근로 조건의 개선 향상을 위해 요구되는 원칙

18 ⑤ 갈등 프로세스의 단계는 갈등의 표면화 ⇨ 인지와 개인화 ⇨ 의도 ⇨ 행동 ⇨ 결과의 순이다.

19 ①②③④ 내부 모집에 대한 설명이다.

20 ① 서열법의 장점이다.
③ 기업들이 가장 많이 이용하는 직무 평가 방법은 점수법이다.
④ 직무 요소마다 점수화, 통계화하여 직무 가치를 평가하는 방법은 점수법이다.
⑤ 평가 요소를 기준 직무의 평가 요소와 결부시켜 비교하는 방법은 요소 비교법이다.

21 ② 문항은 경력 개발 관리에 대한 설명으로, 이직 관리는 이직률의 증가를 막기 위하여 이직에 대한 관리를 하는 것을 말한다.

22 ② 전통적 견해는 모든 갈등이 나쁘다고 가정했으나 인간관계적 견해와 상호 작용적 견해에 의하면 집단에게 긍정적인 요소도 있다.

23 ① 직무 평가의 평가 요소에는 숙련, 노력, 책임, 작업 조건이 포함된다.

24 ① 인사 고과는 개개인의 업무 수행상의 업적, 근무 태도를 객관적으로 평가함으로써, 현재·잠재적 능력과 그 유용성을 체계적으로 평가하는 관리 기법이다.

25 ② 노사 협의 제도의 목적에 대한 설명이다.

26 ① 워크셰어링(Work Sharing)의 형태로서 임금 피크제(Salary Peak)에 대한 설명이다.

27 ④ 단체 교섭에 대한 설명이다.

28 ⑤ 복리 후생에 대한 설명이다.

29 ② 노동 조합에 대한 설명이다.

30 ③ 노사 협의 제도에 대한 설명이다.

31 ② 마케팅 1팀이 계획하고 있는 방법은 내부 모집에 해당하므로 신속한 충원과 충원 비용을 절감할 수 있는 장점이 있다.

32 ④ 사례의 면접 방법은 공격적이고 피면접자를 무시하여 좌절하게 만들어 감정의 안정성과 좌절에 대한 인내성을 관찰하는 등의 평가 방법으로 스트레스 면접에 해당한다.

33 ③ 사례의 평가 방법은 부하 평가(상향식 평가)에 대한 것으로 ③의 내용은 상사에 의한 고과에 대한 설명이다.

34 ② S 회사의 사례와 같은 근무 시간 자유 선택제는 일반적으로 시간 외 수당 비용을 감소시킬 수 있는 여지가 높다.

35 ⑤ 프로그램 담당자가 직접 고객에게 전반적 사항을 고려하여 사과하며, 적절한 조치를 취하는 것이 적합하다. 최초 접수 직원이나 프로그램 담당 직원들 모두 고객에게 사과하는 것이 필요하지만 서비스 실패 후에는 모든 사항에 대해 책임을 가지고 있으며, 서비스 실패 복구에 필요한 충분한 권한을 가진 책임자가 고객과 접촉하는 것이 필요하다. 빠른 시간 내에 적절한 조치가 필요하기 때문에 일선 서비스 제공자에게 권한을 위양하는 것도 좋은 방법이 된다.

36 ④ 서비스 실패에 대한 회복은 빠른 시간 내에 고객이 만족할 만한 피드백을 제공해 주는 것이 가장 좋은 방법이 된다. '고객이 만족할 만한 피드백'에는 고객이 공감할 수 있는 사과, 상황의 개선에 필요한 노력(충분한 권한 위양이 필요함), 재발 방지에 대한 성실한 표현 등이 포함된다. 이러한 상황을 쉽게 적용하지 못하는 경우에는 서비스를 설계하는 과정에서 충분한 논의를 거쳐 서비스 실패가 발생하지 않게끔 관리하는 것이 필요하다.

PART 05 실전 예상 문제 | p.240 |

01 ③	02 ④	03 ④	04 ④	05 ⑤	06 ④	07 ①	08 ⑤	09 ④	10 ②
11 ④	12 ⑤	13 ③	14 ②	15 ③	16 ④	17 ①	18 ⑤	19 ③	20 ②
21 ③	22 ①	23 ①	24 ①	25 ①	26 ③	27 ①	28 ②	29 ④	30 ⑤
31 ③	32 ③	33 ②	34 ④	35 ③					

01 ③ 서비스에서 원가 주도 전략을 통해 경쟁 우위를 창출하기 위한 방안으로는 저가격 고객 확보, 고객 서비스 표준화, 서비스 전달 과정의 개인적 요소 줄임, 네트워크 비용 감소 등이 있다.
① 철저한 품질 통제, ④ 무형적 요소의 유형화, ⑤ 서비스 종업원 역량 개발 등은 차별화 전략에 해당한다.
② 표적 시장에 집중은 집중화 전략에 해당한다.

02 ① 고객 가치
② 고객의 요구 사항 파악
③ 고객 관계 관리
⑤ 서비스 수익 체인(service profit chain)

03 ① 고객 만족도, 경쟁사 대비 강·약점, 고객 충성도 등을 파악하여 고객 만족도를 제고하기 위한 대안을 수립한다.
② 고객에 대한 정의를 명확하게 하고, 측정 대상 서비스를 구체적으로 설정한다.
③ 고객과 개별 면접, 온라인 활용 등의 방법으로 조사를 하여 철저한 검증을 통해 부실 응답을 제거한다.
⑤ 전반적 만족도, 재구매 의향, 타인 추천 의향, 속성별·차별별 만족도, 속성·차원 중요도 등의 문항으로 설문지를 작성한다.

04 ① 서비스 산업은 혁신에 대한 특허를 인정받기 어려워 상대적으로 진입 장벽이 낮다.
② 서비스 산업은 규모의 경제 효과를 창출할 기회가 상대적으로 적다.
③ 서비스는 시간과 요일 또는 계절에 따른 수요 변화가 심하다.
⑤ 잠재적 제품 혁신이 기존 서비스를 대체할 가능성이 높다.

05 ① 표본 크기와 발생 오차의 크기는 반비례한다.
② 비표본 오차는 계량적 확인이 어렵다.
③ 상황에 따라 다르다.
④ 전수 조사가 아닌 모집단의 일부를 추출하는 과정에서 발생하는 오차는 표본 오차이다.

06 ④ 고객 가치 창조를 위해서는 경쟁사 벤치마킹에만 집중하기보다는 그것을 넘어서는 새로운 가치를 만들어 내야 한다.

07 ① SWOT 분석이란 기업의 내부 환경을 분석하여 강점(strength)과 약점(weakness)을 규정하고, 외부 환경을 분석하여 기회(opportunity)와 위협(threat) 요인을 규정하며, 이를 토대로 경영 전략을 수립하는 기법이다. SWOT 분석은 조직 내부의 강점과 약점을 조직 외부의 기회와 위협에 대응시켜 조직 목표 달성에 필요한 방법을 모색하는 것이다.

08 ⑤ 서비스 산업의 특성상 한계 기업은 이익이 별로 없다 하더라도 기업을 계속 운영하는 경우가 자주 발생된다.

09 ④ 4Cs는 Customer(고객), Cost(비용), Convenience(편익), Communication(소통)을 말한다.

10 ② NCSI(National Customer Satisfaction Index)는 미국 미시간 대학(University of Michigan) 경영 대학원 산하 국가품질연구센터(National Quality Research Center)에 의해 개발되어 1994년도부터 측정, 발표하고 있는 ACSI 측정 방법론과 모델에 바탕을 두고 있다.

11 ④ 설문 조사를 제외한 모든 문항은 정성적인 조사 방법에 속한다.
① 그룹 좌담회 : 특정 주제에 대해 집단을(8~12명) 구성하여 진행하는 자유로운 토론 탐색 조사
② 고객 관찰법 : 고객의 행동, 신체 반응 등을 직접 관찰 및 측정하는 조사
③ 심층 면접법 : 소수 인원을 대상으로 한 일대일 방식의 심층 면접 조사
⑤ 델파이법 : 전문가를 대상으로 한 서면 인터뷰 방식의 조사
* FGI(Focus Group Interview) : 표적 시장으로 예상되는 소비자를 일정한 자격 기준에 따라 6~12명 정도 선발하여 한 장소에 모이게 한 후 면접자의 진행 아래 조사 목적과 관련된 토론을 함으로써 자료를 수집하는 마케팅 조사 기법

12 ⑤ 시장 또는 제품이 성숙기에 돌입하고 소비자 선택 권한이 중요해짐에 따라 고객 만족 개념이 더욱 중요해지고 있다.

13 ③ 한국 서비스 품질 지수(KS－SQI ; Korean Standard－Service Quality Index)는 2000년부터 발표되기 시작하였는데, 이는 NCSI와 KCSI보다 역사가 짧다.

14 ② 고객 만족 경영에서의 고객은 내부 고객을 포괄하는 개념이며, 적극적인 관계 마케팅을 통한 전환 비용(Switching Cost) 극대화를 통해 고객의 재구매를 활성화시킬 수 있다.

15 ① 고객이 인지하는 서비스 가치란 투입한 비용 대비 서비스 결과물의 효용과 서비스 품질의 합의 비율이다.
② 서비스 종류와 특성에 따라 고객 만족도와 충성도 간에는 상당한 갭이 발생할 수 있다. 즉, 서비스에 따라 만족도가 낮아도 충성도가 높을 수 있고, 만족도가 높아도 충성도가 낮을 수 있다.
④ 이탈 고객이 경쟁사의 고객으로 전환된 경우 기업의 수익뿐만 아니라 시장 점유율에도 영향을 미칠 수 있다.
⑤ 고객으로부터 만족도에 대한 피드백을 획득함으로서 고객 이탈 방지 및 충성도 높은 고객으로의 전환이 가능하다.

16 ④ 차별화 전략은 단지 가격 면에서 차별화 전략을 펼치는 것이 아니라, 가격 이상의 가치를 창출하기 위해 고품질, 탁월한 서비스, 혁신적인 디자인, 기술력, 브랜드 이미지 등을 차별화하는 것이다.

17 ① 고객을 계속 유지하기 위해서는 고객의 요구에 유연하게 대응할 수 있도록 종업원에게 높은 자율성을 부여해야 한다.

18 ⑤ 모든 임원들이 VOC 이용

19 ③ 고객 만족도는 현재 생산, 판매되고 있는 제품 및 서비스 품질에 대해 해당 제품을 직접 사용해 보고 이 제품과 관련된 서비스를 받아 본 고객이 직접 평가한 만족 수준의 정도를 모델링에 근거하여 측정, 계량화한 자료를 의미한다.

20 ② NPS(Net Promoter Score, 순 추천 지수, 입소문 고객 지수)란 어떤 기업이 충성도 높은 고객을 얼마나 많이 보유하고 있는지를 측정하는 지표로, 베인이 2004년 하버드 비즈니스 리뷰에 처음 소개한 이후, 글로벌 기업들에 빠른 속도로 확산되고 있다.

21 ③ 기대 가치(E)보다 인식 가치(P)가 더 낮을 경우 '불만족'이라 한다.

22 ① 4Cs는 Customer, Cost, Convenience, Communication을 의미하며 상호 작용 성격이 있다.

23 ① 제품의 효용과 기능은 품질이나 성능이 좋은 것에 의해 평가되는 것이 아니라 고객이 원하는 서비스를 제공할 수 있는가에 따라 결정된다. 이에 제품 서비스 통합 전략을 구사하게 된 가장 큰 원인은 비즈니스 모델과 소비 추세의 변화로 볼 수 있다.

24 ① 고객이 특정한 제품, 브랜드, 기업을 선택하는 핵심 원인은 서비스 품질 경쟁력에 있으며, 이 서비스 품질 경쟁력을 향상시키기 위해서는 신뢰성, 타당성이 확보된 평가 지표가 요구된다.

25 ① 기업이 제공하는 상품이나 서비스에 대한 고객의 기대 대비 만족 수준을 높이기 위하여 계속적으로 고객들의 기대와 만족 수준을 조사하고 이를 바탕으로 불만족 요인을 찾아내고 개선하여 고객의 만족을 높이는 경영 활동이다. 고객 만족 경영의 기본적인 원리는 P－S－P 경영 철학에 근거한다.

26 ③ 포지셔닝에 대한 설명이다.

27 ① SWOT 분석에 대한 설명이다.

28 ② 매슬로우의 욕구 단계설이 직면한 문제점들을 극복하고자 실증적인 연구에 기반하여 제시한 수정 이론으로, 인간 행동의 동기가 되는 욕구를 존재(Existence), 관계(Relatedness), 그리고 성장(Growth)으로 구분하였다.

29 ④ 경쟁에서 살아남기 위해서 어떤 경쟁 전략이 가장 적합한지, 기반적인 전략적 선택을 하기 위한 마케팅 전략을 지칭한다.

30 ⑤ 경쟁 5요소의 구성 요소는 시장 내 경쟁의 크기, 공급자 협상력, 구매자 협상력, 신규 진입자, 대체재 위협도로 구성된다.

31 ③ 공급자 교섭력에 해당한다.

32 ③ 순 추천 지수는 '고객이 상품이나 서비스를 주변의 지인이나 친지에게 추천하고자 하는 정도'를 측정하는 것이다. 순 추천 지수의 측정은 10점 만점으로 측정되며 9~10점을 추천, 7~8점을 중립, 6점 이하를 비추천으로 구분한다. 이렇게 측정된 응답 중에서 '추천 비율 - 비추천 비율 = 추천 지수'로 측정된다.

33 ② 비용 절감의 결과로 가격이 하락한다면 고객 가치가 증가하겠지만 가격을 일정하게 유지한다면 고객이 지각하는 가치에는 변동을 주지 못한다. 따라서 비용 절감을 통해 항공권의 판매 마진을 높이는 것은 고객 가치 향상에 직접적인 영향을 주지 못한다.
① 고객 가치 연장의 접근법은 고객 충성도와 밀접한 관계가 있다. 고객 가치 연장의 접근법은 고객 행동을 분석하여 서비스 이용 전, 이용 중, 이용 후의 행동을 관찰하여 충족되지 못한 고객 욕구를 충족시킬 수 있는 추가적인 서비스를 제공하여 고객 혜택을 증가시키고, 고객의 문제를 해결해 주는 방법이다.

34 ④ 파리미키는 고객화와 차별화를 추구하는 전략으로 성공한 사례로 보는 것이 가장 적합하므로, 타 안경점에서 제공하지 못하는 차별적 경험과 고객 가치를 제공한 것을 성공 요소로 보는 것이 적합하다.
① 비용 절감을 통한 원가 우위 전략이다.
② 규모의 경제를 추구하는 전략이다.
③ 진입 장벽을 활용한 경쟁 우위 확보 전략이다.

35 ③ 파리미키의 고객 만족 경영 전략은 고객에게 차별적 경험과 개인화된 서비스를 제공하는 것이다. 이에 만족한 고객은 주변의 지인과 친지에게 적극적으로 추천하게 되어 높은 순 추천 지수를 보이고 있다. 따라서 ③을 가장 적합한 설명으로 볼 수 있다.
① 파리미키의 시장 지향성에 대한 설명이다.
② 비용 혁신을 통한 가치 창조에 대한 설명이다.
④ 고객 가치 연장 접근법에 대한 설명으로, 파리미키에서 발견될 수 있는 요소이기는 하지만 가장 적합한 설명은 ③이다.

FINAL 실전 동형 모의고사 | p.254 |

01 ③	02 ④	03 ⑤	04 ⑤	05 ⑤	06 ②	07 ②	08 ④	09 ③	10 ②
11 ③	12 ①	13 ②	14 ④	15 ①	16 ④	17 ②	18 ①	19 ②	20 ②
21 ①	22 ②	23 ②	24 ④	25 ③	26 ①	27 ⑤	28 ②	29 ④	30 ⑤
31 ③	32 ④								

01 ① 서비스는 제조업의 한계성을 극복할 수 있는 산업이다.
② 많은 OECD 선진국들의 GDP에서 서비스업이 큰 부분을 차지하고 있다.
④ 제조업보다 서비스업의 평균 마진이 월등히 높다.
⑤ 서비스 시설이 위치한 곳의 유형적 자원과 자연 조건은 서비스와 밀접한 관련이 있다.

02 ④ 표준화된 서비스로 개별성이 상실되는 서비스의 획일화가 나타나고 있다.

03 ⑤ 온라인 매장도 온라인상에서 직원의 응대가 중요하지만, 오프라인 매장이 직원의 고객 응대가 더 중요하다.

04 ⑤ 서비스는 재고로 보관할 수 없으므로 특정 상황이 지나면 소멸된다.

05 ① 체계적이지 못한 서비스 개발은 경영자 품질 명세 격차의 원인이다.
② 시장 조사 결과가 경영층까지 도달하지 못하는 경우 경영자 인지 격차가 발생한다.
③ 과도한 판매를 지향할 때 시장 커뮤니케이션 격차가 발생한다.
④ 서비스 수행 기준이 잘못 설정되면 경영자 품질 명세 격차가 발생한다.

06 ② 내부 프로세스를 수행하는 종업원도 전체적인 관점에서 프로세스적 사고를 갖는 것이 필요하다.

07 ② 평가 비용이란 앞으로 제공할 서비스가 품질 기준을 충족하는지 확인하는 데 소요되는 비용이다.

08 ④ 병원, 자동차 정비소와 같은 서비스 숍은 높은 자본 비용이 소요되지만 고객화 정도는 높다.
학교는 소매상, 도매상과 같은 대량 서비스로 고객화가 낮다.

09 ③ 시계열 분석법은 정량적 예측 방법이다.

10 ② 예약 제도의 활용은 성수기 수요 감소 전략이다.

11 ③ 간접비용에는 고객 이탈이나 대기 장소의 관리 비용 등이 해당되고, 직원의 수·작업 기계의 수 등은 직접비용에 포함된다.

12 ① 고정 주문량 모형은 주문량은 고정되어 있고, 주문 시점과 간격을 바꾸는 방법이다.

13 ① 전체적, 포괄적 관점에서 직무를 상호 비교하여 그 순위를 결정하는 방법은 서열법이다.
③ 점수법은 합리적으로 직무의 차이를 낼 수 있고, 쉽게 이해할 수 있다는 장점이 있다.
④ 직무 간의 상대적 가치 평가가 용이한 방법은 요소 비교법이다.
⑤ 기업들이 가장 많이 이용하는 직무 평가 방법은 점수법이다.

14 ①②③⑤ 외부 모집에 대한 설명이다.

15 ① 경제적 합리성의 기반 없이 인적 자원 개발은 불가능하기 때문에 경제적 합리성을 우선적으로 고려해야 한다.

16 ④ 고객 만족 경영에서의 고객은 내부 고객을 포괄하는 개념이며, 적극적인 관계 마케팅을 통한 전환비용(Switching Cost) 극대화를 통해 고객의 재구매를 활성화시킬 수 있다.

17 ② 외부 환경 평가와 기업의 강·약점 파악을 바탕으로 기업 전략을 수립한 후 경쟁 우선순위를 설정한다.

18 ① 탁월한 서비스는 전사적으로 기획되어 설계된 서비스를 접점에서 전달하는 것으로, 접점 위주로 포커스를 두지 않는다.

19 ② 내부 마케팅은 기업과 직원 간에 이루어지는 마케팅으로 외부 마케팅보다 우선적으로 수행해야 한다.

20 ② 서비스 청사진은 고객에게 보이지 않는 비가시권에서의 서비스 활동과 절차도 포함한다.

21 ① EOQ 모형에서 Q(주문량)가 증가하면 평균 재고는 커지고 주문 횟수는 감소하므로, 연간 재고 유지 비용은 커지는 반면 주문 비용은 감소한다.

22 ② 주어진 직무 이외 유사한 보조적 직무를 함께 할당함으로써 직무의 다양성을 제고하는 것은 직무 확대이고, 직무 공유는 두 명 이상의 개인에게 직무를 분배하는 직무 설계 방법이다.

23 ② 7Ps는 물적 증거(physical evidence), 프로세스(process), 사람(people)을 포함한 확장된 마케팅 믹스이다.

24 ④ 서비스 패키지는 특정한 환경에서 서비스가 재화 및 정보와 함께 결합되어 제공되는 상품의 묶음을 말한다.

25 ③ 서비스 숍은 슈매너의 서비스 프로세스 매트릭스 중 노동 집약도의 정도는 낮고, 상호 작용과 고객화의 정도는 높은 특성을 지닌 서비스 영역을 말한다.

26 ① 서비스 채널은 서비스를 처리하는 인력이나 시설을 의미하고, 복잡한 대기 행렬 문제를 해결하기 위해 이러한 인력이나 시설을 다수 운영한다.

27 ⑤ 서비스 수율 관리는 가용 능력이 제한된 서비스에서 수요－공급의 관리를 통해 수익을 극대화하는 것으로, 항공사·호텔 등 서비스 기업은 성수기와 비수기 가격을 달리 사용하여 관리한다.

28 ② 서비스 지향성은 고객과 경쟁자에 관해 수집된 정보를 기업 전체에서 공유하여 시장에 대응할 수 있는 해결책을 만들기 위해 역량을 집중하는 것을 말한다.

29 ④ 사례의 면접 방법은 공격적이고 피면접자를 무시하여 좌절하게 만듦으로써 감정의 안정성과 좌절에 대한 인내성을 관찰하는 등의 평가 방법으로, 스트레스 면접에 해당한다.

30 ⑤ A 항공사의 마케팅 사례에 예시된 전략적 활동들에 대한 설명으로, 집중화 전략과는 관련이 적다.

31 ③ 제공자의 몸상태, 기분, 조건, 환경 등에 따라 서비스의 품질이 달라질 수 있다. 따라서 서비스를 일정 수준 이상의 균일한 품질로 만들려는 노력과 각 고객마다 다른 욕구를 충족시켜 주기 위해 고객 개개인별로 개별화시키는 과제가 중요하다.

32 ④ 서비스의 비분리성 때문에 생산과 소비가 분리되지 않고 동시에 일어나게 된다. 즉, 서비스는 생산과 동시에 소비되는 특성 때문에 고객이 서비스 공급에 참여하여 서비스 생산에 관여함으로써 서비스 제공자의 일정 관리가 어렵다.

Reference
참고 문헌

- 제니아 발라데스 저/이원제 역, 서비스 디자인하라, 비즈앤비즈, 2011
- 서비스디자인코리아, 서비스 디자인, 청어, 2011
- 마르크 스틱도른, 야코프 슈나이더 등저/이봉원, 정민주 공역, 서비스 디자인 교과서, 안그라픽스, 2012
- 이유재, 서비스 마케팅, 학현사, 2013
- WILLIAM J. STEVENSON 저/강종열 등역, 생산운영관리, McGrawhill
- 김대철, 서비스운영관리, 한경사
- 김만균, 생산운영관리, 오성미디어
- 김명호, 생산운영관리, 두남
- 김병태·정상철, 서비스시스템 운영관리, 대경(大經)
- 김수욱·김승철·김희탁·성백서, 서비스운영관리, 한경사
- F. ROBERT JACOBS 저/김연성 등역, 생산운영관리, 한경사
- 김태웅, 서비스운영관리, 신영사
- 민동권·손병규·오중산, 생산운영관리, 시그마프레스
- Mogan Swink, Steven A. Melnyk, M. Bixby Cooper, Janet L. Hartley 공저/박승욱 등역, 생산운영관리, 교보문고
- 신현우, 서비스중심 운영관리론, 대명
- 심현철, 생산운영관리, 형지사
- 원석희, 서비스운영관리, 형설출판사
- 이견직, 전략적 의료운영관리, 무역경영사
- 이경환·임재화, 서비스생산관리, 경문사
- 이상범, 현대 생산운영관리, 명경사
- 이왕돈·윤영선, 생산운영관리, 박영사
- 이유재, 서비스마케팅, 학현사
- 전인수, 서비스마케팅, 석정
- 차길수, 서비스인간관계론, 대왕사
- 최응순, 생산운영관리, 대왕사
- James A. Fitzsimmons, Mona J. Fitzsimmons 공저/서비스경영연구회 역, 스마트시대의 서비스경영, McGraw-Hill
- 구혜경·나종연, 소비자-기업 가치공동창출활동의 개념화 및 척도개발에 관한 연구, 소비자학연구, 2012
- 구혜경, 소비자-기업 가치공동창출 활동에 관한 연구, 서울대학교 대학원 박사 논문, 2010
- 정연주, 여행사의 서비스품질이 재구매 및 추천의도에 미치는 영향에 관한 연구 : 고객만족을 중심으로, 한국교통대학교 글로벌융합대학원 석사 논문, 2017
- 정도성, 최고의 서비스 기업은 어떻게 가치를 전달하는가, 갈매나무, 2017
- 라브란스 로이빌, 비즈니스를 위한 서비스 디자인, 초아출판사, 2017
- 김진우, 서비스 경험 디자인, 안그라픽스, 2017

김화연 교수

저자 약력

• 숙명여자대학교 식품영양학 학사
• 세종대학교 관광대학원 외식경영학 석사
• 세종대학교 대학원 호텔관광경영학 박사

現, 백석대학교 관광학부 항공서비스 전공 부교수
　　한국생산성본부 파트너 강사

前, 혜음커뮤니스 대표
　　㈜삼국교육문화연구원 이사
　　대한항공 객실 승무원
　　지식경제부 파트너 강사
　　㈜루트컨설팅 파트너 강사
　　백석예술대학 관광학부 겸임 교수
　　세종대학교 호텔관광외식경영학부 외래 교수
　　수원대학교 호텔관광학부 외래 교수
　　수원과학대학교 항공관광과/관광영어과 외래 교수

주요 저서

• SMAT Module A 비즈니스 커뮤니케이션
• SMAT Module B 서비스 마케팅·세일즈
• SMAT Module C 서비스 운영전략
• 항공객실업무론 (백산출판사)

Module ⒸC
서비스 운영전략

제1판 발행	2014년 1월 10일	제7판 발행	2020년 1월 15일
제2판 발행	2014년 7월 30일	제8판 발행	2020년 12월 15일
제3판 발행	2015년 1월 10일	제9판 발행	2021년 11월 15일
제4판 발행	2016년 10월 25일	제10판 발행	2023년 1월 5일
제5판 발행	2018년 2월 25일	제11판 발행	2024년 1월 19일
제6판 발행	2019년 1월 30일	제12판 초판 인쇄	2025년 2월 5일
		제12판 초판 발행	2025년 2월 10일

저자와의
협의하에
인지생략

편 저 자　김화연　　　　　발 행 인　박 용
발 행 처　(주)박문각출판　　등　　록　2015. 4. 29. 제2019-000137호
주　　소　06654 서울시 서초구 효령로 283 서경 B/D 4층
전　　화　교재 주문 (02)6466-7202　　팩　　스　(02)584-2927

정가 17,000원

ISBN 979-11-7262-390-6